»Der Mythos der Entdeckungen ist der erste, der nicht von Göttern oder Halbgöttern handelt, sondern von Menschen, von den Taten und Erlebnissen jener, die als erste bewußt dem Unbekannten begegneten ... « Günter Kollert erzählt fesselnd die Geschichte der großen portugiesischen Entdeckungsfahrten, der großen Sehnsucht der modernen Menschheit: die Sehnsucht nach Utopia, nach einer humaneren und tieferen Wirklichkeit in der unerschlossenen Ferne. Aus dem reichen Fundus an Reiseberichten und Tagebüchern schöpft der Autor die vielen kleinen Episoden, in denen die Grenzen zwischen Wahrheit und Dichtung verschwimmen, in denen die mythologische Dimension der Erforschung des Unbekannten aufscheint.

Durch einleuchtende Parallelen zu der Mythologie anderer Kulturen stellt Kollert die portugiesischen Reiseberichte in einen größeren geistesgeschichtlichen Zusammenhang und vermittelt die Faszination, die die Begegnung mit dem Unbekannten auf die Entdecker ausgeübt haben muß: Man wollte auf christlichen Wegen bleiben und fand dennoch das Neue, auch wo man es gar nicht suchte.

Günter Kollert (geb. 1949 in Nürnberg) empfing prägende Kindheitseindrücke in Lissabon und auf einer Missionsstation in Angola. Nach dem Studium der deutschen und russischen Philologie an mehreren deutschen Universitäten und einer theologischen Seminarausbildung war er elf Jahre in São Paulo tätig. Günter Kollert lebt als Pfarrer in Kassel.

insel taschenbuch 2614
Günter Kollert
Der Gesang des Meeres

Luís Vaz de Camões

Günter Kollert
Der Gesang des Meeres

Die portugiesischen Entdeckungsfahrten
als Mythos der Neuzeit
Insel Verlag

Umschlagabbildung:
Francisco de Zurbarán, Die Verteidigung
von Cadiz. 1634. Ausschnitt. Prado, Madrid

insel taschenbuch 2614
Erste Auflage 2000
Insel Verlag Frankfurt am Main und Leipzig
© 1997 edition tertium, Ostfildern
Lizenzausgabe mit freundlicher Genehmigung
der edition tertium, Ostfildern
Alle Rechte vorbehalten, insbesondere das der Übersetzung,
des öffentlichen Vortrags sowie der Übertragung durch
Rundfunk und Fernsehen, auch einzelner Teile.
Kein Teil des Werkes darf in irgendeiner Form
(durch Fotografie, Mikrofilm oder andere Verfahren)
ohne schriftliche Genehmigung des Verlages reproduziert
oder unter Verwendung elektronischer Systeme verarbeitet,
vervielfältigt oder verbreitet werden.
Vertrieb durch den Suhrkamp Taschenbuch Verlag
Umschlag: Michael Hagemann
Satz: Hümmer GmbH, Waldbüttelbrunn
Druck: Pustet, Regensburg
Printed in Germany

1 2 3 4 5 6 – 05 04 03 02 01 00

Inhalt

Prolog

I. Der Ruf des Unbekannten

II. Adamastors Fluch

III. Die Teilung der Welt

IV. Das Geheimnis des Leviathan

V. *Auf den Spuren des Zwillings*

VI. *Humanitas – der achte Kontinent*

VII. *Schwanengesänge*

Epilog

Prolog

Mein Boot fährt nun aufs weite Meer hinaus,
Das Tagwerk ruft, Geliebte mein!
So Gott es will, kehr ich vom Meer zurück,
Und hab ich Glück, bring ich den Fisch.
Auch meine Brüder kehren mit zurück.
Gott im Himmel danken wir alle dann. –

Leb wohl, leb wohl, Fischersmann,
Und vergiß meiner nicht!
Gott bescher dir nur gute Winde,
Halte Stürme von dir fern.
Dein weiches Bettchen will ich richten dir nun,
Duftend ganz nach Rosmarin.

Volkslied aus Brasilien

Wir haben keine Mythologie. Aber, setze ich hinzu,
wir sind nahe daran, eine zu erhalten.
Friedrich Schlegel, Gespräch über Poesie

Die Zukunft des Vergangenen

Zwischen der Glutzone unter dem Wendekreis des Krebses
und den eisigen Gefilden des Nordens, umspült von den Wassern des Atlantiks und des Mittelmeers, liegt hingestreckt die
Gestalt Europas. Ihr Haupt ist Spanien und ihren Scheitel
krönt Portugal, das Land, wo die Erde endet und das Meer
beginnt, wo die Sonne ihre Ruhestatt im Weltmeer sucht ...
So sprach die Gestalt des Kontinents am Ende des 16. Jahrhunderts zu Luís Vaz de Camões, und der Blick der seefahren-
den Entdecker, mit deren Augen der Dichter im III. Gesang
seiner »Lusiaden« schaute, ging unmittelbar auf die Weiten
des Ozeans.

In unseren Tagen sah Fernando Pessoa in den gleichen Umrissen eine Sphinx, die von Osten nach Westen hingebreitet
liegt, das Haupt umflossen von schweren Locken, unter denen dunkle erinnernde Griechenaugen hervorschauen. Ihr
Antlitz, aus dem der schicksalsschwere Rätselblick »gen
Abend, in die Zukunft des Vergangenen geht«, heißt wiederum Portugal ... Hier geht der Blick über das Meer hinaus
und folgt auf der Suche nach der »Zukunft des Vergangenen«
der untergehenden Sonne in eine andere Dimension. Aber
auch Pessoa ist gegenwärtig, wie einst das Unbekannte Gestalt annahm:

Kimmung

Oh Meer, ehe wir kamen, bargen deine Schrecken
Schon Korallenbänke, Strände, Palmenhaine.
Doch als die Schleier von Nacht und Dunst zerrissen,

Und nach dem Sturme das Geheimnis wich, da
Blühten Bilder aus der Ferne; des Südens Sterne
Wiesen unsern Schiffen die Bahn zu höhern Weihen.

Der karge Strich der fernen Küste wuchs sich
Im Näherkommen zu Hügeln, ja zu Wäldern aus.
Nun rauschen Bäume statt der leeren Weite,
Das nahe Land ist voller Klang und Farben;
Der erste Schritt scheucht Vögel auf, und Blumen
Duften, wo zuvor die ferne, abgezogne Linie war.

Ahnen heißt, unsichtbare Formen schon
In schwanker Ferne sehen, mit Regungen
Der Hoffnung und des Willens tastend,
Im kalten, harten Strich der Kimmung
Baum und Strand samt Blume, Vogel, Quelle
Als zarte Grüße wahren Lebens fühlen.

Der Zauber des ersten Blicks auf die neue Küste, der ersten
Schritte auf dem Strand und in den Schatten des Uferwaldes
hinein beruhte und beruht darauf, daß für Stunden – viel länger wird es nur für wenige angehalten haben – Unbekannt
und Bekannt, Gegenwart und Zukunft in eins fielen. Die
Wirklichkeitsmacht dieses kostbaren Augenblicks dauert an,
und seinetwegen werden, obwohl das damals Entdeckte allenthalben bekannt und vorstellbar geworden ist, die Schicksale der Entdecker immer wieder neu erzählt. Ja, die Anzie-
hungskraft dieser Erzählungen scheint noch zuzunehmen.
Man begnügt sich durchaus nicht damit, sie zu lesen oder anzuhören: Immer wieder werden Versuche unternommen, die
Reisen der Entdecker nachzuerleben, manchmal sogar mit
Fahrzeugen, die den geschichtlichen Vorbildern nachgebaut
sind.

Neben den Umständen und Schauplätzen der Entdeckungen wecken die daran beteiligten Menschen stets von neuem

Anteilnahme. Nicht umsonst gibt es weitaus mehr Bücher mit Lebensbeschreibungen oder Aufzeichnungen von Entdeckern als Abhandlungen über die Geschichte der Entdeckungen: Die Fahrten und Eroberungszüge von Christoph Kolumbus, Vasco da Gama, Fernão de Magalhães, Hernan Cortés, Francisco Pizarro, Francis Drake, Jermak Timofejewitsch, James Cook, David Livingstone, Henry Morton Stanley, Fridtjof Nansen, Robert Edwin Peary und Roald Amundsen sind uns nicht durch die Schule, sondern durch selbstgewählte Lektüre in der Jugendzeit bekanntgeworden. Man findet in den Entdeckern einen Teil seines eigenen Selbst wieder und gewahrt mit Staunen, daß der Genius der Menschheit es für gut befunden hat, ein Kapitel der Geschichte zum Kunstwerk zu gestalten – und so den fortdauernden Mythos der Entdeckungen schuf.

Dieser Mythos ist das Geheimnis, dessen wir innewerden, wenn wir uns in die Entdecker hineinversetzen und fühlen: Noch heute schweift der Blick des Infanten Heinrich von felsiger Warte über das unbekannte Meer; noch heute suchen die rätselflimmernden Wunschbilder in der Seele des Kolumbus nach einer Ankerstatt hinter dem Westhorizont; noch immer formt Martin Behaim in stiller Klause das Bild unseres Planeten gemäß dem Maß des Menschen, und irgendwo jagt wieder ein Kapitän, so unbeugsam wie einst der edle Magalhães, den Leviathan auf hoher See; und wie oft noch werden Menschen Seeschiffe besteigen auf der Suche nach einem Land, das dem Neuen Jerusalem des Pêro de Queirós gliche? Und dies alles ist nicht nur Gegenwart, sondern birgt auch einen Schatz von Fragen und Rätseln, von Hoffnungen und Verheißungen in sich: die Zukunft des Vergangenen.

Der Gedanke, die Geschichte der Entdeckungen im Licht des Mythos zu betrachten, ist keineswegs neu. Bereits Camões hat ihn klar gefaßt und die zu seiner Zeit mögliche Konsequenz daraus gezogen: Er verband in den »Lusiaden« die Geschichte Portugals und der portugiesischen Entdecker

mit einer beigeordneten Handlung im Olymp der antiken
Götter. Fernando Pessoa konnte aus der Sicht des 20. Jahrhunderts in seinem Zyklus »Botschaft« den Ursprung des
Mythos nicht im – keineswegs geleugneten – Himmel, sondern im historischen Individuum selbst suchen. Unser Bewußtsein von Weite und Tiefe des geschichtlichen Werdens
ist, trotz aller Kenntnis, die wir von einzelnen Gestalten und
Ereignissen besitzen, im allgemeinen nicht klarer als das Erleben des Traums. Für die Entdeckungen insbesondere bedeutet das Gewahrwerden des Mythos ein Erwachen im Strom
des Werdens, und Pessoas Botschaft ist in diesem Sinne er-
weckend. Sie verhält sich zu den Quellen der Entdeckungsgeschichte wie Albrecht Altdorfers Gemälde von der Alexan-
derschlacht zu der Geschichte Alexanders des Großen von
Quintus Curtius Rufus.

Das Erzählen des Mythos verlangt ein diese beiden Sicht-
weisen verbindendes Gleichgewicht zwischen lebendiger Anschauung des Einzelnen und idealer Schau des Ganzen.
Camões hat dies im kunstvollen Bau seines Epos verwirklicht:
Die Architektonik der »Lusiaden« ist einer weiten, auf ihren
Ursprung zurückweisenden Schleife vergleichbar, der in der
Zeit ein einmaliges großes Ein- und Ausatmen entspräche.
Unsere Erzählung nimmt diese Bewegung auf; allerdings
kommt sie nicht mit einem einzigen Atemzug aus, sondern
wird deren sieben benötigen. Daß dabei nicht nur Camões
und Pessoa, sondern auch die Augenzeugenberichte, Tagebü-
cher und sonstigen Quellen der Entdeckungsgeschichte selbst
zu Wort kommen werden, hat den Grund, daß der erzählende
Logos der Entdeckungen von Anfang an den Mythos begleitete und seine Spur nicht nur in den Quellen, sondern biswei-
len auch in späteren Darstellungen hinterlassen hat.

Von der Chronik zum Mythos

Die Chronisten der Entdeckungsfahrten und der portugiesischen Königsgeschlechter haben ein Corpus von Werken hinterlassen, die nicht nur als Quellen, sondern auch durch ihre Geschlossenheit und ihren hohen literarischen Rang einzigartig sind. Man kann sie durchaus mit dem Erbe der antiken Historiographen vergleichen. Außerdem müssen sie für die junge portugiesische Nation den Platz ausfüllen, den für die älteren Völker West- und Mitteleuropas die großen Epen der Völkerwanderungszeit und des frühen Mittelalters einnehmen. – Was Gomes Eannes de Zurara, António Galvão, João de Barros, Damião de Gois, Gaspar Correia und andere über die Taten der Entdecker berichten, ist und bleibt das Fundament für alles, was zu diesem Gegenstand gedacht und gesagt werden kann. José de Bragança, ein moderner Herausgeber der »Crónica de Guiné« des Zurara, erachtet den Schritt »von der Geschichte der Chroniken zur Geschichte der Wissenschaft« als erstrebenswert und bekämpft die aus den Chroniken abgeleiteten »Mythen«, worunter er die Verherrlichung einzelner Entdeckergestalten zum Zweck der Steigerung nationalen Selbstbewußtseins versteht. In beiden Punkten hat er nicht unrecht.

Der neueren Wissenschaft verdanken wir ja schon die kritische Aufbereitung und Veröffentlichung der Chroniken. Der Wert der von Bragança angeführten Beiträge der neueren Geographie, Kartographie, Nautik und Ethnologie und, so fügen wir hinzu, der Wirtschaftswissenschaft ist unbestreitbar. Erst in ihrem Licht können wir die Welt der Entdeckungen als Zusammenhang begreifen und als lebendige Wirklichkeit vorstellen. Die kritische Forschung hat aber auch an die Stelle des einheitlichen Bildes der Chroniken zahlreiche offene Fragen gestellt: Aus der Sicht der Wissenschaft ist es beispielsweise kaum mehr möglich, zu einer wirklichen Biographie des Kolumbus, Martin Behaim, Magalhães zu kommen; viele Züge und Beweggründe, die Zurara Heinrich dem Seefahrer zuspricht, scheinen zweifelhaft zu werden. Die Archäologie hat einerseits den unwiderlegbaren Beweis für die Amerikafahrten der Wikinger erbracht, andererseits muß sie bislang die Entdeckung Australiens durch die Portugiesen im Zwielicht lassen; und der Kunstgeschichte ist es nur in den wenigsten Fällen gelungen, den erhaltenen zeitgenössischen Porträts der Entdecker die Lebensechtheit endgültig zu- oder abzusprechen. Der Kern des Mythos, wie wir ihn verstehen, wird von den für die kritische Wissenschaft offenen Fragen nicht berührt, kann aber von ihr in allen Punkten um Elemente der Anschaulichkeit und Lebensnähe bereichert werden. Wir haben daher die wissenschaftliche Diskussion so weit wie möglich im Auge behalten, sind aber nirgends in die Erörterung offener Fragen eingetreten. Es bleibt zu hoffen, daß der Wert von zukünftigen Forschungsergebnissen – und von Dokumenten, die gewiß noch aus Archiven in Spanien und Portugal zutage gebracht werden – im Licht des Mythos erst recht empfunden wird.

Als Mittel zum Ausdruck nationalen Selbstwertgefühls ist die Entdeckungsgeschichte nur unter den Gesichtspunkten der Priorität und der Quantität geeignet, welche beide aber eigentlich inhaltsleer sind. Wo versucht wird, dem einen oder anderen Volk greifbare Vorzüge zuzusprechen, da geschieht dies leicht auf Kosten der Wahrheit. Man vergleiche, um sich diese Gefahr vor Augen zu führen, etwa die Artikel über Magalhães und de Elcano in spanischen und portugiesischen Enzyklopädien oder verfolge, wie deutsche Historiker zu bestimmten Zeiten geneigt waren, die Gestalt Martin Behaims zu überzeichnen.

Obwohl der Mythos der Entdeckungsfahrten vorrangig von den Schicksalen Portugals erzählt, betrifft sein Gehalt die Menschheit. Die Leistungen der einzelnen Völker werden dabei als Beiträge zu *einem* großen Werk erfaßt. Die Verklärung, die sie dabei erfahren, ist nicht nur großartiger, sondern auch inhaltsreicher und wirklicher als die, welche durch den Wettstreit der Nationen angestrebt wird. Die Innenseite des gemeinsamen Werks spricht sich in den Bildern des Mythos aus; sie läßt sich aber auch geschichtsphilosophisch fassen und durch folgende Formeln eingrenzen, die im wesentlichen den Kapiteln unseres Buches entsprechen:

Die Steigerung von Glaube und Erkenntnis durch die Erfahrung des Unbekannten.

Das Einmünden individueller Taten in geschichtliche Verantwortung.

Das Aufheben des atlantischen Schleiers zwischen Europa und Amerika.

Das Hineinwachsen des menschlichen Bewußtseins in globale Dimensionen.

Der Dialog zwischen der Geistigkeit Asiens und dem abendländischen Christentum. Die Suche nach einer humanen Ethik und Gesellschaftsordnung.

Die Geburt des schöpferischen Individuums als Entwicklungsziel der Neuzeit.

Das Reifen einer neuen Welt im Schoß der alten.

Wenn anders der Historiker eine philosophische oder religiöse Überzeugung besitzt, so ist sie zumindest in jenen Punkten seiner Darstellung wirksam, für die sie ihm die Augen in besonderer Weise öffnete. Dies galt schon für die alten Chroniken und gilt auch für das Erzählen des Mythos, und unser Essay macht hierin keine Ausnahme. Fruchtbarer aber als die Deutung des Mythos durch die Weltanschauung ist es, die Weltanschauung am Mythos der Entdecker zu messen: Ist sie, wie dieser, wirklich der Begegnung mit dem Unbekannten abgewonnen? Wohnt ihr die Bereitschaft inne, infolge dieser Begegnung über ihre eigenen Grenzen hinauszuwachsen, so wie es Portugal tat?

I. Der Ruf des Unbekannten

> *Und er trat auf den Ufersand des Meeres.*
>
> Offenbarung des Johannes, 12,18

Der Weizen des Imperiums

Kaum zwei Jahrhunderte benötigte Portugal, um mit seinen Schiffen aus dem Bereich seiner Küstengewässer in alle Meere der Erde vorzustoßen. Vielleicht hängt dieser Siegeszug des Entdeckerwillens damit zusammen, daß sein Volk zuvor den Weg vom Land aufs Meer hinaus mit besonders langsamen, bedächtigen Schritten ging – es verflossen nämlich mehr als drei Jahrhunderte zwischen der Gründung Portugals und der ersten Entdeckungsfahrt.

Im letzten Jahrzehnt des 11. Jahrhunderts wurde der burgundische Graf Heinrich durch Affonso IV., König von Kastilien und León, für Dienste, die er im Kampf gegen die Mauren geleistet hatte, mit dem »Portucalia« genannten Gebiet zwischen Minho und Douro belehnt. Außerdem heiratete er Tareja, eine illegitime Tochter seines Lehnsherren. Heinrich nützte eine auf den Tod des Königs folgende Verwirrung der spanischen Machtverhältnisse, um sein Gebiet zu einem selbständigen Territorium zu machen. Da bei seinem eigenen Tod 1112 der Thronfolger Affonso Henriques erst drei Jahre zählte, ergriff Tareja die Herrschaft und ernannte sich selbst zur Königin. 1128 überwarf sie sich mit ihrem Sohn, der sich schließlich mit Waffengewalt des Thrones bemächtigte und seine Mutter in ein Kloster verbannte. – Weder in den mit Kastilien geführten Kämpfen um die Unabhängigkeit noch in den Feldzügen gegen die im südlichen Teil des Landes herrschenden Mauren konnte das junge Königreich auf eine Flotte verzichten. Gleiches galt für das geordnete Wachstum der Handelsbeziehungen mit England, Frankreich und Flandern auf der einen, den Mittelmeerhäfen auf der anderen Seite. Als Lissabon am Ende des 13. Jahrhunderts in den Städtebund der Hanse aufgenommen wurde, müssen die Grundlagen für eine werdende Seemacht bereits vorhanden gewesen sein.

König Dinis, der von 1279 bis 1325 regierte, erhielt den Beinamen »lavrador« oder Landmann; man könnte ihn auch, wenn je ein Herrscher diesen Namen verdient hat, einen Sonnenkönig nennen, und dies mit dem ihm von Camões im III. Gesang der »Lusiaden« gesetzten Denkmal bekräftigen:

96. ... Durch ihn gedieh das Reich zu voller Blüte,
    Er errichtete göttlichen, goldenen Frieden,
    Verfassung, Sitten und Gesetz erneuend,
    Das ganze Land mit hellem Licht erfreuend.

Im ganzen Land betrieb Dinis die Gründung neuer und den Wiederaufbau vom Krieg zerstörter Städte. Unter ihm erlassene Gesetze und Verordnungen förderten den Fleiß der Bauern, Händler und Fischer. In seinen Mußestunden war der König ein Minnedichter von hohen Graden; aber nicht weniger als die Kunst lag ihm die Wissenschaft am Herzen, zu deren Förderung er in Coimbra eine der ältesten Universitäten Europas gründete. Indem er die in der Region von Porto gesprochene Mundart zur Nationalsprache erhob, vollendete er die sprachliche Einigung des Landes.

Von besonderer Bedeutung sollte werden, daß Dinis den päpstlichen Befehl zu der von Philipp dem Schönen betriebenen Vernichtung des Templerordens wirkungslos machte, indem er in seinem Land rechtzeitig den Orden auflöste und die gesamten Güter und Ländereien der Ritter einzog – um sie später, als die Gefahr vorüber war, dem von den ehemaligen Tempelrittern auf Geheiß des Königs neugegründeten Christusorden zurückzugeben. So bewahrte er Portugal eine Kraft, die auf geistigem, sozialem und militärischem Gebiet von gleichermaßen überragender Bedeutung war.

Aus Burgund war im 11. Jahrhundert Graf Heinrich gekommen, abermals aus Burgund ließ König Dinis nun Tausende von Tannenschößlingen holen, um mit ihnen die ausgedehnten Königlichen Forste anzulegen, aus deren Holz einst die Flotten der Entdecker gebaut werden sollten. Fernando Pessoa hat die Keimkraft dieses geschichtlichen Augenblicks in zwei Versen beschworen:

König Dinis

Nachts, beim Schreiben eines seiner Lieder
Vernimmt er, der die künftigen Schiffe pflanzte,
Ein leises Flüstern aus der Stille:
Die Pinienwälder rauschen, die Weizenfelder
Des Imperiums wogen schon im Unsichtbaren.

Wie ein Bach, so jung und rein,
Strömt das Lied zum Ozean.
Dumpf schwillt der Wälder Rauschen,
Das Meer der Zukunft brandet an,
Die Erde sehnt sich nach dem Meer.

Italien war am Anfang des 14. Jahrhunderts in allen Bereichen der Nautik, des Schiffbaus und der Kartographie die führende Nation Europas. Genuesische und venezianische Galeeren waren bis weit hinauf in die Nordsee ein gewohnter Anblick in allen Häfen, und die Seefahrtschule von Amalfi genoß europäischen Ruf. Dinis war klug genug, die Überlegenheit der auf ihren Nordlandfahrten regelmäßig die portugiesischen Häfen anlaufenden Italiener dem Gedeihen seines Reiches nutzbar zu machen. Er rief sie als Lehrer der Nautik ins Land und unterstellte seine eigene Kriegsflotte dem zum Admiral ernannten Genueser Micer Manuel Pezagno, der zwanzig genuesische Schiffsbaumeister mitbrachte.

So ist es nicht verwunderlich, daß die Schiffe der ersten von Lissabon ausgehenden Entdeckungsfahrt, die Affonso IV., der Sohn von Dinis, 1341 zur Erkundung der Kanarischen Inseln ausschickte, zwar unter portugiesischer Flagge, aber mit überwiegend genuesischer und florentinischer Besatzung fuhren. Der ausführliche Bericht über diese Fahrt soll von Giovanni Bocaccio in Florenz niedergeschrieben worden sein. Er zeigt, daß die Seeleute die geographischen, völkerkundlichen und wirtschaftlichen Verhältnisse der Inselgruppe mit wachem Sinn beobachteten. Man kann vermuten, daß es eine große, über dem Pico de Teides auf Teneriffa stehende und wie ein Lateinersegel geformte Wolke war, von der am Ende des Berichts die Rede ist, und die nicht weniger als die jungen Bäume in den Königlichen Forsten von einer Zukunft auf dem Meer kündete:

»Eine der von ihnen entdeckten Inseln wies etwas so Wunderbares auf, daß sie nicht landeten. Sie sagen, auf ihr sei ein Berg, der sich nach ihrer Schätzung 30 Meilen oder noch mehr erhebt und den man sehr weit sehen kann. Auf dem Gipfel zeigte sich etwas Weißes, und dieses Weiße sah wie eine Festung aus, wie überhaupt der ganze Berg felsig ist. Ein sehr spitzer Felsen auf dem Gipfel ist mit einem Mast von Schiffsgröße ausgestattet nebst einer Rahe mit großem lateinischen Segel. Dieses Segel, das vom Winde geschwellt wird, hat die Form eines nach oben gewandten Wappenschildes und entfaltet sich rasch. Bald senkt sich der Mast langsam wie auf Galeeren, bald richtet er sich wieder auf, schlägt abermals um und erhebt sich von neuem. Sie umfuhren diese Insel und sahen das Wunder sich von allen Seiten wiederholen. Im Glauben, es sei die Wirkung eines Zaubers, wagten sie nicht an Land zu gehen.«

Die Ritter

Am Ende des 14. Jahrhunderts kam die Entwicklung Portugals in eine Krise, die mit dem Verfall der burgundischen Gründerdynastie erklärt werden muß. Als König Fernando 1383 starb, hatten die sechzehn Jahre seiner Regentschaft und die Machenschaften seiner Gattin Leonore das Volk gründlich erleben lassen, was es bedeutet, wenn Charakterschwäche und Skrupellosigkeit auf dem Thron sitzen. Das Elend des Landes fand seinen letzten Ausdruck darin, daß König Juan von Kastilien das Recht der Thronfolge beanspruchte – Leonore war seine Schwiegermutter – und mit seinem Heer in Portugal einmarschierte. Im IV. Gesang der »Lusiaden« heißt es von dieser Zeit:

> Nachdem des Sturmes wildes Brausen
> Nachtschatten jagte, Winde heulten –
> Bringt der Morgen heitre Klarheit,
> Zeigt die Hoffnung Heil und Hafen;
> Tilgt die Sonn' die schwarzen Schatten
> Samt der Angst aus Menschenherzen.
> So geschah's im hehren Reiche
> Nach dem Tode Dom Fernandos!

In dieser Stunde äußerer Not war es der sichere Instinkt des Volks, welcher die Kraft fand, die helfen konnte: João, der uneheliche Halbbruder Fernandos, war damals Großmeister des Ordens von Aviz, einer nach mönchischen Idealen lebenden Bruderschaft von Rittern. Sein handfestes, lauteres Wesen war dem Volk ebenso vertrauenerweckend, wie es Leonore verhaßt war. Hatte er doch seine Meinung über den adligen Liebhaber der Königinwitwe dadurch zum Ausdruck gebracht, daß er ihn kurzerhand in ihrer Hörweite tötete. Danach ließ er sich im Palast einschließen und in der Stadt Lissabon verkünden, er sei gefangen. Damit kam der Bürgerkrieg in Gang, der zwar zunächst den Kastilier ins Land rief, letztlich aber doch den Sieg über die Kräfte brachte, die Portugal bedrohten. Auf die inständigen Bitten des Volkes hin übernahm João das Amt des Defensors oder Vaterlandsverteidigers. Als nach heldenhaften Kämpfen am 14.8.1385 die entscheidende Schlacht von Aljubarrota geschlagen wurde, war João bereits vom Volk zum neuen König gewählt. Der Ordensmantel mit dem grünen Kreuz von Aviz verpflichtete ihn zunächst zur Ehelosigkeit; aber die Antwort des Papstes auf die königliche Bitte um Dispens vom Keuschheitsgelübde war noch nicht eingetroffen, da wurde inmitten der andauernden Kampfhandlungen bereits die Ehe mit der Engländerin Philippa geschlossen; sie war die Tochter des Herzogs von Lancaster, der auf seiten Joãos gegen die Kastilier kämpfte. So wurde die Dynastie von Aviz begründet, die durch sieben Könige zwei Jahrhunderte über Portugal herrschte. Philippa schenkte João sechs Kinder: Duarte, Pedro, Isabela, Henrique, geboren am 4. 3. 1394 in Porto, João und Fernando. Der Vater João I. von Aviz ging als der »König guten Angedenkens« in die portugiesische Geschichte ein. – Über die Kindheit der Prinzen ist wenig bekannt. Die Kräfte, die sie formten, liegen jedoch offen zutage. Da ist zunächst die Mutter Philippa, die in den von João neugegründeten Königshof so etwas wie einen um Jahrhunderte vorweggenommenen englischen Puritanismus hineintrug. Ihre Seele war von einer starken Liebe zur Reinheit erfüllt – einer Liebe, die sich stets kampfbereit zeigte, was angesichts der Gebräuche, die Leonore und Fernando hinterlassen hatten, oft nötig war. Auch ihr Gatte gab ihr durch sein lebensfrohes Temperament manchen Anlaß zum Kummer. Dennoch verlief ihre Ehe glücklich. Etwas von Philippas kraftvoller Keuschheit hat sich Henrique sein Leben lang bewahrt.

Ein weiterer Einfluß auf den Lebensweg der Infanten kam von außerhalb des Elternhauses: Die geistlichen Ritterorden haben das portugiesische Staatsleben durch Jahrhunderte hindurch befruchtet, gestaltet und oft auch getragen. Vor allem der Christusorden und der Orden von Aviz haben in diesem Sinne gewirkt. Die militärische und wirtschaftliche Macht dieser Gemeinschaften war für jedermann sichtbar, ebenso ihre dem Mönchstum verwandte Lebensweise, im geheimen aber pflegten sie ein hohes spirituelles Leben, das sich in einer oft erstaunlichen und wunderbaren Handlungsweise der Ritter ausdrücken konnte.

So findet sich in der Ordensburg von Tomar eine runde Kapelle, in der die Ritter des Christusordens zu Pferd und in voller Rüstung an der Messe teilnahmen, um sich danach in den Kampf zu stürzen. Der im Ruf eines Heiligen stehende Feldherr Nuno Alvarez Pereira, Ordensbruder und Freund Joãos I., hatte nicht nur die Portugiesen zum Sieg von Aljubarrota geführt, sondern war auch imstande, seinem Heer das Plündern und Schänden abzugewöhnen. Vor der Schlacht fand man ihn in der Regel ins Gebet versenkt. Dabei ließ er sich weder durch nahe Gefahr noch durch Hilferufe stören. So führte er seine oft meist zahlenmäßig unterlegenen Truppen gegen jede Übermacht ins Feld, ohne je eine Niederlage zu erleiden.

Die Ordensangehörigen waren den Prinzen in dreifacher Hinsicht Vorbild und Lehrer: durch ihr geläutertes Rittertum, ihre bewußt gepflegte Spiritualität und ihre in die Zukunft weisende sachliche Haltung zum Weltgeschehen. Die Ausbildung der Prinzen umfaßte selbstverständlich auch eine Schulung in allen ritterlichen und gelehrten Künsten, die man damals an einem königlichen Hof pflegte.

Die drei Schwerter

Die hohe Zeit des europäischen Rittertums war in den ersten Jahrzehnten des 15. Jahrhunderts schon vergangen. Die ritterlichen Übungen und Tugenden wurden in England und Frankreich zu leeren Formen, in Deutschland breitete sich das Raubritterwesen aus, und die Zeit war nicht mehr fern, wo in Spanien Miguel de Cervantes über Don Quijote, den »Ritter von der traurigen Gestalt«, schreiben sollte. Im entlegenen Portugal jedoch hat sich der Geist der Ritterschaft länger erhalten. Als Henrique auf sein 18. Lebensjahr zuging, war es nach dem geltenden Brauch hohe Zeit, daß er und seine beiden älteren Brüder den Ritterschlag erhielten. Der Chronik des Zurara entnehmen wir, daß König João nach Art der Zeit an ein Turnier dachte, das alles bisherige Ritterspiel in den Schatten stellen sollte: Ein Jahr sollte es dauern, und Ritter aus allen Landen sollten durch ungewöhnliche Preise herbeigezogen werden. Die drei Infanten hingegen wollten sich ihre Sporen in einem echten Kampf verdienen. Sie schlugen dem Vater vor, die maurische Stadt Ceuta zu erobern.

Dies war gleichermaßen im Geist der Kreuzfahrer wie der iberischen Ritterschaft überhaupt gesprochen, deren vornehmster Gegner stets die mohammedanischen Mauren gewesen waren. Wirtschaftspolitische und strategische Überlegungen sprachen ebenfalls für das Unternehmen. So war es nicht schwer, den König für den Plan zu gewinnen, und dessen Erfahrung als Staatsmann und Feldherr vereinte sich mit der Begeisterung der Prinzen. Dritte Kraft im Bunde war ein Element, das schon mehr der beginnenden Neuzeit als dem Mittelalter angehörte: Die Portugiesen erwiesen sich nämlich bei den nun folgenden Unternehmungen nicht nur als tüchtige Krieger und Ritter im alten Sinne, sondern auch als ungewöhnlich schlaue, berechnende Taktiker – man geht wohl nicht fehl, wenn man vermutet, daß hierbei die Ordensritter Pate standen.

Daß die Wahl auf Ceuta fiel, war alles andere als zufällig. Der Name der Stadt stammt von der antiken Bezeichnung hepta adelfon oder septem fratres – sieben Brüder, womit sieben Hügel gemeint sind, welche gegenüber Gibraltar an der afrikanischen Küste eine nach Osten ins Meer ragende Halbinsel bilden. Der größte unter ihnen, der Berg Abyla, ist eine der Säulen des Herkules; die andere ist der im Altertum Kalpe genannte Felsen von Gibraltar. Der Ort war zu allen Zeiten ein Brückenkopf zwischen Afrika und Europa. Von hier aus setzte der Karthager Hamilcar zur Eroberung Hispaniens an, von hier aus nahm 711 die Eroberung der iberischen Halbinsel durch Tarik ben Zejad ihren Ausgang. Zugleich war sein Besitz entscheidend für die Kontrolle des Seeverkehrs zwischen dem Mittelmeer und dem Atlantik. Ceuta war daher, wie der Chronist Zurara bemerkte, der »Schlüssel zum Mittelmeer«, und die Mauren erhoben, solange ihnen die Stadt gehörte, von allen durchfahrenden Schiffen hohe Anker- und Wasserzölle.

Zunächst machte man die Mauren glauben, daß die unübersehbaren Zurüstungen einem Krieg mit den Holländern gälten, während diese insgeheim erfuhren, daß dies nicht so sei. Viele Ritter stellten sich als Mitkämpfer ein, auch ohne um das Ziel des Feldzugs zu wissen. Dann reiste der Prior des Johanniterordens in Portugal mit einer vorgeblichen diplomatischen Mission nach Sizilien; als Gesandter war er unterwegs immun und konnte Ceuta anlaufen, um in Ruhe den dortigen Hafen und die Festungsanlagen auszukundschaften. Er krönte seinen Auftrag, indem er – ein Markstein in der Kriegsgeschichte – seine Beobachtungen dem König durch ein Sandkastenmodell veranschaulichte, das vielleicht das erste seiner Art war.

Während der König die Truppen rekrutierte, versah Duarte die Staatsgeschäfte, und Henrique und Pedro überwachten den Bau der Flotte. Die Begeisterung im Lande schwand auch dann nicht, als eine Pestepidemie ausbrach und eine Sonnenfinsternis eintrat. Als schließlich die Königin Philippa selbst an der Pest erkrankte, sorgte sie auf ihre Art dafür, daß das Unternehmen nicht gefährdet wurde: Sie ließ die drei Prinzen an ihr Sterbebett rufen und übergab ihnen drei Schwerter, die sie hatte fertigen lassen. Duarte, der Thronfolger, erhielt das »Schwert der Gerechtigkeit«, dazu den Auftrag, hinfort für das Wohl des portugiesischen Volkes zu sorgen. Pedro erhielt mit seinem Schwert die Weisung, Beschützer der Frauen und Mädchen Portugals zu werden. Dann wandte sich die Königin an Henrique und sprach:

»Wohl habt Ihr gesehen, wie ich die beiden anderen Schwerter Euren Brüdern zueignete. Dieses dritte Schwert habe ich Euch vorbehalten, denn ich weiß, so wie Ihr stark

seid, so ist es auch dieses Schwert. Einem der Brüder übergab ich die Hut über das Volk, einem anderen die über Frauen
und Jungfrauen. Ihr aber sollt einen besonderen Auftrag erhalten: Nehmt Euch der Herren, der Ritter, Edelleute und
Knappen in unserem Lande an. ... Ich habe Euch für dieses
Amt ausersehen, da ich weiß, wie sehr Ihr sie immer geliebt
habt. ... Ich gebe Euch dieses Schwert mit meinem Segen, und
diesen mit dem Auftrag und der Bitte, daß Ihr ein Ritter sein
möget. Herrin – so sprach der Infant –, Euer Gnaden sei gewiß, daß ich, solang mein Leben dauert, alles, was Ihr mir
soeben auferlegt habt, in Erinnerung bewahren werde und
daß ich zur Erfüllung meines Auftrages alle meine Kraft und
meinen guten Willen einsetzen werde. – Alsdann küßte er ihr
die Hand mit den Worten, daß er ihr großen Dank schulde für
jenes Schwert, das sie ihm übergeben, und daß es ihm über
alles in der Welt teuer sei. Als die Königin ihn also sprechen
hörte, strengte sie sich an, um ihm zuzulächeln, hob ihre
Hand und segnete ihn. Mit ihren Worten hatte die Königin
gezeigt, daß sie den Infanten Dom Henrique im besonderen
lieb hatte.«

Auf Betreiben Henriques wurde nach dem Tod der Königin
die Trauer kurz gehalten, und bereits eine Woche später, am
23. Juli 1415, segelten die zweihundertvierzig Schiffe mit
20000 Soldaten an Bord reich geschmückt und unter dem
Klang zahlreicher Musikinstrumente den Tejo hinab.

Am Abend des 21. August 1415 gehörte Ceuta den Portugiesen. Der rasche Sieg des Kreuzfahrerheeres, in dem Ritter
aus ganz Europa mitgekämpft hatten, unter ihnen der Tiroler
Minnesänger Oswald von Wolkenstein und ein Abgesandter
des Deutschen Ordens aus Ostpreußen, war gewiß einesteils
der Entschlossenheit und dem Geschick der Portugiesen zu
verdanken. Aber ohne das Mitwirken verschiedener günsti-
ger Umstände wäre es dennoch nicht möglich gewesen, die
gut befestigte Stadt innerhalb weniger Stunden zu stürmen.

Unter denen, die das erste Tor durchbrachen und den

Kampf in das Gassengewirr der Stadt trugen, war Henrique; zusammen mit seinen Brüdern stellte er seine Kühnheit und Tüchtigkeit im Getümmel des Straßenkampfs und beim Sturm der Zitadelle unter Beweis. Am Sonntag, der auf den Sieg folgte, wurde in der Hauptmoschee von Ceuta, die man zur christlichen Kirche geweiht hatte, ein feierliches Hochamt zelebriert, und danach begaben sich, wie Zurara berichtet:

»... die Infanten in ihre Herbergen, um sich zu rüsten. Sie schritten allesamt zur Kirche, was sehr schön anzusehen war, denn sie waren von hohem Wuchs und wohlgestaltet. In ihren Harnischen gingen sie einher, die wohl glänzten und reich verziert waren; die Schwerter des Segens hatten sie gegürtet und trugen ihre Wappenröcke. Ihnen voraus schritten viele Trompeter und Schalmeienspieler, dergestalt, daß niemand sie ansehen konnte, ohne von großer Freude erfüllt zu werden, was noch mehr für jenen galt, der ihnen am nächsten verwandt war: ihren Vater, den König. Und als sie vor ihm zu stehen kamen, kniete als erster der Infant Duarte nieder, zog sein Schwert aus der Scheide, küßte es und legte es seinem Vater in die Hände; der schlug ihn damit zum Ritter, und das nämliche geschah mit seinen Brüdern. Als dies vollbracht war, küßten sie ihm die Hand und entfernten sich, um ihrerseits die Männer ihres Gefolges zu Rittern zu schlagen.«

Nordafrika war in römischer und frühchristlicher Zeit als eine der bedeutendsten Kulturprovinzen des Mittelmeerraums stets eng mit Europa verbunden gewesen. Seit 670 war es jedoch fester Bestandteil des islamischen Weltreichs. Im ganzen blieb die Macht der Mohammedaner trotz des Verlustes von Ceuta ungebrochen. Achtunddreißig Jahre später wurde in Konstantinopel die Hagia Sophia in eine Moschee verwandelt, und 1529 standen die Türken erstmals vor Wien. Die unmittelbaren Folgen des portugiesischen Siegs von Ceuta lagen auf einem anderen Feld: Keime, die längst in der Seele Henriques geschlummert hatten, begannen sich auf dem Boden Afrikas zu entfalten. Das Hinterland der Handelsstadt

mit seinen Karawanenstraßen und fernen Oasen lag nun wie
ein riesiges Rätsel vor seinen Augen, und geheimnisvolle Berichte maurischer Händler sowie erbeutete Landkarten eröffneten ihm Horizonte, vor denen die Kreuzfahrerideale teils
verblaßten, teils eine neue Gestalt annahmen.

Henrique war nun einundzwanzig Jahre alt, und das
Schicksal stellte ihm die Wirkungsmöglichkeiten zur Verfügung, um die Pläne, die sich in ihm gestalteten, in die Tat
umzusetzen: Sein Vater ernannte ihn zum Herzog von Viseu,
zum Statthalter von Algarve, und 1420 wurde er vom Papst
als Oberhaupt des Christusordens bestätigt, war also mit
sechsundzwanzig Jahren der oberste Tempelritter seiner Zeit.
All diese Ämter waren mit beträchtlichen Einnahmen verbunden. Die Titulierung Heinrichs als Großmeister des Ordens
ist allerdings ungenau, da er auf diese Würde verzichtete, um
dem Armutsgelübde aus dem Wege zu gehen. Daß er andererseits das Gebot der Keuschheit freiwillig erfüllte, stützt die
Annahme, daß er von Anfang an beabsichtigte, seine Ein-
künfte für seine Zukunftspläne zu nutzen.

Mare tenebrosum

Der Sieger von Ceuta hätte nun eine ritterliche Laufbahn ohnegleichen einschlagen können. Der Papst, Kaiser Sigismund,
sogar der König von Kastilien boten ihm höchste militärische
Ämter an. Aber Heinrich beschied sich mit dem kleinen por-
tugiesisch-nordafrikanischen Schicksalsraum, den er durch
sein bisheriges Leben bereits abgesteckt hatte. Seine Größe
fand er in einem Denken und Handeln, das sein Vaterland mit
einem Schlag aus einem Spätling des Mittelalters zum Erstling
eines neuen, weltweiten Zeitalters machte.

Noch 1415 waren einige Schiffe der Kriegsflotte vom
Sturm zu den Kanarischen Inseln verschlagen worden, die damals bereits zum Machtbereich Kastiliens gehörten. Auf der

Heimfahrt nach Portugal wurden sie durch den Golfstrom behindert. Der Chronist Diego Gomes berichtet:

»Im folgenden Jahre sandte der Herr Infant Henrique einen vornehmen Ritter namens Gonçalo Velho über die Kanarischen Inseln hinaus an den Meeresküsten entlang, weil er die Ursachen eines so starken Meeresandranges kennenzulernen wünschte. Dieser fuhr über die Inseln hinaus und fand an der Küste Afrikas ein stilles, ruhiges Meer. Er gelangte bis zu einem Ort, der jetzt Terra Alta heißt. An der Küste dieses Landes gab es nichts als Sand.«

Heinrich hatte mit sicherem Blick den einzigen Weg gefunden, der ihm in der Richtung der geheimnisvollen Südhorizonte offenstand: das Meer an der afrikanischen Westküste. Von dem »Dunkelmeer« jenseits der Säulen des Herkules wußte Europa damals nur sehr wenig. Bis zu den Kanarischen Inseln erstreckte sich der vertraute küstennahe Bereich des »atlantischen Mittelmeers«, durch zwei Vorgebirge vom Unbekannten getrennt: Auf der Höhe der Kanaren befindet sich das Kap Não der Non, dessen Name allerdings nicht auf »nein« zurückgeht, sondern auf das arabische »nun« (Fisch), und hundert Meilen weiter südlich liegt dann Kap Bojador, das damals als äußerste Grenze des schiffbaren Meeres galt.

Schaurige Mären waren über die Schrecken im Umlauf, die jenseits dieses Mahnmals drohten: Furchtbare Seeungeheuer hausten dort; der Magnetberg, der Schlangenberg und schließlich eine Zone der Gluthitze, in der die See kochend und zähflüssig würde, sollten den sicheren Untergang bringen. Wer aber dennoch zurückkehrte, würde schwarzgebrannt wie ein Mohr bleiben. Dahinein mischten sich Phantasie, bildhafte Einkleidungen realer Erfahrungen und möglicherweise etwas von den Schreckensbildern arabischer Seefahrergeschichten, etwa von Sindbad oder von den Reisen zu der geheimnisvollen Messingstadt. Ob auch die Absicht der Mauren mitspielte, die »Nazarener« von unerwünschten Unternehmungen in südlichen Breiten abzuhalten, sei dahingestellt.

Nicht weniger abschreckend wirkte die Aussicht, durch das Aufsuchen solch höllischer Regionen in den Ruf eines Ketzers zu geraten.

Bojador bot aber für die damalige Seefahrt auch wirkliche Schrecken: Die Landmarken bestehen dort aus berghohen Wanderdünen, die ständig ihre Form ändern; Nebel und Sandstaub behindern die Sicht; die Küste ist so flach, daß man eine Meile vom Ufer entfernt erst bis zu den Knien im Wasser steht, und bei Westwind erreicht die Brandung eine Höhe von fünfzehn Metern. Dabei war man damals aber noch völlig auf die Sicherheiten der Küstenschiffahrt und die Möglichkeit, jederzeit das Ufer zu betreten, angewiesen. Endlich erschwerten der Kanarenstrom und die Nordostpassatwinde die Heimkehr nach Europa.

Henrique schickte nun Schiff um Schiff gegen dieses Bollwerk des Unbekannten. Die Ritter und Edelmänner, die sie befehligten, wuchsen in die Rolle von Kapitänen und Entdeckern hinein. So stießen Tristão Vaz Texeira und João Gonçalves Zarco 1418 auf die Insel Porto Santo und bald darauf auch auf die Hauptinsel der Madeira-Gruppe, womit die Entdecker zu Kolonisatoren wurden. Der erste Besiedlungsversuch scheiterte allerdings, denn Bartolomeu Perestrello, der aus einer in Portugal heimisch gewordenen italienischen Familie stammte, brachte ein trächtiges Kaninchen auf Porto Santo, dessen Nachkommen den Menschen die Erträge ihrer Pflanzungen so erfolgreich streitig machten, daß Perestrello mit seinen Leuten das Feld räumte. Sechzig Jahre später sollte eine Tochter des Kaninchenzüchters einen Genuesen mit unklarer Vergangenheit heiraten und mit ihm einige Jahre auf Porto Santo leben; dieser Mann ist uns als Christoph Kolumbus bekannt.

Die Kolonisation der Insel Madeira dagegen bedeutete einen mächtigen Aufschwung für die Wirtschaft Portugals. Ihr Holzreichtum und die Erträge der eingeführten Zuckerrohr-, Weizen- und Weinpflanzen entschädigten voll für den Mißerfolg auf der kleinen öden Nachbarinsel. »Madeira« heißt Holz, und es wird berichtet, daß es erst durch das von dort eingeführte Baumaterial üblich wurde, in Portugal Häuser mit mehr als einem Stockwerk zu bauen. Zwischen 1427 und 1432 entdeckte Gonçalo Velho Cabral noch die dritte nordatlantische Inselgruppe, die Azoren, die ebensoweit westlich von Portugal liegen wie Bojador südlich.

Das Kap des Schreckens selbst war immer noch unbezwungen. Mindestens fünfzehn Expeditionen waren ergebnislos verlaufen, wenn man von gelegentlicher Bereicherung durch Piraterie und Sklavenfang an der Berberküste oder auf den Kanaren absieht, und nach wie vor ließen sich die Seeleute mit Worten wie den folgenden vernehmen:

»Wie sollen wir die Grenzen überschreiten, die unsere Väter gezogen haben, und welchen Nutzen kann dem Infanten der Verlust unserer Seelen und damit unserer Leben bringen, denn bekanntermaßen würden wir Mörder unserer selbst sein. Ist es Zufall, daß es auf unserer Halbinsel keine anderen Fürsten oder Herren gegeben hat, die so begierig nach diesem Wissen gewesen wären wie der Infant, unser Herr?«

Als 1433 Gil Eannes, ein Knappe Heinrichs, wieder unverrichteter Dinge zurückkehrte, ließ Henrique keine der üblichen Ausflüchte mehr gelten:

»Im folgenden Jahr ließ der Infant besagtes Schiff neuerlich ausrüsten. Und indem er Gil Eannes zu sich rief, legte er ihm nahe, daß er sich dennoch bemühen sollte, jenes Kap zu passieren, und daß, wenn er auf dieser Fahrt nichts sonst täte, er diese Tat für ausreichend halten würde. – Ihr könnt, sagte der Infant, auf keine so große Gefahr stoßen, daß nicht der zu erwartende Lohn viel größer wäre. Und wahrhaftig, ich wundere mich, was das für ein Wahn sein soll, daß Ihr alle durch eine Sache von so geringer Wahrscheinlichkeit gefesselt seid. ... Der Infant war ein Mann von hohem Ansehen, weshalb seine Ermahnungen, so ruhig sie auch ausgesprochen wurden, für die Vernünftigen eine große Verpflichtung darstellten, wie es sich bei dem zeigte, der nach diesen Worten in seinem Geiste beschloß, nicht mehr vor seinen Herren zu treten, ohne einen genauen Bescheid über jene Dinge zu bringen, um derentwillen dieser ihn aussandte.«

Eannes umfuhr das Kap in weitem Bogen und brachte zum Beweis für die Landung ein Fäßchen Erde vom unbekannten Boden und ein Exemplar der »Rose von Jericho« mit. Zurara fährt fort:

»Wenn das Erlebnis des Gil Eannes ihm einen wesentlichen Ruhm einbrachte, dann darf das ohne weiteres auf die Worte, die der Infant vor seiner Abfahrt zu ihm sprach, zurückgeführt werden, und die sich bei seiner Ankunft herrlich bewahrheiteten, denn der Infant empfing ihn aufs beste und nicht ohne Vorteil für seine Ehre und sein Vermögen.«

Das Vertrauen in die geistige Überlegenheit des Infanten hatte in Gil Eannes einen Glauben geweckt, der stärker war als die Furcht, die aus dem Aberglauben aufstieg; und die Nachfolger des Eannes sollten darüber hinaus lernen, mehr und mehr auch an ihre eigene Geisteskraft zu glauben.

Die Hartnäckigkeit und der hohe Einsatz, mit dem der Infant die Südfahrten betrieb, ließen auch seine Zeitgenossen ahnen, daß ihn dazu schwerwiegende Gründe bewogen. Zurara, durch dessen »Crónica de Guiné« wir aufs genaueste über die Taten Heinrichs unterrichtet sind, führt als Antriebsfedern dazu folgende Gründe auf: Das Unbekannte zu erforschen; neue Handelsbeziehungen zu knüpfen; die Stärke der Mohammedaner zu erkunden; unbekannte christliche Könige aufzufinden; Heiden zum wahren Glauben zu führen und das Horoskop zu erfüllen.

Der in der Ferne gesuchte christliche König, den man sich gerne als Verbündeten im Kampf gegen den Islam dachte, war der sagenhafte Priester Johannes, dessen Gestalt im Mittelalter aus dem Dunkel der Überlieferung auftauchte. Man stellte sich ihn als einen christlichen Herrscher von gewaltiger Macht vor, dessen Reich in »Indien«, irgendwo tief im

Innern Asiens lag. Wolfram von Eschenbach und Albrecht von Scharffenberg ließen ihn in ihren Gralsepen aufleben, und man suchte ihn auch bald in der geschichtlichen Wirklichkeit.

So hatte der heldenhafte König Dawith II. von Georgien, das ja in der Tat eine urchristliche Tradition Asiens verkörpert, 1121 im Verband mit 1000 fränkischen Rittern bei Didgori eine gewaltige mohammedanische Übermacht geschlagen. Schnell wurde er in Westeuropa mit dem Priesterkönig gleichgesetzt. Als dann die Nachrichten von ersten Siegen der aus Innerasien herandrängenden Mongolen eintrafen, wurde Dschingis Khan als »König David« und »Priester Johannes« gefeiert. Dieser Irrtum klärte sich bald auf. Als der Ansturm der Mongolen in Osteuropa aufgehalten wurde, lernte das Abendland mit den mittlerweile entstandenen Khanaten zusammenzuleben, wodurch unter anderem Marco Polos Reise nach Ostasien möglich wurde. Marco Polo trug dann dazu bei, daß der Priesterkönig fortan im »afrikanischen Indien« in der Gestalt des christlichen Herrschers von Abessinien gesucht wurde.

Wenn wir die portugiesischen Unternehmungen in die Suche nach dem Priester Johannes einmünden sehen, so darf nicht vergessen werden, daß Dom Henrique als Erbe der Templergeheimnisse und als nachweislicher Kenner der Gralsüberlieferung wohl ein Bewußtsein davon haben konnte, daß im Christentum verborgene Tiefen ruhen, durch die es in Beziehung zu den uralt-heiligen Geisteshöhen Asiens tritt.

Wie diese Suche den Blick nach Osten und Süden lenkte, führte sein Forschergeist den Blick nach Süden und Westen; das unbekannte Meer weckte in Heinrich den Forscherwillen, ließ ihn nach neuen Erkenntnismitteln greifen und schließlich die Wege finden, um in anderen ein Gleiches anzuregen. Die wirtschaftlichen Folgen der Expeditionen, ihr Ausarten in Sklavenhandel sowie die Eroberung und Ausbeutung der entdeckten Länder waren sicher im Verlauf der Entdeckungsfahrten eine bewegende Kraft – unter die eigentlichen Motive Henriques dürfen sie jedoch nicht gerechnet werden. – Im Hinweis auf das Horoskop mag eine Ahnung davon liegen, daß die Entdeckungsreisen eine Forderung des Zeitgeistes erfüllten. Alle anderen denkbaren Gründe bleiben in den Grenzen dessen, was der Infant als Kreuzritter und Staatsmann eines iberischen Königreiches wollen konnte.

Der standhafte Prinz

Die Teilnahme an den Bestrebungen seiner Umwelt sollte Henriques Schicksal nun eine tragische Wendung geben. João I. war 1433 verstorben, und Duarte war ihm auf dem Thron gefolgt. Der Infant Fernando war Großmeister des Ordens von Aviz geworden. Als jüngster in der Reihe der Prinzen hatte er längst das Alter überschritten, in dem seine Brüder den Triumph von Ceuta erlebten. Natürlich erwachte in ihm der Wunsch, auch durch eine Kriegstat Ruhm zu erwerben, wozu sich jedoch der junge König in seiner bedachtsamen Art ablehnend verhielt. Henrique dagegen wußte den Plan nicht nur zu fördern, sondern ihm auch gleich die Richtung auf Afrika zu geben. Gegen den Widerstand Duartes, der Infanten Pedro und João, ja selbst des Papstes, gelang es Henrique, von der Königin Leonora unterstützt, einen Feldzug gegen Tanger einzuleiten.

Am 20. September 1437 fand der erste vergebliche Sturmangriff statt. Die portugiesische Streitmacht erwies sich als zu klein, die Ausrüstung mit Sturmgerät und Munition war ungenügend. Während aus Ceuta Nachschub herangeschafft wurde, gerieten die Belagerer immer mehr in die Lage von Belagerten; denn auf den Hügeln rings um die Stadt sammelte sich allmählich eine ungezählte Schar von Kriegern der wilden Berberstämme, die den bedrohten Glaubensgenossen in der Stadt helfen und dabei ihre Beutegier stillen wollten. Bald waren die Portugiesen endgültig in der Defensive und mußten daran denken, sich in einem nächtlichen Ausfall auf die Schiffe zu retten.

Aus unfaßbaren Gründen heraus geschah es, daß ausgerechnet der Kaplan Henriques den Mauren diesen Plan verriet. Nun wurden Verhandlungen aufgenommen, deren Ergebnis für die Portugiesen bei aller Schärfe der Bedingungen dennoch eine Gnade war, denn inzwischen waren Speise und Trank ausgegangen, so daß man die Pferde schlachtete und Wasser aus dem Wüstensand zu saugen versuchte. Sie sollten frei abziehen dürfen, wenn sie ihre Waffen zurückließen, Fernando als Geisel stellten – im Austausch gegen einen der Söhne des Stadtkommandanten Sala ben Sala –, ferner einen hundertjährigen Frieden gelobten und – Ceuta auslieferten.

Henrique versuchte, an Stelle seines Bruders in den Geiseltausch einzutreten, dies jedoch wurde vom Kriegsrat der Portugiesen abgeschlagen, und so begab sich am 16. Oktober Fernando, von sechs treuen Gefährten begleitet, freiwillig in die Gefangenschaft. Doch ganz offensichtlich fühlten sich die Berberscharen nicht durch den Vertrag gebunden; an eine Übergabe der Waffen war also nicht zu denken. Statt dessen mußte der Weg zu den Schiffen freigekämpft werden, was auch mit letzten Kräften gelang. Henrique erklärte den Vertrag für gebrochen und verweigerte seinerseits die Übergabe Ceutas. Zu allem Unglück stellte sich noch heraus, daß Sala ben Sala so viele Söhne hatte, daß die Gegen-Geisel so gut wie wertlos war.

Nun folgte eine Zeit des Wartens, Drohens und Verhandelns, aber die Mauren blieben unerbittlich. Henrique war tief betroffen von diesem Schicksalsschlag; doch seine Aufrufe zu einer gewaltsamen Befreiungsaktion blieben in Lissabon ungehört, und er wurde immer schweigsamer. Fernando wurde von Sala ben Sala an Lazeraque, den Wesir des Königreiches Fez, übergeben, der als fanatischer Christenhasser gefürchtet war. Was der Prinz in den Kerkern von Fez ertrug,

stellt ihn an die Seite der christlichen Märtyrer. Er starb am
5. Juni 1443 an den grausamen Haftbedingungen. Während
der Belagerung Tangers hatte einer der Kämpfer in einem
Brief Sätze niedergeschrieben, die sich wie eine Prophezeiung
dieses Leidensweges ausnehmen:

»Als wir die Heiden verfolgten, erschien über der Stadt ein
großes Kreuz. Es war klar wie Kristall. Wir haben es alle gesehen. Dreitausend Männer sanken auf die Knie und beteten
das Wunder an. Es ist Gottes Wille, daß wir bald das heilige
Kreuz in dieser Stadt aufrichten.«

Damit war das Unglück der königlichen Familie noch nicht
voll – Duarte hatte als König mit Weisheit und sittlicher Inte-
grität gewirkt. Seine innere Haltung spricht aus den Büchern,
die er schrieb, um erzieherisch auf die Edelleute an seinem
Hof zu wirken: eines über die Reitkunst und ein zweites, welches »Leal Conselheiro« (Getreuer Ratgeber) überschrieben
ist. In letzterem ergeht sich der König in Betrachtungen über
sittliche Fragen und untersucht deren psychologische Voraussetzungen. In diesem Werk findet sich unter anderem erstmals
die Beobachtung verzeichnet, daß das portugiesische Wort
für Sehnsucht (saudade) etwas meint, was nur in Portugal erlebt wird und daher unübersetzbar ist.

Duarte starb im September 1438 – an der Pest oder am Mit-
leiden von Fernandos Schicksal. Seine Witwe Leonora von
Aragon wollte bis zur Volljährigkeit des sechsjährigen Thronfolgers Affonso Alleinherrscherin sein. Der Staatsrat über-
trug jedoch dieses Amt dem Infanten Pedro. Dieser war in
jeder Hinsicht hierfür der geeignetere: Seinerzeit hatte er mit
zwölf auserlesenen Rittern ganz Europa, Kleinasien und Teile
Afrikas bereist, wobei er im Dienste Kaiser Sigismunds bis
nach Ungarn gelangt war. Aus Venedig hatte er Henrique
ein Exemplar von Marco Polos Reisebericht sowie italienische Erdkarten mitgebracht. Seine Welterfahrenheit, seine
edle Seelenbildung und sein lauterer Charakter befähigten ihn
wie keinen anderen zur Regentschaft. Leonora konnte das

nicht hinnehmen. Sie begann ein jahrelanges Intrigenspiel, in das sich auch noch der machthungrige Herzog von Bragança einschaltete, seinerseits ein unehelicher Halbbruder der Infanten. Henrique verhielt sich in diesen Auseinandersetzungen, in denen eine Parteinahme für Pedro doch so nahe gelegen hätte, eigenartig zurückhaltend und mußte schließlich mit ansehen, daß sein Bruder in der Schlacht von Alfarrobeira durch portugiesische Waffen fiel.

Als Heinrich 1451 eines Tages von der Templerburg Tomar aufbrach, um in die Algarve zu reiten, traf er auf der Straße einen Trauerzug, der das einbalsamierte Herz Fernandos, das inzwischen nach Portugal gebracht worden war, mit sich führte. Er schloß sich der traurigen Prozession an und wohnte der Beisetzung der Reliquie in der Kathedrale von Batalha bei, die sein Vater auf dem Schlachtfeld bei Aljubarrota errichtet hatte. Im Jahre 1470 wurde Fernando seliggesprochen. Das dauerhafteste Denkmal aber hat ihm der Spanier Calderón in seiner Tragödie »Der standhafte Prinz« gesetzt.

Der Felsen von Sagres

Nach der Rückkehr von Tanger war die Algarve Prinz Heinrichs bevorzugter Aufenthaltsort geworden. Diese südlichste Provinz Portugals war ihm persönlich unterstellt, sie lag dem Gefängnis Fernandos am nächsten, und die dort gelegene Hafenstadt Lagos war der naturgegebene Ort für Abfahrt und Ankunft der Atlantikfahrer. Die algarvische Küste läuft in das Kap São Vicente, den südwestlichsten Punkt Europas, aus. Nach Strabo wurde dieser Ort im Altertum, als der westlichste der bewohnten Erde, heilig gehalten. In einem zirkelrunden Druidentempel versammelten sich, wie die Iberer meinten, die Götter bei Nacht; von hier aus sah man die Flammenrosse des Phöbos unter dem zischenden Geräusch der Wellen in den Ozean niedertauchen. Die Römer gaben dem

Berg den Namen promontorium sacrum und rechneten von hier ihre Längengrade.

Zunächst lebte der Prinz in schlichten Unterkünften und unternahm in Einsamkeit lange Wanderungen durch den öden, windgefegten Küstenstrich zwischen Lagos und Cabo São Vicente. Dabei trat ihm die Bedeutung des Felsens von Sagres deutlich vor Augen. Dieser bildet einen östlichen Ausläufer des promontorium sacrum, reicht dafür aber ein gutes Stück weiter nach Süden; in seinem Namen lebt die antike Bezeichnung der Region fort. Henrique sah, wie sich im Windschatten dieses Felsens immer wieder aus dem Mittelmeer kommende Segelschiffe und Galeeren versammelten, um vor den heftigen Nordwinden der Atlantikküste Schutz zu suchen, daß sie dort aber keine Hafeneinrichtung, geschweige denn Wasser- und Lebensmittelvorräte finden konnten. Dies wurde einer der Gründe, warum er sich entschloß, gerade hier ein nautisches Zentrum zu errichten, in dessen Verwirklichung auch die innere Wandlung seines Wesens und seine Zukunftspläne sichtbare Gestalt annahmen.

So wurden Hafen- und Lagereinrichtungen geschaffen, Wohnraum für den Prinzen, seinen Hof und zahlreiche Gäste, dazu eine Kapelle. Der Wert dieser Siedlung für die Seefahrt wurde zuerst von den Genuesen erkannt, die den Ort noch während der Bauarbeiten für einen hohen Preis kaufen wollten. Der Infant legte hier in der Tat seinen Finger an den Puls des damaligen Weltverkehrs. Bald gingen Seeleute aus allen Ländern des Mittelmeeres und des Nordens in Sagres ein und aus, nicht nur um des Hafens willen, sondern auch, um seinem Erbauer zu begegnen.

Was späterhin Schule von Sagres genannt wurde, hat in diesem selbstverständlichen Leben für die Seefahrt und mit der Seefahrt seinen Ursprung. Es ist wohl richtig, daß eine Zeit, die sich »Institutionen vorstellte, wenn sie von Fortschritt hörte«, Sagres als nautisches Forschungs- und Studienzentrum im modernen Stil überbewertet hat. Aber die »Vila

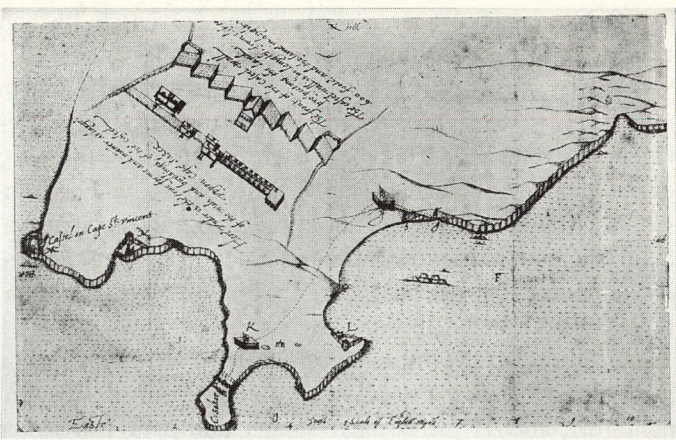

Englische Karte von Sagres aus dem 16. Jahrhundert

do Infante« oder »Terçanaval« war ein lebendiges Organ der Seefahrt und diente so auch dem Bewußtsein und dem Erkennen der Seefahrer, und Henrique verstand es, sachkundige Männer aus aller Welt an Sagres zu binden. So etwa den Mallorcaner Magister Jayme (Jehuda Cresques), der aus der Tradition der katalanischen Kartographie schöpfen konnte, die im wesentlichen von einer auf der großen Baleareninsel lebenden Gruppe sephardischer Juden getragen wurde; ferner lebten und arbeiteten in Sagres Schiffsbauer vom Rhein und von der Loire, deutsche, dänische, venezianische und genuesische ebenso wie die weitgereisten jüdischen Kaufleute, Berber und Guanchen, mohammedanische Kenner der nordafrikanischen Karawanenwege, sogar Untertanen des Kaisers von Äthiopien.

Man vervollkommnete das nautische Instrumentarium, arbeitete das antike und zeitgenössische kartographische Wissen auf und ergänzte es um die neuen Entdeckungen, und nicht zuletzt wurden auf dem Gebiet des Schiffbaus bedeutende Fortschritte gemacht. Wenn der Prinz auch nicht selbst als Lehrer und Forscher auftrat, so wird man doch nicht behaupten können, daß er außerhalb des wissenschaftlichen Lebens stand. Er hatte immerhin das Amt des Beschützers der Universität von Lissabon inne, was sicher ein Vertrautsein mit den verschiedenen Wissenschaften förderte; besonders lagen ihm dabei die Theologie und die sittliche Erziehung der Studenten am Herzen. Die Nachrichten über die wissenschaftliche Arbeit in Sagres sind notwendigerweise spärlich, denn die nautischen und geographischen Errungenschaften, die dort gemacht wurden, waren schon aus wirtschaftlich-politischen Gründen geheime Staatssache.

Die Fahrt des Gil Eannes hatte den Bann von Kap Bojador genommen. Henrique setzte nun von Sagres aus das Begonnene fort, aber er tat es nach Tanger und dem Tod seiner Brüder als ein vom Schicksal in der Tiefe seines Wesens berührter und gewandelter Mensch, »denn keiner umschifft das Kap Bojador, der nicht das Kap des Schmerzes umfuhr«. Es folgt nun eine kurze Chronik der von Sagres aus betriebenen Entdeckungsfahrten.

Das Kreuz des Südens

1435 fährt Affonso Baldaya, Mundschenk des Infanten, 150 Seemeilen über Bojador hinaus bis zur Angra dos Ruivos und stößt dort auf Spuren von Menschen und Kamelen. Ein Jahr später überschreitet Baldaya auf einer weiteren Fahrt den Wendekreis des Krebses und gelangt bis zur Pedra da Galé. Zwei seiner Knappen haben eine kriegerische Begegnung mit eingeborenen Azeneguen. Einzige Beute bleiben einige am Strand gefundene Fischernetze.

1441 brechen Nuno Tristão und Antão Gonzalves auf; es gelingt ihnen, an der unbekannten Küste einen Tuareg namens Adahu und eine Schwarze gefangenzunehmen. Eine kleine Eingeborenensiedlung wird gestürmt und anschließend der junge Gonzalves von Tristão zum Ritter geschlagen – man hatte das nächtliche Scharmützel als ritterliche Aventiure erlebt. Gonzalves bringt Adahu nach Sagres, und Tristão fährt weiter bis Kap Blanco.

1443: Gemäß einem ritterlichen Versprechen bringt Gonzalves Adahu in seine Heimat zurück. An Bord befindet sich ein deutscher Ritter namens Balthasar, dessen sehnliche Wünsche: einen Sturm zu erleben und »Guinea« zu sehen, auch in Erfüllung gehen. Man tauscht etwas Goldstaub ein und drei Straußeneier, die späterhin auf die Tafel des Infanten kamen, wo sie »ganz frisch und wohlschmeckend befunden wurden«. – Im gleichen Jahr erreicht Tristão die Insel Arguim.

1444: Lançarote de Freitas, der Rentmeister von Lagos, führt sechs Schiffe zur Insel Arguim und bringt 235 Gefangene mit zurück, die am 8. August 1444 in Lagos als Sklaven verkauft werden. Zurara schildert die herzzerreißenden Szenen, die sich dabei abspielten:

»O himmlischer Vater, der Du mit Deiner machtvollen Hand ohne Wandel Deines göttlichen Wesens die unendliche Gemeinschaft der Heiligen Stadt beherrschst, der Du ordnest die Umläufe der höheren Welten, die in neun Sphären geteilt sind; der Du die Zeitalter dauern lässest kurz oder lang, nach Deinem Gefallen – ich flehe Dich an, laß meine Tränen mir nicht den Sinn trüben, denn es ist ihre Menschlichkeit, die mich um ihr Leiden weinen läßt, und nicht ihr Glaube. Wenn selbst die wilden Tiere, die so reißend und ungezähmt empfinden, dennoch durch den Instinkt der Natur die ihrer eigenen Art mitfühlen, was lässest Du mein menschliches Wesen tun, nun da meine Augen diese jammervolle Schar sehen, und mich gemahnen, daß auch diese zu dem Geschlechte Adams gehören.«

Der Chronist erzählt dann, was sich in dieser dunklen Stunde der Christenheit und Europas an menschlichem Elend und menschlicher Härte offenbarte. Er versucht dies mit dem Hinweis auf das freundliche Leben aufzuwiegen, das viele dieser Sklaven und ihre Nachkommen später in Portugal hatten, und besonders erwähnt er, daß ja ihre Seelen durch den Empfang der Taufe für die Ewigkeit gerettet wurden. Man spürt aber, daß er dennoch nicht mit dem Erlebten fertig wird. Schließlich fällt sein Blick auf seinen Herren, der ebenfalls anwesend ist:

»Der Infant war dort, sitzend auf einem mächtigen Rosse, von seinem Gefolge geleitet, und er teilte seine Gnadenbeweise aus wie einer, dem nichts an seiner Beute gelegen ist. So verteilte er auf der Stelle jenen fünften Teil, der ihm zufiel … Er sah mit großer Freude auf die Rettung dieser Seelen hin, die vorher verloren waren.«

Heinrich mag vielleicht in der Tat in der Bekehrung dieser armen Heiden auch ein Gutes gesehen haben. Die Unmenschlichkeit dessen, was sich hier zutrug, wird ihm so wenig wie Zurara entgangen sein. Der Blick der schwarzgewandeten Gestalt auf dem hohen Pferd geht in eine rätselhafte Ferne. Mag er empfunden haben, daß sich hier eine Frage stellte, die viel älter ist als die nach dem Unbekannten: Kain, wo ist dein Bruder Abel?

1445 kommen bei einer Sklavenjagd auf der Insel Naar bei Kap Blanco sechs Portugiesen um. Diniz Dias erreicht Kap Verde und damit die Grenze zu dem nur von Schwarzen bewohnten Teil Afrikas, und Gonzalves fährt zum Rio de Ouro und setzt João Fernandez ab, der – des Arabischen kundig – einen Winter lang dort bleiben will, um Land und Leute zu erforschen. Fernandez lebt, Kleidung und Nahrung mit ihnen teilend, unter den Azeneguen und sammelt geographische, botanische und zoologische Daten. Unter anderem beobachtet er das Überwintern der europäischen Schwalben. Im selben Jahr fährt Álvaro Fernandes zum Kap dos Mastos.

1446: Mit einem Einsatz von sechsundzwanzig Karavellen wird die Bucht von Arguim grausam »befriedet«; die Sklavenjagd wird auch unter der bedauernswerten Bevölkerung der Kanaren, den hellhäutigen Guanchen, fortgesetzt. Ein anderer Teil der Flotte entdeckt den Senegalstrom. Zugleich werden am Rio de Ouro regelrechte Handelsbeziehungen mit den Afrikanern angeknüpft.

1447: Tristão entdeckt die Gambia-Mündung und wird dort auf einer Ausfahrt im Ruderboot mit zweiundzwanzig Seeleuten von Eingeborenen mit Giftpfeilen getötet. Wie durch ein Wunder gelingt es den fünf an Bord zurückgebliebenen Jungen, das Schiff nach Portugal heimzubringen. Im selben Jahr bringt Diaz Gil einen Löwen aus der Berberei nach Portugal, der von dort weiter nach Galway gebracht wird – um als erster seiner Art in Irland bestaunt zu werden!

1448: Der Däne Vallarte – eigentlich Abelhard – segelt im Dienst Henriques mit zum Kap Verde und bleibt dort verschollen, nachdem er von einem Landgang nicht zurückkehrte.

1449: Auf Arguim werden eine Festung und eine Handelsfaktorei angelegt. In diesen Jahren gestaltet sich der Umgang der Portugiesen mit den Eingeborenen friedlicher. Der Tauschhandel blüht auf, und die Sklaven werden zumeist den Mauren abgekauft.

1455: Alvise Cadamosto, ein junger Patrizier aus Genua, tritt in den Dienst Henriques – nicht ohne seine kommerziellen Interessen dabei im Auge zu behalten. Er besucht Kap Blanco, Arguim und den Senegal, wobei er überall rege Kontakte zu den Eingeborenen knüpft. Das ethnologische Material, das er dabei sammelt, ist noch heute interessant. Unterwegs stößt Antoniotto Usodimare, gleichfalls Genuese im Dienst des Infanten, zu ihm, und sie fahren gemeinsam bis zum Gambia. – Im nächsten Jahr fahren sie noch einmal zusammen aus und entdecken die Kapverdischen Inseln.

1457: Diogo Gomes fährt den Gambia hinauf bis Cantor. Er knüpft viele friedliche Kontakte; u.a. gelingt es ihm, in König Nomimansa den Wunsch nach einem christlichen Missionar zu wecken.

Mit dem Vordringen in südliche Breiten stiegen über dem

Horizont die Gestirne des Südhimmels auf. Es war Cadamosto, der 1455 die Kunde von dem leuchtenden Viergestirn
mitbrachte, das wir Kreuz des Südens nennen; eine Wiederentdeckung im doppelten Sinne: Einmal war dieses Sternbild
der Antike durchaus bekannt gewesen, und auch die arabischen Himmelsgloben, die nach Europa gelangten, bildeten
es ab. Zum anderen gab es einmal eine Zeit, in der es auch in
Europa sichtbar war: Aufgrund der astronomischen Präzes-
sion konnte man 3000 v. Chr. das südliche Kreuz noch bis zur
Ostsee hinauf sehen, und in den Tagen Homers stand es noch
über dem Horizont der Mittelmeerländer.

   In Dantes »Divina Commedia« (Purgatorio I, 22-30) findet sich eine Stelle, die den Meistern der Entdeckungsgeschichte und denen der Lectura Dantis gleichermaßen Kopf-
zerbrechen bereitet hat:

   Als dann, den Sinn zum andern Pol gekehrt,
   Zur rechten Hand vier Sterne ich erblickt',
   Deren Anblick nur dem Urgeschlecht gewährt.

   Der Himmel schien von ihrem Glanz entzückt –
   O, du verwitwet' Land, du öder Nord',
   Ihr Anblick ist nun deinem Schaun' entrückt!

   Als ich darauf vom Viergestirne fort
   Ein wenig hin zum andern Pole sah,
   So war der Wagen schon verschwunden dort.

Eine rein allegorische Deutung dieser Verse ist schon deshalb ausgeschlossen, weil Dante an anderer Stelle (Purg. VIII,
88-93) zu erkennen gibt, daß jenes Viergestirn unsichtbar
wird, wenn die drei hellsten Sterne um den Südpol (wohl Ca-
nopus, Acharnar und Formalhaut) aufgegangen sind. Während Dante auf seiner Wanderung durch den Geisteskosmos
des Mittelalters mit dem Wissen um dieses Sternbild die Er-

innerung an eine ferne Vergangenheit verbindet, wurde es den navegadores Prinz Heinrichs zum Wegweiser in die Zukunft. Es war ihnen zugleich eine unentbehrliche Orientierungshilfe am südlichen Himmel und ein tröstliches, auf die Geheimnisse ihrer Religion deutendes Zeichen. Sein Name stammt vermutlich von einem Portugiesen; und es ist das einzige Sternbild am Firmament geblieben, das mit der christlichen Bilderwelt verbunden ist.

In kaum fünfundzwanzig Jahren war aus dem von Schreckensbildern belebten mittleren Atlantik ein Raum reicher Erfahrung geworden, erfüllt von Schicksal und geschichtlichem Leben, der zudem eine ständig wachsende wirtschaftliche Bedeutung hatte. Portugal tat damit den ersten Schritt zur Kolonialmacht. Getreu dem ursprünglichen Sinn des Wortes »colonus« (Landwirt, Bebauer unerschlossenen Landes) wurden noch Madeira und die Azoren besiedelt, jenseits von Bojador erhielt das Wort seine heutige Bedeutung von Unterwerfung und Ausbeutung schwächerer Völker. In der Geschichte stehen nebeneinander Portugals Schuld an der Eröffnung des europäischen Sklavenhandels und seine mehr in der Stille vollbrachten Leistungen auf dem Gebiet der Kolonisation im ursprünglichen friedlichen Sinn mit dem vergleichsweise einträchtigen Zusammenleben der Rassen in seinen späteren Kolonien.

Die letzte Ausfahrt

Am 29. Mai 1453 eroberten die Türken unter Sultan Mohammed II. Konstantinopel. Ost- und Mitteleuropa sahen sich einer Metamorphose der islamischen Macht gegenübergestellt. Diese wurde nun, von asiatischem Volkstum getragen, abermals auf europäischem Boden offensiv. Die europäischen Herrscher konnten oder wollten dem untergehenden Byzanz nicht zu Hilfe kommen: Als Papst Calixtus III. zu

einem Kreuzzug gegen die Türken aufrief, kam die einzige
Zusage aus Portugal, wo König Affonso V. ein Heer von
12 000 Mann aufstellte. Aber er blieb allein, und so mußte das
Vorhaben aufgegeben werden.

Wieder war es Henrique, der den Blick des Königs auf
Afrika lenkte und anregte, die bereitgestellten Mittel wenigstens dort gegen die Mohammedaner einzusetzen. So wurde
der Plan zu einem Zug gegen die marrokanische Stadt Alcácer
Ceguer geboren, und im Oktober 1458 wurde dieser Ort
nach einer von Henrique befehligten achttägigen Belagerung
genommen. Der Feldzug fiel in die Zeit zwischen den Kreuz-
zügen und einer neuen Phase des europäischen Verteidi-
gungskampfes gegen die islamische Expansion. Dieser hatte
seine Höhepunkte im Sieg der christlichen Liga in der See-
schlacht bei Lepanto 1571 und in der heldenhaften Verteidigung Maltas durch die Johanniter 1565. In dem langwierigen
Türkenkrieg an der österreichischen Grenze trat zum letzten
Mal ein Ritterorden hervor: der Deutsche Orden.

An dieser Schwelle verließ Heinrich sein irdisches Wir-
kungsfeld. Am 13. November 1460 starb er nach kurzer
Krankheit »auf seiner an den Felsen geschmiedeten Kom-
mandobrücke« in Sagres. Sein Leib wurde zunächst in der
Marienkirche von Lagos beigesetzt und später in der Fami-
liengruft der Kathedrale von Batalha mit den sterblichen
Überresten seiner fünf Brüder, seines Vaters João und seiner
Mutter vereint.

Das Lebenswerk Heinrichs spiegelt sich den Umrissen nach
in einer Weltkarte wider, die während seiner letzten Jahre
von dem Kamaldulensermönch Fra Mauro in Venedig herge-
stellt wurde und auf den portugiesischen Entdeckungen fußt.
Henriques Initiative war die Entwicklung der Karavelle zu
verdanken, des Schiffes, das iberische Seeleute in zwei Jahrhunderten über alle Meere der Erde tragen sollte. Die Karavelle konnte aufgrund ihrer Lateinersegel 55 Grad am Wind
segeln, während die vorher üblichen Schiffe nur 67 Grad er-

reichten. Dieser Unterschied bedeutete beim Kreuzen gegen die Nordwinde an der afrikanischen Westküste einen entscheidenden Zeitgewinn und stärkte die Zuversicht der Mannschaften.

Die Kapitäne der See-Expeditionen waren zunächst Adlige aus dem Hofstaat des Prinzen und Ordensritter, die sich mehr oder weniger auf das militärische Kommando und Repräsentationspflichten beschränkten und wenig seemännische Kenntnisse mitbrachten. In der Lehre von Sagres bildete sich der Steuermann heraus, der Kenner des Meeres und der Navigationskunst. Die Förderung, welche die nautische Wissenschaft und Technik selbst in Sagres erfuhren, bestand nicht zuletzt auch in der Vertiefung und erweiterten Handhabung der vorhandenen Kenntnisse und in der Verbreitung einer sachlichen Atmosphäre, wo vorher Aberglauben und Furcht das Forschen hemmten.

Die Handlungen des Infanten zeugen von Mut, Willensstärke und Zielgewißheit. Seine Umwelt kannte ihn auch als inbrünstigen Beter, der Stunden alleine in seiner Lieblingskapelle zubringen konnte, und als Asketen, der lebenslang dem Weingenuß entsagte und ein Büßerhemd auf dem Leib trug. »Jungfräulich nahm seinen Leib die Erde zurück«, schreibt Zurara. Es wäre aber verkehrt, sich Heinrich als einen Mystiker vorzustellen, der in der Betrachtung von Gralsbüchern und Templergeheimnissen aufging – auch dies gehörte zu seinem Wesen, aber nur als eine Seite desselben. Seine Handlungsweise hatte, insbesondere wenn er in den Bereich ernster Entscheidungen eintrat, oft einen rätselhaften Zug. »Der Ausdruck seines Gesichtes war«, so Zurara, »derart beschaffen, daß er Furcht hervorrief bei denen, die ihn nicht kannten.«

Ein heute in Lissabon befindliches, um 1450, also zu seinen Lebzeiten wahrscheinlich von Nuñõ Gonçalves gemaltes Polyptichon des heiligen Vinzenz stellt den Infanten mit Mitgliedern der königlichen Familie und bedeutenden Männern des

Heinrich der Seefahrer, den heiligen Vinzenz anbetend.
Ausschnitt aus einem Altarbild von
Nuño Gonçalves (?), Mitte des 15. Jahrhunderts

öffentlichen Lebens um den Stadtheiligen von Lissabon ge-
schart dar, und zwar in einer für die damalige Zeit überraschend plastischen Manier. Seine kräftige Gestalt mit den
männlich-ernsten Zügen steht in der dichten Staffelung der
Gestalten auf geheimnisvolle Weise abgesondert, einen eigenen Mittelpunkt bildend, im dunklen Gewand und mit einem
mächtigen schwarzen Hut. Eigenartig offen und wissend ist
sein Blick, die Hände in Andeutung der Gebetshaltung an den

Fingerspitzen zusammengelegt. Die folgenden Worte Zuraras scheinen im Blick auf dieses Bild geschrieben:

»Wo findest du einen Fürsten, der so fromm ist, einen Fürsten, der so rechtgläubig ist, einen Fürsten, der so umsichtig
ist und so gut unterrichtet, so besonnen in allen seinen Taten?
Wo findest du solchen Großmut, solche Offenheit, solche
Menschlichkeit, solche Stärke im Ertragen so vieler und so
großer Mühsale? Sicherlich lebte zu seiner Zeit kein Mann,
der es gewagt hätte, ein so rauhes Leben wie er zu führen. Oh!
Wie oft fand ihn die Sonne noch an jenem Orte sitzend, wo sie
ihn tags zuvor verlassen hatte, indem er den ganzen Bogen der
Nacht durchwachte, ohne sich Rast zu gönnen, und dies alles
inmitten von Menschen aller Nationen, die allesamt nicht wenig dadurch gewannen, denn er hatte keine geringe Freude
daran, zu sehen, daß alle gefördert wurden! Wo findest du
einen menschlichen Leib, der so schweren Waffendienst er-
trüge, wie er es tat, im Frieden kaum weniger als im Krieg! Ich
glaube gewiß, wenn es möglich wäre, Stärke zu malen, dann
würde sie in seinem Antlitz und in seinen Gliedern wahrlich
gefunden. Und nicht nur in einigen Dingen war er stark, sondern in allen. Und welche Stärke ist größer als die des Mannes, der sich selbst besiegt?«

Henriques in sich und in seinem Rätsel ruhender Charakter
widerlegt, wie sein Denken und Handeln, die Anschauung,
daß die menschliche Individualität keine Wirklichkeit habe,
etwa im Sinne der Lehre des arabischen Aristotelikers Avi-
cenna: »Wir haben jeder einen Leib für uns, aber nicht jeder
einen eigenen Verstand für sich.« Heinrich führte seine Seeleute in Situationen, wo sie, aller Sicherheiten der Tradition
beraubt, in sich selbst die Mittel zum Bestehen finden mußten. Die individualisierende Kraft von Wissenschaft und Erkenntnis wurde geweckt und verstärkt in dem Maße, als sich
das in Sagres Erlernte an der Gewalt der Elemente und den
Weiten der Erde messen mußte. Sobald die Geschichtswis-
senschaft erkannte, daß mit dem 15. Jahrhundert ein neues

Zeitalter angebrochen war, sah sie auch, daß Henrique einer der Initiatoren dieser Neuzeit war, und daß sein Blick die Konturen eben dieses Zeitalters suchte. Dabei erlag man leicht dem Irrtum, er habe gerade dahin geblickt, wo man selbst stand. Und vielleicht wird man eines Tages sehen, daß der Blick des Meisters von Sagres auch weiter ging, als wir es heute überschauen. So muß eine jede Generation seinen Epitaph neu schreiben. Den Ton, in dem er heute verfaßt werden könnte, treffen die schönen Worte, die Salvador de Madariaga in seiner Kolumbus-Biographie dem Infanten widmete:

»Das Unbekannte ... rief nach einem Manne, der es aus der Hölle des Nichts befreie, der die Strahlen der Vernunft und des menschlichen Erkennens darauf lenke. Diesen Widerhall aus der Tiefe, mit dem der unbekannte Teil des Lebens das Ganze rufen wollte, hörte man in Portugal besser als in irgendeinem anderen Land. Denn dort war dieses Echo laut vernehmbar, heftiger war dort der Gegensatz zwischen der Leere des Unbekannten und der Fülle des Landes, das dorthin blickte, wo Abend für Abend die Sonne gerade an jenem Horizont unterging, der dem Menschen noch verschlossen war.«

Heinrich war der Entdecker einer Welt, die zugleich näher und ferner als die von seinen Kapitänen erst geschauten, dann betretenen Inseln und Küsten ist: der *terra incognita*, deren Ufersaum er im Strich der Kimmung gewahrte. Fernando Pessoa deutet in dem Gedicht »Der Infant« an, daß der dem »Raum der Klarheit« geopferte Horizont des Unbekannten für Portugal seine Bedeutung nie verlor:

Der Infant

Gott will, der Mensch träumt, das Werk wird.
Gott wollte, daß der Erdkreis sich schlösse,
Daß der Ozean eine und niemals mehr trenne.
So weihte er dich, und der Gischt stob vor dir her.

Der weiße Saum, er floh über Inseln und Länder,
Der Raum der Klarheit wuchs eilends zum Ende der Welt.
Und mit einem Male stieg der Erde Rund
Geeint aus dem unendlichen Blau.

Der dich weihte, schuf dich zum Portugiesen,
Uns ein Zeichen: des Meeres und unsrer Bestimmung.
Das Meer wurde wahr, das Imperium verging.
Nur Portugal, Herr, ist noch Verheißung.

II. Adamastors Fluch

Krieg, Handel und Piraterie,
Dreieinig sind sie, nicht zu trennen.

Goethe, Faust II

II. Adamastors Fluch

Zwei Königinnen

Gemeinhin werden die Fahrten von Vasco da Gama und Christoph Kolumbus als doppelter Höhepunkt der Entdeckerzeit angesehen. Was voranging, sei Vorbereitung, was folgte, Abrundung gewesen. Diese Ansicht trifft nur teilweise zu. Denn einerseits überragen die Leistungen der beiden berühmtesten Entdecker die ihrer Vorbereiter und Nachfolger durchaus nicht in allen Fällen, andererseits waren sie tatsächlich die folgenreichsten. Doch auch hier gilt es, genau hinzusehen: Kolumbus und Vasco da Gama vollbrachten so etwas wie das Hinüber- und Herübertragen zündender Funken zwischen Europa und den neugefundenen Welten. Die Ursachen jedoch für das, was geschah, liegen, wie die weitreichenden Folgen, außerhalb ihrer Schicksale. Sie ziehen einen Vorhang vor einem Schauspiel hinweg, das schon lange begonnen hat, und während die Bühne sichtbar wird, sind sie selbst noch für einige Augenblicke davor zu sehen.

Auf dem Weg von Portugal nach Indien lagen zwei Meere vor Vasco da Gama: Atlantik und Indik. Beide waren bis dahin durchaus nicht immer unbekannt gewesen. Vom Indischen Ozean brachten Griechen und Araber bereits manche Kunde nach dem Westen; ja, seine Kenntnis reicht tief in die ägyptische Geschichte hinein. Sie war dort mit den Fahrten in das Weihrauchland Punt verknüpft. Durch den Einfall der Hyksos-Völkerschaft, die etwa von 1790 bis 1580 v. Chr. über Ägypten herrschte, wurde der alte Brauch der Handelsfahrten nach Punt unterbrochen. Als die Hyksos wieder abgeschüttelt waren, kam es dann zu einer Wiederentdeckung des Seewegs dorthin. Hatschepsut, die einzige regierende Königin der altägyptischen Geschichte, gab den Befehl hierzu, wie eine Tempelinschrift in Der-el-Bahri bezeugt. Die Expedition wurde etwa 1493-1492 v. Chr. erfolgreich durch-

geführt. Unwillkürlich fällt der Blick darauf, daß genau ebensoviel Jahre nach Christi Geburt eine andere große Herr-
scherin, Isabella I. von Kastilien, Kolumbus aussandte. Die
eigentliche Lage von Punt ist umstritten; am wahrscheinlich-
sten ist jedoch, daß es im nördlichen Teil des heutigen Somalia
lag. Auch das 1. Buch der Könige (9,26-10,21) weiß von Handelsfahrten in südliche Regionen zu berichten:

»Und Salomo machte auch Schiffe zu Ezeon Geber, das
bei Eloth liegt, am Ufer des Schilfmeeres, im Lande der
Edomiter. Und Hiram entsandte seine Knechte im Schiff, die
gute Schiffsleute und auf dem Meer erfahren waren, mit den
Knechten Salomos. Und sie kamen gen Ophir und holten daselbst vierhundertzwanzig Zentner Gold und brachten es
dem König Salomo ... Dazu die Schiffe Hirams, die Gold aus
Ophir führten, brachten sehr viel Ebenholz und Edelgesteine
... Denn das Meerschiff des Königs, das auf dem Meer mit
dem Schiff Hirams fuhr, kam in drei Jahren ein Mal und
brachte Gold, Silber, Elfenbein, Affen und Pfauen.«

Ophirs Lage ist ungewiß. Ein vorsichtiger Lokalisierungs-
versuch deutet auf das in der fraglichen Zeit um 1000 v. Chr.
recht goldreiche eryträische Küstenland nördlich von Bab el
Mandeb. Eine andere Auffassung stützt sich darauf, daß die
in Arabien ansässigen Sabäer – deren Königin von der Bibel
im unmittelbaren Zusammenhang mit Ophir genannt wird –
weit nach Süden vordrangen. Auf Madagaskar will man ihre
Spuren gefunden haben, und die Architektur der geheimnisvollen Ruinenstadt Simbabwe im heute gleichnamigen Staat
läßt sich als sabäisch interpretieren. Auch in der Nähe Sim-
babwes liegen Goldvorkommen. Herodot berichtet sogar,
daß etwa 150 Jahre vor seiner Zeit, d.h. 596 bis 594 v. Chr.,
eine Umsegelung Afrikas durch eine ägyptisch-phönizische
Expedition stattgefunden habe:

»Lybiens [Afrikas] Gestalt zeigt schon, daß es, abgesehen
von dem an Asien angrenzenden Teil, auf allen Seiten vom
Meer umströmt wird. Den Beweis dafür hat, soviel ich weiß,

als erster der Pharao Necho von Ägypten erbracht. Als er nämlich die Grabungen an dem Kanal einstellte, der den Nil mit dem Roten Meer verbinden sollte, rüstete er eine Expedition aus und befahl ihr, um Lybien herum durch die Säulen des Herakles zurück bis in das Mittelmeer zu fahren und so wieder nach Ägypten zu gelangen. Die Phönizier brachen also auf und segelten aus dem Indischen Ozean in das südliche Meer. Als es Herbst wurde, gingen sie an Land, bestellten die Felder und warteten die Ernte ab, wo auch immer sie sich gerade in Lybien befanden. Wenn das Korn abgeerntet war, fuhren sie weiter, bis sie nach zwei Jahren durch die Säulen des Herakles gelangten und so im dritten Jahr wieder nach Ägypten zurückkehrten. Sie erzählten – was ich allerdings nicht glauben kann, vielleicht glaubt es aber ein anderer –, daß sie bei der Umschiffung Lybiens die Sonne zur Rechten gehabt hätten.«

Wir fügen noch einen Bericht des Karthagers Hanno über eine Westafrika-Fahrt an. Bei dem darin genannten Götterwagen könnte es sich um den 4070 Meter hohen Kamerun-Berg handeln, einen Vulkan, der nicht weit vom Äquator am Meer liegt.

»Nun waren wir vier Tage unterwegs und sahen das Land alle Nächte hindurch voller Flammen; in ihrer Mitte war ein sehr hohes Feuer, das über die anderen Flammen weit emporragte und das bis an die Sterne zu reichen schien. Am Tage sahen wir, daß es ein sehr hoher Berg war. Wir nannten ihn den Götterwagen. Als wir von hier drei Tage lang an Feuerströmen entlanggesegelt waren, kamen wir an einen ›das Südhorn‹ genannten Meerbusen. In der Tiefe dieser Bucht lag eine Insel. Auf ihr befand sich ein See, und in diesem wiederum eine Insel, die von zahlreichen Wilden bevölkert war. Die meisten von ihnen waren Weiber mit rauhen, haarigen Leibern. Unsere Dolmetscher nannten sie Gorillas. Wir verfolgten sie. Die Männer konnten wir nicht fangen, sie retteten sich durch die Flucht. Sie konnten über Felsen wegspringen und wehrten uns mit Steinen ab. Drei von ihren Weibern, die durchaus nicht folgen wollten, setzten sich gegen unsere Leute, als wir sie gefangennahmen, mit Beißen und Kratzen so zur Wehr, daß wir sie töteten. Wir zogen ihnen die Haut ab und brachten die Felle mit nach Karthago. Da wir keine Lebensmittel hatten, setzten wir unsere Fahrt nicht weiter fort.«

Für die antiken Seefahrer war Küstenschiffahrt die Regel, und die offenen Gewässer des Mittelmeers konnten sie verhältnismäßig schnell durchqueren. Die ersten sicher bezeugten Hochseefahrten wurden erst um 100 v. Chr. auf dem Indischen Ozean unter Ausnutzung der Monsunwinde durchgeführt.

Die Wappensäulen

Über das an der westafrikanischen Küste nach Süden vordringende Kap-Springen der Portugiesen wurde bis zum Jahr 1457 berichtet. Wir setzen die Chronik nun fort:

1462 entsandte der junge König Affonso V. den Pedro de Sintra mit zwei Karavellen; er segelte über die Küste der Sierra Leone hinaus bis in die Gegend des heutigen Monrovia.

1469 verpachtete König Affonso V., dem es an Geld fehlte, die Rechte für die weitere Erkundung der Guinea-Küste auf fünf Jahre an den Lissabonner Kaufherren Fernão Gomes, mit der Auflage, jedes Jahr hundert Léguas neues Küstenland zu erkunden. In seinem Dienst umsegelten Pêro de Escobar und João de Santarem Kap Palmas, hinter dem die afrikanische Küste für etwa 2000 km nach Westen streicht, und fuhren bis zu einem Ort an der heutigen Goldküste, dem sie den Namen Mina gaben. Dieses Wort stand ursprünglich für »Quelle frischen Wassers«. Später bezog man es auf den Goldhandel mit den Eingeborenen. Die nach Westen verlaufende Küstenlinie erweckte die Hoffnung, nun endlich den freien Weg nach Asien gefunden zu haben; dieser Irrtum klärte sich jedoch schnell auf.

1470 entdeckte Fernão do Pó die nach ihm benannte Insel gegenüber dem Kamerun-Berg. Im gleichen Jahr fand Vasconcellos die Insel Príncipe und das nahe am Äquator gelegene São Thomé. Lopo Gonçalvez, nach dem das Kap Lopez in Gabun benannt ist, überquerte bald danach den Äquator.

Nach Ablauf des Vertrags mit Gomes leitete der junge Infant João die Unternehmungen. 1475 bis 1479 lenkte allerdings ein Krieg mit Kastilien, das gleichfalls zur Guinea-Küste drängte, die Kräfte in eine andere Richtung. 1479 wurden im Vertrag von Alcaçovas die Feindseligkeiten beigelegt und die Kanarischen Inseln endgültig Kastilien zugesprochen.

1481 wurde der Infant als João II. König. Auf seinen Befehl wurde von Diogo de Azambuja in Mina die befestigte Handelsniederlassung Castelo de São Jorge da Mina errichtet. Der Chronist Barros berichtet, daß João II. den Befehl gab, fortan in den neu entdeckten Landstrichen steinerne Wappensäulen aufzustellen:

»Und von da an gestattete er auch nicht mehr, daß die Kapitäne, die er zur Entdeckung jener Küste aussandte, an den augenfälligsten Orten hölzerne Kreuze aufrichteten ..., sondern befahl, sie sollten eine steinerne Säule von der Höhe von zwei Mannslängen mit dem königlichen Wappenschild dieses Reiches und an den Seiten mit einer lateinischen und portugiesischen Inschrift aufstellen, welche besagen, welcher König jenes Land hatte entdecken lassen, und zu welcher Zeit und von welchem Kapitän jene Säule aufgerichtet worden sei, und obenauf sollte ein steinernes Kreuz mit Blei eingelötet werden. ... Und der erste Entdecker, welcher eine solche Säule aufrichtete, war Diogo Cão, ein Ritter seines Hauses.«

Dieses erste »padrão« stellte Diogo Cão 1482 an der Kongomündung auf, ein weiteres ließ er am Kap Santa Maria in Angola zurück. Auf einer zweiten Reise, die auf 1486 datiert wird, stellte er padrões bei Kap Negro und Cape Cross auf. Letzteres wurde 1893 von deutschen Kolonialtruppen aufgefunden. Die runde Säule ist in einem Stück aus Marmor geschlagen und geht oben in einen kubischen Knauf über, der das portugiesische Wappen mit den fünf Schilden zeigt und wahrscheinlich ein Kreuz trug. Ferner ist eine Inschrift in lateinischer und portugiesischer Sprache angebracht:

»Im Jahre der Erschaffung der Welt 6685 und Christi 1485 ließ der erhabene und berühmte König Dom João von Portugal dieses Land entdecken und diese Säule setzen von Diogo Cão, dem Ritter seines Hauses.«

Das »Liber Chronicarum« des Nürnbergers Hartmann Schedel von 1493 berichtet von dieser Reise:

»Der portugiesische König Johann II. ernannte zu Befehlshabern der gut ausgerüsteten Galeeren den Jacobus Camus [Diego Cão] aus Portugal und den Martin Behaim, einen Deutschen aus Nürnberg, aus einer guten böhmischen Familie stammend. ... Diese beiden fuhren mit Hilfe der Götter ins südliche Meer, überwanden, nicht weit von der Küste schiffend, den Äquator und gelangten in einen anderen Erdkreis. Gegen Mittag fiel der Schatten, wenn sie sich selbst ostwärts wandten, nach ihrer rechten Seite. Durch ihre sorgfältige Nachforschung haben sie daher klargestellt, daß eine andere, uns vorher unbekannte Welt vorhanden sei, die vorher in vielen Jahren von niemandem als von Genuesen gesucht worden war.«

1481 war João Affonso d'Aveiro von São Jorge da Mina aus zu Lande in das westafrikanische Königreich Benin vorgestoßen und hatte Kunde erhalten von einem überaus mächtigen König, dessen Land sich ostwärts erstreckte. Es war dies der christliche Herrscher von Äthiopien, dessen Reich damals in Europa als afrikanisches Indien und als Heimat des geheimnisvollen Priesterkönigs Johannes galt. João II. verdoppelte nun seine Anstrengungen. Eine Expedition auf dem Landweg sollte gleichzeitig mit einem neuen Vorstoß zur See die Gewißheit über Lage und Erreichbarkeit Indiens bringen.

Die See-Expedition wurde Bartolomeu Diaz unterstellt und brach im August 1487 mit den Karavellen São Cristovão und São Pantaleão und einem Versorgungsschiff auf, das von Pêro Dias, dem Bruder Bartolomeus, befehligt wurde. Leider sind von dieser Unternehmung keine Berichte aus erster Hand erhalten. Zielstrebig fuhr Diaz über Cãos letztes padrão hinaus und ankerte am 8. Dezember in der Walfischbay. Zug um Zug erkundete er die Küste im Süden. Anfang Januar trieb ihn ein Sturm dreizehn Tage lang südwärts. Als der Wind sich legte, fand man im Osten kein Land mehr! Diaz steuerte nun nach Nordosten und landete bei der heutigen Mossel-Bay. Er konnte die südafrikanische Küste noch bis zur Algoa-Bay erforschen, wo er eine Wappensäule aufstellte, mußte sich aber dann dem Willen der erschöpften und ängstlichen Mannschaften sowie dem Rat der älteren Offiziere beugen, die ihm lediglich drei weitere Tage zugestanden, dann mußte er umkehren.

Barros erzählt, daß Diaz den am Kap Padrão aufgestellten Wappenpfeiler mit einem Kummer passierte, als wäre der Stein »ein zu ewigem Exil verurteilter Sohn«. Auf dem Rückweg entdeckte er das eigentliche Südkap mit dem gewaltigen Tafelberg und gab ihm den Namen Cabo Tormentoso – Kap der Stürme. Im Dezember 1488 kehrten Diaz und die Seinen nach sechzehn Monaten und sieben Tagen wieder nach Portugal heim und wurden dankbar vom König empfangen. Nur den Namen des Vorgebirges wollte João II. geändert wissen. Cabo da Boa Esperança – Kap der Guten Hoffnung sollte es heißen. Der Chronist sagte später von Diaz: »So wie Moses das verheißene Land nur sehen, aber nicht betreten durfte, hat er den Weg nach Indien geöffnet, ist aber nicht selbst nach Indien vorgedrungen!« Diaz gleicht Moses auch darin, daß er im Angesicht der von ihm erreichten Grenze starb – er ertrank später in den Gewässern des von ihm gefundenen Kaps. Da-

von spricht Fernando Pessoa in seinem »Epitaph für Bartolomeu Diaz«:

Hier ruht, am kleinen, letzten Strande
Der Kapitän des Endes. Jenseits des Staunens
Ist das Meer sich gleich. Keinen mehr schreckt es.
Ein zweiter Atlas zeigt, hoch auf seinen Schultern, die Welt.

Pêro de Covilhão

Mißt man nicht den Erfolg, sondern die innere Größe des
Schicksals, so gehört der Mann, den João II. zugleich mit Diaz
aussandte, zu den Entdeckern, die an erster Stelle genannt
werden müssen. Vom Vorleben Pêro de Covilhãos scheint nur
wenig überliefert zu sein. Der portugiesische Historiker
Jaime Cortesão hebt hervor, daß Covilhão und sein Gefährte
Affonso de Paiva aus Ortschaften stammten, in denen besonders viele conversos oder Neu-Christen lebten, d.h. getaufte
Juden. Daß die conversos oft weitgereiste Leute waren und
sich mit Geschick in aller Herren Länder zu bewegen wußten,
verstand sich von selbst. Wer einen converso als seinesgleichen schätzte und sich seiner Fähigkeiten bedienen wollte,
hatte keinen Grund, besonders über seine Herkunft zu reden.
Covilhão hatte sich bereits in Spanien und Nordafrika durch
Unternehmungen verdient gemacht, bei denen er ganz auf
sich selbst gestellt war – Spionage würde man heute dazu sagen –, und die Aufgabe, die ihm der König nun stellte, hatte
ähnliche Züge. Lassen wir die frühesten Berichte über seine
Reise selbst sprechen, zunächst die Chronik des António Galvão:

»Im Jahre 1487 sandte König João Kundschafter aus, um
Indien zu Lande zu erreichen. Auf diese Reise begaben sich
Pedro de Covilham, ein Mann des Königs, und Alfonso de
Payva, da beide des Arabischen mächtig waren. Im Monat

Mai des Jahres reisten sie ab, fuhren zu Schiff nach Neapel, kamen nach der Insel Rhodus und wohnten dort in dem für portugiesische Ritter bestimmten Hause. Von dort begaben sie sich nach Alexandrien und Kairo, dann zum Hafen Toro in Gesellschaft maurischer Karawanen und Karrentreiber. Dort schifften sie sich ein, durchfuhren das Rote Meer und gelangten zur Stadt Aden.«

Weiter aus den »Annales ecclesiastici« des Odoricus Raynaldus, Köln 1694:

»Dort erfuhren sie, daß in einem oberhalb Ägyptens gelegenen Teil Äthiopiens ein mächtiger christlicher Herrscher lebe, dessen Reich sehr groß sei, und dem viele Fürsten untertan seien. Sie vermuteten, es handle sich um den gleichen Fürsten, zu dessen Ermittlung sie von João ausgesandt worden waren, doch verwirrte sie der Name Indien, da sie ja doch ausgesandt waren, um den Priester Johannes, den christlichen Beherrscher Indiens, aufzusuchen. Denn weder jenes Reich noch der Name noch die Priesterwürde paßten auf den König von Äthiopien. Sie beratschlagten daher, was am besten zu tun sei, und sie vereinbarten, daß Covilhão nach Indien fahren und ermitteln solle, ob an den dortigen Küsten eine Kenntnis des Priesters Johannes bestehe. Paiva aber sollte im ägyptischen Theben den Covilham erwarten.«

Und wieder António Galvão:

»Alfonso de Payva begab sich nach Äthiopien, Pedro de Covilham nach Indien. Er kam in die Städte Cananor und Kalikut, kehrte zurück nach Goa und schiffte sich von dort nach Sofala an der afrikanischen Küste unter 20° s. Br. ein, um hier die Bergwerke zu besuchen, die so hohe Berühmtheit haben. Von Sofala fuhr er nach Moçambique zurück und besuchte alsdann die Orte Quiloa [Kilwa], Mombassa und Melinde. Alsdann kehrte er in die Stadt Aden zurück, wo er und Alfonso de Payva sich getrennt hatten. Von dort fuhr er abermals durch's Rote Meer und ging nach Kairo, wo er mit seinem Gefährten wieder zusammenzutreffen hoffte. Aber er erfuhr daselbst, daß jener gestorben war, durch Briefe, die er von seinem Herrn, König Johann, empfing. In diesen Briefen wurde ihm der Auftrag zuteil, weiter in das Land und Reich des Priesters Johannes zu reisen.«

João de Barros berichtet in seiner »Asia« Genaueres über den Empfang dieser Briefe:

»Schon war Covilham im Begriff, [aus Kairo] mit den gesammelten Nachrichten nach Portugal heimzukehren, als er hörte, daß ihn ein Judenpaar aufsuchen wollte, Rabbi Abraham aus Baja und ein Schuster Josef aus Lamego. Josef, der kurz zuvor in der Levante gewesen war, hatte nämlich dem König berichtet, auf der Insel Ormuz gebe es eine Niederlassung für alle Erzeugnisse des Orients, und von dort würden sie durch Karawanen nach Aleppo und Damaskus gesandt. Deshalb hatte der König die beiden Juden dem Covilham nachgeschickt. Rabbi Abraham sollte ihn nach Ormuz begleiten, und Josef überbrachte ihm den schriftlichen Befehl, sich später zu dem Priester Johannes zu begeben, vorher aber durch eben diesen Josef einen Bericht über seine bisherigen Erkundungen zu erstatten.

Nachdem er diese Aufforderung erfüllt hatte, ging Covilham mit Abraham über Aden nach Ormuz, schickte durch ihn seine Meldungen mit einer Karawane über Aleppo nach Portugal und begab sich dann nach Abessinien. Der König namens Skander nahm ihn gütig auf und verhieß ihm eine baldige, willkommene Abfertigung. Unglücklicherweise starb aber Skander einige Tage darauf, und sein Bruder Naut kümmerte sich nur wenig um den Gesandten, wollte ihn sogar nicht einmal wieder abreisen lassen, wie man in diesem Lande überhaupt Fremde wohl hinein, aber nicht wieder heraus läßt. Als im Jahr 1515 David, der Sohn jenes Naut, regierte und Rodriguez de Lima von König Manuel als Gesandter nach Abessinien geschickt wurde, forderte er die Entlassung des Covilham. Aber David schlug sein Gesuch ab und fügte hinzu, seine Vorfahren hätten jenem Land und Ei-

gentum geschenkt, wovon er mit Frau und Kindern leben
könne.«

Covilhão hat also das Bild der sagenhaften Lande des Priesterkönigs, das Jahrhunderte lang die Vorstellungen Europas
über die Gebiete diesseits und jenseits des Indik verklärte, in
zwei geographische Tatsachen aufgelöst: Äthiopien und den
indischen Subkontinent. Das letzte Wort über den Priester Johannes war damit allerdings nicht gesprochen, denn seine
Wirklichkeit muß in Bereichen gesucht werden, denen die
mittelalterlichen Gralsepen, die von ihm sprechen, auf ihre
Weise näher kamen, als es der geographischen Forschung
möglich war. Immerhin dürften Covilhão und die Portugiesen, die nach ihm den König von Abessinien für den Prestre
João hielten, tatsächlich in seinem Reich christliche Substanz angetroffen haben, die von manchen Einseitigkeiten des
abendländischen Christentums unberührt war.

Der Brief, den Covilhão mit dem Schuster Josef nach Lissabon schickte, wies nachdrücklich auf die Erreichbarkeit
Indiens über den Seeweg und auf das Vorhandensein eines
afrikanischen Südkaps hin; auch Madagaskar, damals Mond-
insel genannt, erwähnte er. Dem Schreiben soll eine ausführliche indische Karte von Südafrika beigelegen haben.

Die Tragik Covilhãos liegt darin, daß er diese Erkenntnisse
seinem König erst mitteilen konnte, als Diaz das Kap bereits
entdeckt hatte. Er war, wie António Galvão schreibt, »der
erste Portugiese, der jemals Indien und die umliegenden
Meere gekannt und erblickt hat, wie auch andere dort gelegene Plätze« – bevor Kolumbus und Vasco da Gama, der erste
in falschem Glauben, ihr jeweiliges Indien erreichten. Es war
ihm verwehrt, in seine Heimat zurückzukehren und von seinen Erlebnissen zu erzählen. Er lebte, wie der Gesandte Rodrigo de Lima berichtet, geehrt und mit großem Einfluß
beim »Priester Johannes« und seinem Hof. Wir hören auch,
daß Covilhão seinen von der Gesandtschaft heimkehrenden
Landsleuten einen dunkelhäutigen Sohn mit auf den Weg gab,

nicht ohne ihn mit einer Goldgabe zu versehen, die er mit seinem in Portugal lebenden Halbbruder teilen sollte. Er starb
jedoch auf der Reise.

Covilhão beendete sein Leben in der neuen afrikanischen
Heimat. Es ist bewegend, sich vorzustellen, daß er zwar keine
äußeren Wirkungen in der Geschichte ausgelöst hat, daß aber
Vasco da Gamas Seeleute sowie alle Portugiesen, die ihnen
folgten und in Sofala, Moçambique, Mombaza und Melinde,
in Aden und Ormus, in Goa, Calicut und Cananor an Land
gingen, Boden betraten, auf dem bereits einer der ihren gestanden hatte. Am Anfang von Portugals Geschick im Indischen Ozean steht die einsame stille Gestalt des Pêro de
Covilhão.

Moçambique und Melinde

König Manuel I. nahm 1496 die Anstrengungen um den
Seeweg nach Indien energisch wieder auf. Man war sich in
seinem Land der wirtschaftlichen Aspekte dieses Unternehmens wohl bewußt. Verlockend war die Möglichkeit, das
Monopol des bislang über den Vorderen Orient und Italien
abgewickelten Gewürzhandels zu brechen; bedenklich die
Aussicht, dadurch in militärische Konflikte mit den Arabern
und den italienischen Seerepubliken verwickelt zu werden. In
Portugal hielt man es offenbar für überflüssig zu fragen, ob
das von Covilhõa erforschte Indien etwas mit dem von Kolumbus entdeckten zu tun habe.

Der mit dem Kommando betraute Vasco da Gama war
1469 zu Sines im Alentejo geboren. Anders als Kolumbus erhielt er eine regelrechte Ausbildung in Nautik, Mathematik
und Latein. Schon im Alter von neunzehn Jahren erwarb er
sein Kapitänspatent.

Unter Aufsicht des Bartolomeu Diaz wurden drei Schiffe
gebaut: das Flaggschiff São Gabriel, die São Rafael und die
Berrio, wozu ein Versorgungsschiff kam, das unterwegs auf-

gegeben werden sollte. Nach der Abfahrt führte zunächst Bartolomeu Diaz das Kommando, trennte sich jedoch südlich der Kapverdischen Inseln befehlsgemäß von der Flotte da Gamas, um sich nach São Jorge da Mina zu begeben. Da Gama segelte von den Kapverden in weitem Bogen durch den Südatlantik direkt zur St. Helena-Bucht nördlich vom Kap der Guten Hoffnung. Er hatte damit auf Anhieb eine weitaus längere Strecke ohne Landsichtung durchfahren als Kolumbus auf seinem Weg von den Kanaren bis Guanahaní. Diaz war seinerzeit auf seiner Fahrt in diese Breiten immer in der Nähe des Landes geblieben und hatte es wiederholt aufgesucht.

In diesem kühnen Zugriff zeigt sich die Wesensart Vasco da Gamas. Er war rasch entschlossen und unerschrocken; mit Gegnern verfuhr er ohne Nachsicht, bei Eingeborenen und Arabern war er schnell mit Folter und Hinrichtung zur Hand. Sein Element war das Vollstrecken dessen, was Diaz und Covilhão vorbereitet hatten und was sein König ihm befahl. Eine poetische Vision seiner Aufgabe wie bei Kolumbus oder eine so ausgeprägt individualisierte Willensbildung wie bei Magalhães hätte man bei ihm wohl vergeblich gesucht. Wie bei vielen portugiesischen Entdeckern blieb seine Größe Teil dessen, was im ganzen Volk wirkte.

In der Sprache der Mythen wird die Begegnung der Seele mit den in ihrem eigenen Grund wirkenden Kräften oft mit dem Auftreten von drei Frauengestalten dargestellt, so trifft etwa Herakles am Scheideweg drei Göttinnen. Die portugiesischen Entdecker gerieten wiederholt in Situationen, die solche Urbilder der Seele unmittelbar im Leben widerspiegelten. Wir wissen, daß Vasco da Gama auf einer seiner späteren Fahrten streng verboten hatte, Frauen an Bord zu nehmen. Ausgerechnet da entdeckte man drei Portugiesinnen, die sich als blinde Passagiere versteckt hatten! Da Gama ließ sie auf der Stelle grausam züchtigen. In dieser Handlungsweise spiegelt sich – wahrscheinlich geschieht es völlig unbewußt – die Unerbittlichkeit einer inneren Haltung, die es sich versagt, mit sich und den feineren Kräften der eigenen Seele allein zu sein, wie es für den sensiblen Verfasser des Bordbuches der Fahrt in die Neue Welt selbstverständlich gewesen war. Da Gamas Empfinden, in dem sich immerhin eine gewisse Ritterlichkeit ausdrückt, veranlaßte ihn später, dafür zu sorgen, daß die drei Frauen in Indien ein anständiges Auskommen fanden. In vielem, was dergestalt als Härte und Unmenschlichkeit auftritt, wirkt die von ihrem hohen Ursprung entfernte innere Strenge nach, die ursprünglich in der geistigen Schulung der Ritterorden waltete und auf eine Askese mitten im Leben der Welt zielte.

Camões hat später in den »Lusiaden« die Tat Vasco da Gamas zum Epos seines Volks erhoben. In zehn Gesängen mit durchschnittlich hundert Oktaven werden nach homerischer Manier die abenteuerlichen Ereignisse der Reise mit einer Handlung verwoben, in der die Götter der Ilias und Odyssee die Geschicke der Portugiesen auf dem Weltmeer lenken. Dabei erweist sich Venus als deren Beschützerin und Bacchus als ihr erbitterter Gegner. Auf einer dritten Ebene wird ein Schaubild der portugiesischen Geschichte von den frühmittelalterlichen Anfängen bis zur Lebenszeit des Dichters selbst eingeflochten. Wir lassen nun Camões erzählen, was sein Held nach der Umrundung des Südkaps erlebte (aus dem I. Gesang):

45. Ein leicht Geschwader von der Inseln Küste,
    Die Afrika die nächste scheint zu sein,
    Erscheint, schnell segelnd durch des Wassers Wüste,
    In ungezählten Barken, eng und klein;
    Als ob man Gutes jetzt erleben müßte,
    Nimmt Freud' und Frohsinn alle Herzen ein:
    Welch Volk dies sei, möcht' gerne man erfahren,
    Sitten, Gesetz und Herrscher dieser Scharen.

46. Der Barken Bau und Schnelle darf man loben,
    Als Segel dienen Matten, kühl und dicht,
    Aus Fasern mit geschickter Hand gewoben,
    Die aus der Palme schlankem Blatt man flicht...

47. Baumwollgewand sieht man sie sämtlich tragen,
    Buntfarbig teils, in Streifen teils gereiht,
    Der hat 'nen Gürtel um den Leib geschlagen,
    Der liebt es mehr, wenn es ihm nachwallt weit;
    Auf jedem Haupt sieht man 'nen Turban ragen,
    Vom Haupt zum Gürtel sind sie ohne Kleid,
    Ein kurzes Schwert und Dolch sind ihnen Wehren,
    Und segelnd lassen sie Schalmeien hören.

Die »wackeren Lusussöhne« sind in jenen Bereich der ostafri-
kanischen Küste gelangt, der schon zur Interessensphäre der
Araber gehört:

53. Wir sind, erwidert einer von den Mohren,
    Nach Ursprung und Gesetz hier fremd im Land;
    Roh und vertiert sind, die hier eingeboren,
    Der Sitte fremd, der Bildung, dem Verstand.
    Zu jenes Glauben haben wir geschworen,
    Den als Propheten Abrams Stamm gesandt:
    Die Mutter Jüdin, doch der Vater Heide,
    Ihm huldigt jetzt die Welt im Sklavenkleide.

54. Der Hafen dieser Insel, die uns nähret,
    Ist für die Gegend rings ein bindend Band,
    Ob nach Quiloa sich das Fahrzeug kehret,
    Ob gen Mombazas und Sofalas Strand,
    Und weil es uns den Unterhalt gewähret,
    Bewohnen wir als eigen dieses Land:
    Und daß Euch endlich alles ganz bekannt sei,
    Wißt, daß die Insel Moçambique genannt sei.

Am nächsten Tag stattet der mohammedanische Würdenträger der São Gabriel einen Besuch ab:

62. Die Mannschaft, auf das Takelwerk geschwungen,
     Bestaunt des Mohrenvolkes Tracht und Art,
     Den rasselnden Naturton ihrer Zungen,
     Der sich aus ganz verschiedenen Sprachen paart.
     Doch mehr zu staunen wird der Mohr gezwungen,
     Als niegesehnes sein Blick gewahrt:
     Ob sie wohl aus der Türken Landen kämen,
     Das möcht' er jetzo schnell vorweg vernehmen.

63. Noch mehr: woran ihr Glaub' und Hoffen halte,
     Will er aus ihren heil'gen Büchern sehn,
     Ob Christi Lehre in dem Volke walte,
     Ob sie zu Mohammed als Zeugen steh'n;
     Daß jegliches dem Auge sich entfalte
     Und daß ihm nichts von allem mög' entgeh'n,
     Dringt er in Gama, daß er zeig' die Waffen,
     Die Sieg im Kampf ihm mit den Feinden schaffen.

64. Der tapfre Held entgegnet drauf dem Mohren
     Durch einen, dem die dunkle Sprache klar:
     Dir sei der Gott bekannt, dem wir geschworen,
     Auch zeig' ich dir die Waffen meiner Schar;
     Wir sind in jenem Lande nicht geboren,
     Wo nur zu lang der Türke Herrscher war.
     Wir stammen aus Europas Heldenlande
     Und suchen nach des Indus fernem Strande. ...

65. Wir glauben an des Dreimaleinen Lehre,
     Der Sichtbares und Unsichtbares lenkt,
     Der einst erschaffen hat die Hemisphären,
     Was ihn nicht führt und was ihn freudig denkt,
     Der grausam, um ihn schuldlos zu entehren,

Ward an das Kreuz zu bittrem Tod gehängt,
Der aus dem Himmel stieg zur Erde nieder,
Zum Heil zu führen die Gefallnen wieder,

66. Das Buch, worin der Gottmensch seine Lehren
Uns gab, Du findest es bei uns nicht, und
Wohl können wir der toten Schrift entbehren,
Da uns ihr Wort lebt in der Seele Grund.
Doch kann ich leicht erfüllen Dein Begehren,
Daß unsre Waffen Stärke machen kund:
Als Freund wirst Du vor den Gewalt'gen stehen
Und sie Dir feindlich, hoff' ich, niemals sehen.

Mehr noch als durch die Darlegung des christlichen Bekennt-
nisses ist der Araber durch die portugiesischen Waffen be-
eindruckt, die so gar nicht jenen glichen, mit welchen der heilige Thomas von Aquin die arabischen Aristoteliker besiegt
hatte.

69. Durch alles aber, was der Mohr hier findet
Und was sein Auge spähend hat erkannt,
Hat Groll sich tief ihm in der Brust entzündet,
Daß böse Absicht sein Gemüt umwand;
Doch wird sie noch mit keinem Laut verkündet,
Er hält durch falsches Lächeln sie gebannt,
Um freundlich mit den Christen zu verkehren,
Bis er sie könne andern Sinns bekehren.

Schließlich tritt Bacchus, der Widersacher der Portugiesen,
als ein auf Feindseligkeiten sinnender Ratgeber des Mohren
auf und weiß das spätere Wirken der Portugiesen an den Küsten des Indischen Ozeans recht gut zu prophezeien:

79. Und wisse ferner, diese Christenhorden
Voll wildem Blutdurst, also fährt er fort:

Sind stets bereit zu Raub und Brand und Morden,
Ihr Reich das Meer und ihr Geschäft der Mord;
Ein schnöder Plan ist vorbereitet worden
Von ihnen, denn man will von Ort zu Ort
Uns töten und die Heimat dann verheeren
Und Weib und Kind fortschleppen und entehren.

Nun war es unvermeidlich, daß die Araber zu den Waffen
griffen und die Kanonen und Bombarden der Portugiesen
schon in Moçambique in das Gespräch zwischen Ost und
West eingriffen. In dem weiter nördlich gelegenen Mombasa
ging es nicht viel besser. Erst im Scheich von Malindi (Melinde) fand da Gama einen Bundesgenossen, nicht zuletzt,
weil dieser seinerseits Unterstützung gegen die Konkurrenz
von Mombasa erhoffte. Die Gastfreundschaft dieses Herrschers gestaltete den Aufenthalt in Malindi recht angenehm
für die Portugiesen. Sie trafen dort auch indische Kauffahrer,
die sie für Christen hielten. Dazu kam ein ungewöhnlicher
Glücksfall. Da Gama forderte einen Lotsen, der ihn nach Indien bringen könne. Nun fügte es das Schicksal, daß in Malindi gerade einer der bedeutendsten arabischen Geographen
und Lotsen seiner Zeit weilte: Ahmad ibn Madjid aus Julfar
in Oman. Und dieser Mann wurde vom Scheich als Lotse ausgewählt! Mit seiner kundigen Hilfe und vom Monsunwind
getrieben, erreichte Vasco da Gama am 20. Mai 1498 nach
dreiundzwanzigtägiger Fahrt etwas nördlich von Calicut die
indische Küste.

Adamastor

Man ist gewohnt, die Bezwingung des Kaps der Stürme mit
Bartolomeu Diaz und Vasco da Gama in eins zu setzen. 1958
veröffentlichte jedoch der russische Arabist T. A. Chumovsky
die Fahrtenbücher des eben genannten Ibn Madjid, in denen

sich eine Stelle findet, die uns eines anderen zu belehren scheint. Sie bezieht sich auf das Jahr 900 nach der Hedschra, d. h. 1494/95:

»Hier [bei Sofala] liefen die Franken auf Grund, welche dem Monsunwind vertraut hatten ..., die Welle überrollte sie vor diesen Klippen bei Sofala und wälzte sich auf die andere Seite, und die Masten tauchten ins Wasser und die Schiffe blieben unter Wasser, oh mein Bruder! Man sah einige von ihnen ertrinken. So erkenne also, was der Monsun in diesem Lande vermag!«

Zum mindesten mahnt dieser Fund, eines nie zu vergessen: daß etwas nicht überliefert ist, heißt nicht, daß es nicht stattfand. Natürlich muß auch nicht alles so stattgefunden haben, wie es überliefert ist. Aber selbst wenn eine geheimgehaltene oder verschollene Expedition von Portugal oder gar einem anderen jener Länder aus, deren Bewohner die Araber Franken nannten, vor da Gama ostafrikanische Gewässer erreichte, so bleibt doch bestehen, daß erst seine Fahrt die geschichtliche Wende herbeiführte. Camões beschwört im V. Gesang der »Lusiaden« den düsteren Genius des Kaps und läßt ihn wahrsagen, welche Richtung die Geschicke Portugals hernach nehmen sollten:

37. Eine schwarze Wolke sich uns drohend zeigte
    Und aus der Luft sich uns zu Häupten neigte.

38. So furchtbar schwarz kam sie herangezogen,
    Daß unsere Herzen banges Graun erfüllt,
    Denn schrecklich schwoll das Meer in schwarzen Wogen.
    Wie wenn am Fels der Brandung Donner brüllt;
    Da betet' ich: O Herr, der nie gelogen,
    Sag', welche Warnung ist darin verhüllt,
    In dem Geheimnis, das dies Meer entfaltet?
    Denn klar ist es, daß hier ein Höh'rer waltet!

39. Ich sprach es kaum, als zu der Lüfte Reichen
    Gigantisch auf ein Riesenkörper strebt
    Mit trübem Angesicht – ein drohend Zeichen! –
    Um welches schwarz und rauh der Bart sich webt;
    Die Augen liegen tief und hohl im bleichen
    Erdfarbnen Antlitz, das der Zorn durchbebt,
    Das Haar wallt wirr, und es erhöht das Grauen,
    Die Lippen schwarz, die Zähne gelb zu schauen.

40. So ungeheuer war der Bau der Glieder,
    Als ob, dies mach' ich durch ein Gleichnis klar,
    Des rhodischen Kolosses Wunder wieder
    Aus grauer Vorzeit uns erstanden war;
    Und mächtig hallt die Stimme auf und nieder
    Des Scheusals, das sich schwebend uns stellt dar:
    Die Pulse stocken und die Haare stehen
    Zu Berg uns, die dies hören wir und sehen.

41. Verwegenstes der Völker aller Zeiten,
    So tönt sein Wort; die Großes je getan,
    Das selbst nach langer Kriege blut'gem Streiten
    Nicht Ruhe liebt in seinem stolzen Wahn,
    Weil jede Grenze keck zu überschreiten
    Und Du zu Schiff wagst, meinem Meer zu nahn,
    Das ich seit Ewigkeit versucht zu wahren,
    Daß keiner es von nah und fern befahren:

42. Weil Du es wagst, die Wunder zu ergründen,
    Um die geheimnisvoll die Meerflut webt,
    Da der Natur den Schleier zu entwenden
    Niemand vermag, der erdgeboren lebt,
    So will ich drum Dir die Gefahren künden,
    Die Dich bedräun, der ewig vorwärts strebt,
    Auf jedem Meer und jedem Land der Erden,
    Das einst im Kampf Dir untertan soll werden.

43. So wisse, daß den Schiffen, die zur Reise,
    Welche Du eröffnet, es die Steuer dreht,
    Feindselig immer diese Himmelskreise
    Werden der Windsbraut Stürme lassen wehn ...

44. Hier denke ich an jenem mich zu rächen,
    Der, mich entdeckend, meine Ruh' gestört.
    Und nicht genügt's, um meinen Zorn zu brechen,
    Da gleicher Starrsinn Euch gesamt betört.
    Fortan sollt Ihr auf dieser Meere Flächen,
    Wenn's Wahrheit, was mein Geist vorahnend hört,
    Viel Schiffbruch, Unglück und Gefahren sehen,
    Daß glücklich die noch sind, die untergehen.

Hier wird auf den Tod gedeutet, den Bartolomeu Diaz 1500
während eines Orkans am Kap fand, als er mit der Flotte Cabrals auf dem Weg nach Indien war; es wird auch gemutmaßt,
daß er aus Gram über den Tod seines zuvor gestorbenen Sohnes oder durch Mörderhand ums Leben gekommen sein
könnte.
    Und noch einen anderen tragischen Tod am stürmischen
Vorgebirge weissagt der Dämon:

45. Den ersten Helden, der auf hohen Wegen
    Mit seinem Ruhm die Sterne fast berührt,
    Wird hier ein neues, ew'ges Grab umhegen,
    Wenn Gott, was er beschlossen hat, vollführt;
    Hier wird er die Trophäen niederlegen,
    Die seit dem Türkenkriege ihn geziert:
    Was an Quiloa einstens er verbrochen
    Und an Mombasa, wird an ihm gerochen.

Dies gilt dem gewaltigen Francisco de Almeida, dem ersten
Vizekönig in Indien: Am 1. März 1510 wurde er zusammen
mit 65 Portugiesen bei einer Landung am Kap von Eingebore-

nen erschlagen. Schließlich offenbart der düstere Geist seinen
eigenen Namen und sein vergangenes Schicksal:

49. Noch mehr wollt' mir der Riese anvertrauen
    Von unserer Zukunft Los, als auf ich sprang
    Und fragend rief: Wer bist Du, der mit Grauen
    Ob seiner Glieder Unmaß mich durchdrang?
    Da ließ sein Maul die gelben Zähne schauen,
    Ein wilder Schrei die Lüfte gell durchklang:
    Dann sprach er, aber traurig und verdrossen,
    Als hätt' die Frage ihn zutiefst getroffen:

50. Ich bin das große Kap, das im Verborgnen liegt,
    Das euer Mund nach Stürmen einst benannt,
    Das nie ein Ptolomäus, Plinius oder Strabo
    Noch andrer Weisen Forschen je erkannt;
    Die Küsten, da die Afrikaner wohnen,
    Verlieren sich in meinem nie erschauten Felsenband,
    Das weit hinaus bis hin zum Südpol deutet
    Und dem nun eure Frechheit schwere Schmach bereitet.

51. Einst zählt' ich zu der Gäa rauh'sten Söhnen,
    Wie Enceladus, wie Aegäon, und der Hundertarmige,
    War der Titanen einer, nannt mich Adamastor,
    Bekriegte den, des Hand die Blitze hält Vulkans;
    Doch türmt ich Felsen nicht auf Felsenberge,
    Ich nahm für mich das Reich des Ozeans,
    Ich wurde der Herrn des Meeres einer, zog aus,
    Mich mit des Neptunus Heer zu messen.

Das uralte Wesen erzählt nun, wie es einst in Liebe zu Thetis,
der Tochter des Meergottes Nereus, entbrannte, und wie
diese ihn im Rausch seiner Leidenschaft an ihrer statt ein fel-
siges Waldgebirge umarmen ließ. Zu dieser maßlosen
Schmach gesellte sich dann ein weiteres Mißgeschick: Die

Himmelsgötter besiegten das erdgeborene Titanengeschlecht im Krieg, und mit den anderen Titanen zusammen wurde auch Adamastor gebannt:

59. Zu harter Erde werden Fleisch und Sehnen,
    Der Knochenbau erstarrt zum Felsenstück,
    Ich fühle die Gestalt sich riesig dehnen,
    Vor der die Flut weicht mehr und mehr zurück;
    Des Riesenglieder, die zum Himmel gähnen,
    Zeigt Götterwille als dies ferne Kap dem Blick,
    Und daß ich größre Qual noch soll ertragen,
    Umspülen auch in diesem Meer mich Thetis' Wogen.

60. So sprach er, und dem schwarzen Schlund entrangen
    Sich Seufzer schwer, als er dem Blick entschwand,
    Der Wolke Schwarz zerfloß, und rauschend klangen
    Die blauen Fluten, treibend nach dem Strand;
    Da hob ich meine Hände im Gebet empor,
    Zu der Engel, die uns hierher führten, heil'gem Chor
    Und betete zu Gott, er möge von uns wenden,
    Was Adamastor uns als Zukunft mußte senden.

Die Venusinsel

Der Araber von Moçambique, der die fremden Seefahrer nach den Büchern ihres Glaubens und nach ihren Waffen fragte und der auch noch mit der Möglichkeit rechnete, er könne Türken vor sich haben, ist auch in dem als »Roteiro« bekannten Reisebericht eines Teilnehmers der Indienfahrt erwähnt. Nicht das Evangelium, sondern die Waffen und eine Gesinnung, die allein durch sie zu sprechen vermochte, gestalteten die Ereignisse, auf die der Dichter den Geist des Kaps hindeuten läßt. Ihre Wucht erhielten sie durch drei Motive, die den Entdeckerdrang zunächst wie Schatten begleitet hatten, nun aber Macht über ihn gewannen: der Wille, den Mohammedanern in vernichtender Weise zu schaden, der Drang zu den Quellen des einträglichen Gewürzhandels und das Ziel, durch die Gründung eines portugiesischen Weltreiches die Nationen Europas von der eigenen Beute fernzuhalten. »Krieg, Handel, Piraterie«, so hießen die drei Gewalten, die jenseits des Kaps zu ständigen Begleitern der Portugiesen wurden.

Ohne Skrupel vernichteten sie die Araber als einzige Konkurrenten in den Meeren zwischen Afrika, Indien und China; ohne Skrupel schlugen sie den größten Gewinn aus ihrer seefahrerischen Überlegenheit und der günstigen Lage ihres Landes am Westrand Europas, und ohne Skrupel bereicherten sie sich an der ungeheuren Preisspanne zwischen den schließlich eroberten Erzeugermärkten des Gewürzhandels und dem europäischen Verbrauchermarkt – wofern sie sich die Güter nicht gleich durch Raub aneigneten. Zu einer Zeit, da der Fernhandel noch auf wenigen festgefügten Bahnen wie der Seidenstraße und den alten Handelswegen Vorderasiens verlief, ging es noch an, die problematischen Kräfte, die hier schlummerten, einfach in einem mythischen Bild wie dem des Gottes Mammon zu bannen. Die Portugiesen überschritten die Schwelle zu einer Zeit, in der sie mit neuen Fähigkeiten durchschaut und gemeistert werden mußten.

Calicut an der Südwestküste Indiens – nicht zu verwechseln mit Kalkutta am Golf von Bengalen – war ein wichtiges wirtschaftliches Zentrum, als Vasco da Gama es 1498 zum ersten Mal sah. Er schickte zuerst einen der für solche gefährlichen Unternehmungen eigens mitgeführten Sträflinge an Land. Dieser traf dort zwei Araber aus Tunis, die genug Kastilianisch und Genuesisch konnten, um ihre Empfindungen über dieses Zusammentreffen deutlich zu machen: »Hol dich der Teufel! Wer hat dich hierher gebracht?« Als einer der beiden dann schließlich mit an Bord kam, verstand er die wirtschaftsgeschichtliche Bedeutung des Augenblicks genauer zu fassen: »Willkommen, willkommen! Viele Rubine, viele Smaragde! Danke Gott, daß er euch in dieses Land geführt hat, wo des Reichtums so viel ist!«

Die Portugiesen blieben von Ende März bis Ende August in Indien. Es kam zu einem spannungs- und abwechslungsreichen diplomatischen Spiel zwischen ihnen, dem Samorim von Calicut und den Vertretern der arabischen Handelsinteressen. Da Gama und seine Leute machten gute Geschäfte und schlossen einen Handelsvertrag von zweifelhaftem Wert. Sie kamen verschiedentlich in Gefahr, an Land festgehalten oder angegriffen zu werden. Alles in allem ging es jedoch ohne größere Gefechte ab. Am Ende zog es einer der tunesischen Mauren, der Vermittlerdienste geleistet hatte, vor, sich ihnen anzuschließen. Auf der Insel Angediva bei Goa kam noch ein Mann an Bord, den der Roteiro zunächst als Levantiner vorstellt, der sich dann aber als ein in Alexandria geborener Sohn polnischer Juden zu erkennen gab, den es nach Indien verschlagen hatte. Er fuhr ebenfalls mit zurück nach Portugal, wo er sich taufen ließ und den Namen Gaspar da Gama erhielt. Portugal wurde zur Wahlheimat Gaspar da Gamas, der im Dienst des Königs u.a. die Indienfahrt Cabrals als Dolmetscher mitmachte.

Camões schweigt über die Ereignisse der Rückfahrt nach Portugal und führt statt dessen in der grandiosen Apotheose des IX. und X. Gesangs die Handlungsebenen des Epos zusammen (IX. Gesang):

51. Der Flotte Schiffe wallen auf dem Gleise
Des weiten Meers zum teuren Vaterland
Und spähen eben für die lange Reise
Nach frischem Wasser bei der Sonne Brand,
Als plötzlich nun – und Jubel schallt im Kreise –
Das Auge schaut des Eilands Zauberstrand,
Indes die Mutter Memnons von den Zinnen
Des Himmels will die Strahlenbahn beginnen.

52. Sie sehn das schöne Eiland fern sich heben,
     Wie wenn der Wind die weißen Segel füllt,
     Das Aphrodite ihrer Lust gegeben
     Und dem sich auch die Flotte nun enthüllt;
     Und daß die Kiele nicht vorüberschweben,
     Ohne zu landen, muß, wie sie gewillt,
     Das Land der Schiffe Fahrt entgegenziehen:
     Denn ihrem Willen ist hierzu die Macht verliehen.

Venus hat eine Zauberinsel im Ozean zugerichtet, um darauf die heimkehrenden Seehelden zu ergötzen. Es entfaltet sich ein sinnenfrohes Fest, bei dem die Portugiesen in den Armen dazu auf die Insel entsandter Nymphen Erholung finden:

64. Zu diesen schönen Lustgefilden drangen
     Die Argonauten auf beschwingtem Kiel,
     Wo sie in Büschen, hold und unbefangen,
     Lustwandeln sehn der schönen Nymphen viel,
     Wo Zither, Flöte, Harfentöne klangen,
     Entlockt durch kunstgeübter Hände Spiel,
     Und andre sehn sie mit dem goldnen Bogen
     Ausziehn zur Jagd, zu der sie doch nicht zogen.

63. So riets die Meisterin in Liebestaten:
     Sich zu zerstreun im Wald und auf der Au,
     Daß, eh' die Helden ihrer Beute nahten,
     Ihr Herz durchflossen sei von Sehnsucht ganz;
     Und manche, die mit Anmut so versehen,
     Daß ohne Tadel ihrer Glieder Bau,
     Entkleiden sich am See zu kühlem Bade
     Und lassen die Gewänder am Gestade.

Camões hält es im Blick auf die kirchliche Zensur für geraten, diese breit entfaltete Episode als Allegorie auf den Ruhm zu erläutern. Am Ende wird Vasco da Gama von der Meeresgöttin Tethys – nicht zu verwechseln mit der Nereide Thetis, welche die Liebe Adamastors verschmähte – auf einen hohen Berg geführt, wo ihm die Göttin in einer Szene, die an die Versuchung Christi erinnert, das Bild der Erde zeigt: einen leuchtenden, durchstrahlten Globus inmitten der himmlischen Lichtsphären. Aus der umfassenden Vision des Weltalls und der Planetensphären läßt Tethys dann das Bild Europas, Afrikas und Asiens erstehen und füllt diesen Raum mit der prophetischen Schilderung dessen aus, was die Portugiesen an den einzeln aufgezählten geschichtlichen Schauplätzen erleben und vollbringen werden.

Ganz anderes berichtet der Roteiro von der Rückfahrt nach Afrika, die zu einer Zeit stattfinden mußte, in welcher der Monsun nicht genutzt werden konnte:

»Es vergingen drei Monate weniger drei Tage, bis wir wieder Land sahen. Die Ursache dafür waren häufige Windstillen und Gegenwinde, die unser Vorankommen so behinderten, daß uns die ganze Mannschaft krank wurde. Das Zahnfleisch wucherte ihnen so über die Zähne, daß sie nicht mehr essen konnten; außerdem schwollen ihnen die Beine an, und sie bekamen auch sonst am ganzen Körper große Geschwüre, die einen Mann so weit herunterbrachten, bis er starb, ohne an irgendeiner anderen Krankheit zu leiden. Auf diese Weise starben uns während der Zeit der Überfahrt dreißig Männer, unerachtet derselben Zahl, die bereits gestorben war, ehe wir unsere Rückreise angetreten hatten. Und diejenigen, die auf den einzelnen Schiffen noch Dienst taten, mochten sieben oder acht Mann sein, und sie waren weit davon entfernt, so gesund zu sein, wie es hätte sein sollen. Und ... wenn dieses Wetter noch vierzehn Tage lang angehalten hätte, dann hätten wir auf der Stelle gewendet und wären übers Meer zurückgefahren, weil wir dann keinen Mann mehr gehabt hätten, der auf den Schiffen hätte Dienst tun können. Während wir so in Todesnot weiterfuhren, taten wir auf den Schiffen viele Gelübde an Heilige und Fürsprecher. ... Da gab uns Gott in

seiner Gnade einen Wind, der uns in ungefähr sechs Tagen an
Land brachte, worüber wir so glücklich waren, als wenn es
portugiesischer Boden gewesen wäre, da wir hofften, dort mit
Gottes Hilfe wieder so zu Kräften zu kommen wie das erste
Mal. Dies ereignete sich an einem Mittwoch, den 2. Januar
des Jahres 1499.«

Die São Rafael wurde wegen Mangel an Mannschaft aufgegeben. Ihre den merkurialen Erzengel darstellende Galionsfi-
gur wurde jedoch gerettet; sie begleitete da Gama auf seinen
weiteren Indienfahrten noch zweimal und wird bis heute in
Lissabon aufbewahrt. Im September 1499 war man wieder
in Lissabon. Auf der Azoreninsel Terceira, kurz vor der Heimat, war da Gamas Bruder Paulo gestorben; von den einhundertfünfzig ausgefahrenen Männern kehrten fünfundfünfzig
lebend heim.

Das Reich der Vizekönige

Noch vor Jahresfrist sandte König Manuel die nächste Flotte
aus. Am 9. März 1500 stachen unter dem Befehl von Pedro
Alvarez Cabral dreizehn Schiffe mit eintausendzweihundert
Mann in See. Von den Kapverden aus steuerte man so weit
nach Westen, daß man nach dreißig Tagen auf das brasilianische Festland stieß. Nachdem man dieses ein Stück weit
erkundet und auch die Bekanntschaft der dortigen Eingeborenen gemacht hatte, ging es geradewegs über den Atlantik
zum Kap, wo der bereits erwähnte Orkan vier Karavellen
verschlang, darunter diejenige mit Bartolomeu Diaz. Über
Malindi steuerte man wieder Calicut an. Cabral wickelte ein-
trägliche Handelsgeschäfte ab, und die entsprechenden kriegerischen Auseinandersetzungen mit den Arabern blieben
nicht aus. 1501 kehrte er nach Lissabon zurück.

1502 führte wiederum Vasco da Gama eine noch größere
Flotte nach Indien. Er sollte eine dauernde portugiesische Anwesenheit im Indischen Ozean einleiten und die Handelsnie-

derlassungen in Indien und Afrika schützen. In den nächsten Jahren folgten weitere Geschwader. Die Folge war, daß der Gewürzhandel weitgehend über Portugal umgelenkt und die Interessen Venedigs und Ägyptens nun wirklich getroffen wurden. Der Sultan von Ägypten drohte, zur Rache für den Verlust der Durchgangszölle die heiligen Stätten in Palästina zu zerstören, und die Venezianer begannen, den Kampf der Moslems gegen Portugal in mancherlei Weise zu unterstützen.

Hiervon unbeeindruckt sandte Manuel I. 1505 Dom Francisco de Almeida mit zweiundzwanzig Schiffen und 2500 Mann als ersten Vizekönig nach Indien. Der ägyptische Sultan sandte seinerseits eine mit Türken und Levantinern bemannte Flotte durch das Rote Meer in den Indik. Der Seekrieg wurde mit äußerster Härte geführt: 1508 konnte der ägyptische Admiral Emir Hosseyn einen portugiesischen Verband vernichten, der von Lourenço de Almeida, dem Sohn des Vizekönigs, befehligt wurde. Lourenço fiel in der Schlacht; es heißt, er habe sich, bereits auf den Tod verwundet, an den Mastbaum binden lassen, um weiterzukommandieren. Nach der Niederlage soll sich in einem Mastkorb ein portugiesischer Schiffsjunge namens André Fernandes noch zwei Tage lang verteidigt haben. In der Schlacht von Diu wendete im Februar 1509 Dom Francisco das Blatt endgültig zugunsten Portugals.

Der Nachfolger Almeidas wurde Affonso d'Albuquerque, ein Mann von nicht weniger titanischem Zuschnitt. Er eroberte Ormuz am Eingang zum Persischen Golf und griff Aden am Zufluß des Roten Meers an, wodurch die Ägypter in die Defensive gedrängt wurden. 1511 gelang ihm die Eroberung von Malakka, dem Schlüssel zu den Märkten Ostasiens. 1513 segelte Albuquerque mit seinen inzwischen geschwächten Flottenverbänden gegen Arabien, wo er Aden erobern wollte, um den Zugang zum Roten Meer kontrollieren zu können. Das Mißlingen dieses Unternehmens zwang ihn, den

noch ehrgeizigeren Plan, Mekka und Suez zu erobern, auf-
zugeben. Er starb 1515. Bis 1520 hatte Portugal Häfen und
Seewege von Ostafrika und Madagaskar über Ormuz, Goa,
Ceylon, Siam, Burma, Cochinchina, Java, Sumatra bis zu den
Molukken, dem Anbaugebiet der Gewürze, in fester Hand.
1514 stießen seine Schiffe erstmals bis China vor.

1524 kam Vasco da Gama noch ein drittes Mal nach Indien, diesmal als Vizekönig. Mit der ihm eigenen Härte
zog er nun auch gegen die Korruption seiner Landsleute zu
Felde. Im selben Jahr wurden ihm acht auf den Molukken gefangene Spanier vorgeführt. Es war dies die überlebende
Besatzung der Trinidad aus der Flotte des Weltumseglers Magalhães. Da Gama nahm sich ihrer an, konnte aber, da er bald
darauf starb, nicht viel für sie tun. Drei von ihnen überleb-
ten die portugiesische Gefangenschaft und vollendeten ihre
Reise 1527 mit der Heimkehr nach Spanien. Vasco da Gama
vollbrachte seine letzten Taten als schwerkranker Mann. Er
starb in Cochin in der Nacht vom 24. auf den 25. Dezember
1524 an einem Karbunkel im Nacken, vierundfünfzigjäh-
rig. Der Chronist Gaspar Correia berichtet in den »Lendas da
India«:

»Sein Leib war in seidene Gewänder gehüllt, darüber der
Mantel mit dem Kreuz des Christusordens. Über schwarzen Halbstiefeln trug er vergoldete Sporen, auf dem Haupt ein
rundes schwarzes Barett. So wurde er in der Misericórdia-
Kirche aufgebahrt. Dann trugen ihn die Fidalgos, angetan
mit den Mänteln des Christusordens, auf ihren Schultern
beim Schein vieler Fackeln und vom ganzen Volk geleitet
zum Antonius-Kloster, wo er in der Hauptkapelle beigesetzt
wurde.«

1534 wurden seine Gebeine nach Portugal überführt. Sie
ruhen heute in der Hieronymus-Kathedrale von Belém. Seinem Grab gegenüber hat man einen leeren Sarkophag aufgestellt, der an seinen Sänger Luis de Camões erinnert, dessen
Überreste verschollen sind. Die Kathedrale selbst hatte König

Francisco de Almeida

Manuel I. 1499 nach der Entdeckung des Seewegs nach Indien bauen lassen.

Camões sagt in den »Lusiaden« von seinen Landsleuten:
»Und gäbe es noch mehr Welten zu entdecken, sie würden
hingelangen!« In der Tat waren sie bis zu letzten Grenzen vorgedrungen. 1541 kämpfte ein portugiesisches Expeditions-
corps siegreich in Äthiopien, um die dortigen Christen vor
dem Vordringen des Islam zu retten, worüber in der Chronik
berichtet wird, die Miguel de Castanhoso unter dem Titel verfaßte: »Historie der Taten, die der überaus tüchtige Kapitän

Affonso d'Albuquerque

Cristovão da Gama in den Reichen des Priesters Johannes vollbrachte, zusammen mit vierhundert Portugiesen, die er mit sich nahm.«

Um 1542 verschlug es die ersten Portugiesen nach Japan. 1557 wurde ihnen an der Mündung des Kantonflusses die Halbinsel Macao überlassen. Dieser Stützpunkt sollte von entscheidender Bedeutung nicht nur für den Ostasienhandel, sondern vor allem für die Mission in China und Asien werden. Mit seiner Rückgabe an China im Jahr 1999 verschwindet die letzte »Kolonie« im klassischen Sinn von der Weltkarte. Daß portugiesische Schiffe bereits vor der überlieferten Entdeckung des Südlandes in australische Gewässer vorstießen, muß angenommen werden, wenngleich der letzte Beweis hierfür noch aussteht. Pêro Fernandez de Queirós, dessen stille Gestalt die Schatten im Schicksal der Vizekönige sühnend überstrahlt, war, wiewohl in spanischen Diensten, dennoch Portugiese, als er, von der Sehnsucht nach dem neuen Jerusalem geführt, 1606 die terra australis in den Neuen Hebriden gefunden zu haben glaubte. Und es soll nicht vergessen werden, daß auch der Weltumsegler Magalhães aus Portugal stammte.

Das portugiesische See- und Handelsreich, das sich wie ein weitmaschiges Netz von Brasilien und Afrika bis China erstreckte, begann in Asien genau dort, wo einst die Züge Alexanders des Großen endeten, und die Vizekönige schlugen ihre Schlachten in den Gewässern, die damals Alexanders Flottenchef Nearchos befahren hatte. Die Expansion stieß an drei Grenzen. Im Äußeren schoben die asiatischen Großmächte China und Japan dem Erobererwillen einen Riegel vor, indem sie Portugal wieder in die Rolle des Handelspartners zurückwiesen; zweitens stieß es im Westpazifik auf eine Macht, die ihre Rechte durch die ausgehungerten und erschöpften Matrosen der Trinidad handgreiflich geltend gemacht hatte: das zu Hause benachbarte Spanien, dem der Staatsvertrag von Tordesillas die andere Hälfte der Erde zuerkannt hatte; drittens erlahmten im Innern die moralischen Kräfte der Gesellschaft durch die Sättigung mit Reichtum und Macht.

Unter den universalen Kräften der Geschichte steht die portugiesische Thalassokratie einzig da, als die erste, die ihren globalen Charakter auch in der äußeren Gestalt unmittelbar und dauerhaft zur Erscheinung brachte.

III. Die Teilung der Welt

Von zerklüfteter Klippe am Meer, da wir stehen,
Ist, wie sie sagen, ein dämmernd Eiland zu sehen;
Dort treiben die Lichter der Sonne ihr Spiel,
Auf der Insel der Seligen, dem holden Brazil.
Wo der Himmel ins Meer blaut in jeglichem Jahr,
Beut lieblich die Insel der Geister sich dar,
Und goldene Wölkchen, sie schweben daher,
Ob dem Eden, dem fernen, so fernen im Meer.

Gerald Griffin, O'Brazil, the Island
of the Blest, London 1843

Atlantis und Elysium

Die Betrachtung der sogenannten Entdeckung Amerikas durch Kolumbus stößt auf zwei blinde Flecke der historischen Perspektive. Der erste besteht in dem eigenartigen Patt der Diskussion, ob es vor den Westfahrten der Wikinger bereits Verbindungen zwischen Europa und Amerika gegeben habe: Einerseits gibt es bis heute keinen zwingenden Beweis dafür; andererseits läßt sich nicht abstreiten, daß Reisen von und nach Amerika vorher schon grundsätzlich möglich waren und daß sie vergessen oder verheimlicht worden sein könnten. Der andere blinde Fleck liegt in der ungeklärten Abstammung, Nationalität und Religion des Kolumbus, von dem Salvador de Madariaga schrieb: »Links und rechts vom Wege, den dieser geheimnisvolle Mann geht, blühen die Rätsel auf, wie Blumen.« Wir lassen das ihm zugeschriebene vieldeutige »essendo io nato in Genova« auf sich beruhen und richten das Augenmerk statt dessen auf seine Innenwelt, die so bloß liegt wie bei keinem anderen Entdecker. Was die erstgenannte Frage angeht, verfolgen wir das Problem der westlichen Meerfahrt von dem Punkt an, wo sie für die Historiographie greifbar wird, und wenden uns der Spur zu, die sie in der antiken und altirischen Mythen- und Sagenwelt hinterließ:

»Damals war nämlich dieses Meer schiffbar; denn vor dem Eingange, der, wie ihr sagt, die Säulen des Herakles heißt, befand sich eine Insel, größer als Asien und Libyen zusammen, von welcher den damals Reisenden der Zugang zu den übrigen Inseln, von diesen aber zu dem ganzen gegenüberliegenden, an jenem wahren Meere gelegenen Festland offenstand. Denn das innerhalb jenes Einganges, von dem wir sprechen, [d. h. im Mittelmeer] Befindliche erscheint als ein Hafen mit einer engen Einfahrt; jenes aber wäre wohl wirklich ein Meer,

das es umgebende Land aber mit vollstem Recht ein Festland
zu nennen. Auf dieser Insel Atlantis vereinte sich auch eine
große, wundervolle Macht von Königen.«

Diese Stelle aus Platons »Timaios« (Kap. 3, 24 e und 25 a)
erwähnt nicht allein das sagenumwobene Atlantis, sondern
gibt auch eine zutreffende Beschreibung vom Größenverhält-
nis zwischen Mittelmeer und Atlantik – und schließt, was
selten beachtet wird, den Hinweis auf ein im Westen gegen-
überliegendes Festland ein! Dem inneren Blick der Alten
erschien dort ferner Elysium, die Insel der Seligen, von der wir
in Homers »Odyssee« (IV, 503-68) lesen:

Sondern die Götter führen dich einst an die Enden
    der Erde,
In die elysische Flur, wo der bräunliche Held Rhadamanthys
Wohnt und ruhiges Leben die Menschen immer beseligt.
Dort ist kein Schnee, kein Winterorkan, kein gießender
    Regen,
Ewig weh'n die Gesäusel des leise atmenden Westes,
Welcher der Ozean sendet, die Menschen sanft zu kühlen.

In Senecas »Medea« (II, 3) finden sich Verse, denen Kolumbus selbst später folgende freie Übertragung zuteil werden
ließ:

»Wenn die späteren Jahre der Welt kommen, dann ist die
Zeit, daß das Ozeanische Meer die Bande der Dinge lockern
wird. Ein neues, großes Land wird sich auftun und ein neuer
Seefahrer wird kommen, gleich dem Typhis, der einst Jasons
Steuermann war. Er wird eine neue Welt entdecken, und dann
wird Thule nicht mehr das letzte der Länder sein.«

Bei römischen Zeugnissen über die geographischen Verhältnisse im Westen beginnt der mythische Aspekt schon zu-
rückzutreten. So lesen wir in »De situ orbis« von Pomponius
Mela (III, 5):

»Neben den Naturforschern und Homer behauptet auch

Cornelius Nepos, … daß die ganze Erde von Meer umgeben sei. Er nennt hierzu Q. Metellus Celer als Gewährsmann. Dieser habe folgendes mitgeteilt: Als er Prokonsul in Gallien gewesen [62 v. Chr.], seien ihm vom König der Boter etliche Inder zum Geschenk gemacht worden. Auf seine Fragen, wo diese Menschen hergekommen seien, habe man ihm gesagt, sie kämen aus den indischen Meeren, seien vom Sturm über die dazwischen liegenden Meere verschlagen und schließlich an der Küste Germaniens an Land getrieben.«

Einen ersten Blick hinter den Schleier am Westhorizont gewährt die irische Sagenwelt. Unter den keltischen Reisedichtungen, den »Imrams«, beschreibt das »Imram Brain« – die Reise Bráns – die Westfahrt in ein zauberhaftes Reich; darin ist zunächst nichts gesagt, was nicht als bildhafte Einkleidung eines inneren Weges oder als Beschreibung der elementarischen Feenwelt, die den Iren bis heute noch so nahe ist, verstanden werden kann:

»1. Fünfzig Strophen sang die Frau aus unbekannten Landen in der Halle des Hauses vor Brán mac Febail, während sein Königshaus voll von Königen war, die nicht wußten, woher die Frau gekommen, weil die Zugänge zur Burg abgesperrt waren … So also sang sie:

4. Es liegt eine Insel in weiter Ferne, umflimmert von den Rossen der See; eine glänzende Fahrt gegen weißflankige Wogen; vier Pfeiler tragen sie. 5. Eine Augenweide, ein prangendes Band ist das Feld, darauf die Scharen sich im Spiel messen. Schiff streitet gegen Wagen dort im südlichen Mag Findargat. … 7. Dort steht ein heiliger Baum mit Blüten bedeckt, auf dem die Vögel die Stunden ausrufen. Durch harmonischen Zusammenhang sind sie gewohnt, vereint eine jegliche Stunde anzugeben. 8. Glanzlichter jeglicher Färbung flimmern durch die sanft tönenden Gefilde. Freude herrscht – eine Ranke um die Musik – im südlichen Mag Argatnel. …

10. Ohne Kummer, ohne Schmerz, ohne Tod; ohne jede Krankheit, ohne Gebrechen: Das ist das Kennzeichen von

Emain, ungewöhnlich ist solch ein Wunderland. ... 19. Viel-
gestaltiges Emain am Ozean, bald nah, bald fern, bewohnt
von vielen Tausenden buntgekleideter Frauen, umflossen von
der schimmernden Flut. ... 25. Dreiundfünfzig ferne Inseln
liegen im Ozean, westlich von uns: größer als Erin um das
Zweifache ist eine jede von ihnen oder um das Dreifache. ...
30. Laß dich nicht auf's Faulbett fallen noch dich vom Rausch
übermannen! Wage die Fahrt über's schimmernde Meer, ob
du vielleicht das Land der Frauen erreichst. ...

32. Am nächsten Morgen stach Brán in See. Dreimal neun
Mann stark war ihre Zahl. Jede der drei Abteilungen war von
einem seiner Ziehbrüder und Altersgenossen befehligt. Als er
bereits zwei Tage und zwei Nächte auf See war, sah er einen
Mann in einem Wagen über das Meer hin auf sich zukommen:
Dieser Mann sang vor ihnen alsdann dreißig weitere Strophen und gab sich ihnen als Manannán mac Lir, der Meeres-
gott, zu erkennen ...; [er sang:] 60. Mag Brán nun entschlossen weiterrudern, nicht fern ist's mehr zum Land der Frauen.
Emain mit der bunten Farbe der Freigebigkeit wird er noch
vor Sonnenuntergang erreichen.

61. Danach verließ ihn Brán. Er erblickte eine Insel und
ruderte rings um sie herum. Eine große Schar Menschen war
da mit weit geöffnetem Munde und lachend. Sie blickten
auf Brán und seine Begleiter, ließen sich aber auf kein Gespräch mit ihnen ein. Unaufhörlich brachen sie in Lachsalven
gegen sie aus. ... Der Name dieser Insel ist Inis Subi, Freuden-
insel. ...

62. Nicht lange danach gelangten sie zu dem Land der
Frauen und sahen die Führerin der Frauen in dem Hafen dort.
›O Brán mac Febail, gesegnet ist dein Kommen!‹ Aber Brán
wagte es nicht, an Land zu gehen. Da schleudert die Frau einen Fadenknäuel auf Brán, gerade über sein Gesicht. Brán
wirft seine Hand auf den Knäuel. Der aber blieb an seiner
Handfläche kleben. Der Faden des Knäuels lag in der Hand
der Frau und sie zog das Boot hafenwärts. Darauf gingen sie

in ein großes Haus. ... Sie wähnten ein Jahr dort zu sein. In Wirklichkeit waren es viele Jahre. ...

63. Einen von ihnen, den Nechtan mac Colbrain, packte das Heimweh, und er und die Seinen baten Brán, mit ihnen nach Irland zurückzufahren. Da sagte die Frau, ihre Abreise würde sie reuen. Sie gingen trotzdem. ...

64. Sie fuhren nun, bis sie auf eine Menschenansammlung in Srub Bráin, das heißt der Strom Bráns, stießen. Diese Leute fragten sie, wer da vom Meer käme. Brán erwiderte: ›Ich, Brán mac Febail‹. ›Wir haben deine Bekanntschaft noch nicht gemacht‹, sagten die andern, ›nur, daß wir die ›Reise Bráns’‹ in unseren alten Sagen haben.‹ 65. Da stürzte jener Nechtan aus dem Boot. Sobald er aber den Boden Irlands berührte, war er ein Aschehäuflein, so als hätte er schon Jahrhunderte hindurch in der Erde gelegen. Da sang Brán die folgende Strophe:

> Groß war die Torheit von Colbrans Sohn,
> die Hand zu erheben gegen das Alter,
> ohne jemanden, der eine Welle reinen Wassers
> über Nechtan mac Colbrain gösse.

66. Darauf teilte Brán den Versammelten alle seine Abenteuer von Anbeginn mit und schrieb diese Strophe in Oghamschrift nieder. Darauf wünschte er ihnen Lebewohl. Von Stund an erfuhr man nichts mehr von seinen Fahrten.«

Diese eigenartige Dichtung enthält in der überlieferten Fassung auch christliches Gedankengut. Es ist noch ein schon mit dem Namen des Helden an das »Imram Brán« anklingender irischer Reisebericht erhalten, der ganz der Welt des frühen irischen Christentums angehört: die »Navigatio Sancti Brendani Abbatis«. Der heilige Brendan wurde 489 im Seegebiet von Killarney geboren. Seine Reiseerzählung bietet gleichfalls ausgeprägt imaginative Schilderungen, die sich aber auch unschwer auf äußere Erlebnisse beziehen lassen.

Von Irland aus ist Amerika nämlich unter Bedingungen erreichbar, die denen der Küstenschiffahrt nahekommen. Von dort führt eine Inselbrücke über die Hebriden, die Faröer-Inseln, Island und Grönland bis Neufundland, deren einzelne Etappen jeweils in wenigen Tagen durchsegelt werden können. Von der »Navigatio« angeregt, bewältigte 1976/77 der irische Historiker Timothy Severin mit der Rekonstruktion eines altirischen Lederbootes diese Strecke. Der Wert der Fahrt lag neben dem Nachweis, daß eine Atlantiküberquerung unter den Bedingungen möglich ist, die für die alte irische Seefahrt gegolten haben, vor allem darin, daß Severin und seine kleine Mannschaft Erfahrungen machten, die auf einen augenscheinlichen Ursprung der »Navigatio« deuten: Schaf- und Vogelinseln, Walgründe, Vulkane und Eisberge wurden, geographisch bedingt, in der gleichen Reihenfolge angetroffen, in der sie in der Sage vorkommen.

Die Anwesenheit irischer Mönche auf den Faröer-Inseln ist etwa für 700 n. Chr. bezeugt; um 795 hielt sich eine Gruppe von ihnen auf Island auf, wobei es sich nicht um eine Erstentdeckung gehandelt haben muß. Die Aufzeichnungen der Wikinger aus späteren Jahrhunderten deuten an, daß sie auch auf Grönland, sogar in Amerika selbst, Spuren der Iren vorfanden; man bleibt dabei aber auf Spekulationen angewiesen. Das Erreichen der »Terra repromissionis« – des verheißenen Landes im Westen – schildert die »Navigatio« in Worten, die gleichermaßen von einem Feenland wie von einem Stück Erde gesprochen sein können:

»Sie stiegen aus dem Boot und sahen ein riesiges Land, voll mit herbstlich beladenen Bäumen. Als sie einen Rundgang machten, war die Nacht noch immer nicht hereingebrochen. Sie nahmen so viele Früchte, wie sie wollten, und tranken aus den Quellen und durchforschten das Land für weitere vierzig Tage, ohne ein Ende zu finden. Aber eines Tages kamen sie zu einem Fluß, der mitten durch die Insel floß. Der heilige Brendan sagte zu seinen Brüdern: ›Wir können diesen Fluß nicht überqueren, und wir wissen nicht, wie groß dieses Land ist.‹ Als sie dies überdachten, erschien auf einmal ein junger Mann, umarmte sie mit großer Freude und nannte jedermann beim Namen. Er sagte: ›Gesegnet sei, wer in eurem Haus verkehrt. Von Generation zu Generation werden sie euch preisen.‹

Als er so gesprochen hatte, wandte er sich an Sankt Brendan: ›Schau auf dieses Land, das ihr so lange gesucht habt. Du konntest es nicht gleich finden, weil Gott euch die vielfältigen Geheimnisse des Meeres zeigen wollte. Kehr' nun zurück in dein Heimatland, nimm die Früchte mit, die ihr gefunden habt, und soviel Edelsteine, wie dein Schiff trägt. Der letzte Tag deiner Wanderung bricht heran, da du bald bei deinen Vätern schlafen wirst. Nach vielen Geschlechtern werden deine Nachfolger dieses Land entdecken, zu der Zeit, wenn die Christen verfolgt werden. Der Fluß, den du hier siehst, teilt die Insel. Wie es dir erscheint, voller Früchte, so wird das Land bleiben für immer ohne den Schatten der Nacht. Denn sein Licht ist Christus.‹«

Die Kunde von Brendans Reise und von seiner Insel wirkte durch die Jahrhunderte weiter; so hat sie auch Martin Behaim auf seinem Globus eingezeichnet und daneben vermerkt:

»Nach Christi Geburt 565 Jahr kam Sankt Brendan mit seinem Schiff auf diese Insel, der daselbst viel Wunders besah und der über sieben Jahr darnach wieder in sein Land zog.«

Die Wikinger

Von Norwegen ist es nicht weiter nach Island als von den Britischen Inseln. Zwischen 860 und 870 gelangten der Schwede Gardar Svarsson und der Norweger Naddod unabhängig voneinander nach Island. Im gleichen Zeitraum unternahm Floki Vilgerdasson, ein anderer Norweger, einen ersten Siedlungsversuch auf Island. Sechzig Jahre danach war die Insel bereits weithin von Norwegern besiedelt. Die isländischen

Chroniken erwähnen von den Siedlern vorgefundene Bewohner, die man für irische Eremiten halten möchte,

»... Männer, welche die Nordmänner papar nannten. Sie waren Christen, und man hält dafür, daß sie über das Meer aus dem Westen kamen, da sie Bücher, Glocken und Bischofsstäbe zurückließen ... sie zogen fort, weil sie nicht mit Heiden zusammenleben wollten.«

Vermutlich hat bei dem Rückzug der friedlichen »papars« auch die Wildheit der Heiden eine Rolle gespielt. 876 wurde der Isländer Gunnbjörn vom Sturm nach Südgrönland verschlagen und überwinterte dort. 982 führte Erik der Rote nach einer Hungersnot auf Island eine Siedlergruppe zur Südwestküste Grönlands. Um 985 wurde Bjarni Herjulfson auf der Fahrt von Island nach Grönland im Nebel vom Sturm nach Westen abgetrieben. Von dem, was weiter geschah, berichtet die grönländische Saga:

»Dann konnten sie die Sonne wieder sehen und die acht Himmelsrichtungen bestimmen. Sie hißten die Segel und fuhren diesen Tag und noch eine Nacht und sahen dann ein Land. Sie sprachen miteinander, was für ein Land dies sein möchte, aber Bjarni sagte, es könne nicht Grönland sein. Sie fragten, ob er zu dem Lande segeln wolle oder nicht. Er antwortete: Es ist mein Befehl, näher an das Land heranzufahren. Das taten sie, und sie sahen bald, daß das Land flach und mit Wald bewachsen war und daß sich kleine Hügel darauf fanden.«

Von Leif, dem Sohn Erik des Roten, erzählt die Saga, daß er im Jahre 999 aufbrach, um Bjarnis Land aufzusuchen. Er betrat das Land, das dieser nur gesehen hatte, an drei Stellen; die erste nannte er wegen ihres Aussehens Helluland (Flachsteinland), die zweite Markland oder Waldland, die dritte Stelle gefiel ihm und seinen Gefährten so gut, daß sie beschlossen, dort zu überwintern. Dem zu der Schar gehörenden Südländer Tyrkir gelang es, in den herbstlichen Wäldern reiche Vorkommen von eßbaren Früchten zu finden, die man für Weintrauben hielt. 1003 überwinterte Thorfinn Karlsefni an einer anderen Stelle des neuen Landes mit sechzig Männern und fünf Frauen. Hören wir den Bericht der Grönlandsaga über die Begegnung der Siedler mit Eingeborenen, bei denen man an Paläo-Eskimos denken kann:

»Nach dem Winter kam der Sommer. Jetzt machte man Bekanntschaft mit den Skraelingen, denn ein großer Trupp Männer kam aus dem Wald. Der Bulle begann zu brüllen und den Kopf zu werfen, was die Skraelinge so erschreckte, daß sie zu laufen begannen mit ihren Lasten, die aus grauem Pelz, Marderfellen und anderen Pelzwaren bestanden. Sie liefen auf Karlsefnis Haus zu und hofften dort Zuflucht zu finden, doch Karlsefni hatte die Eingänge bewachen lassen. Keine Partei verstand die Sprache der anderen. Dann setzten die Skraelinge ihre Ballen ab, öffneten sie und boten ihre Waren zum Tausch an, vor allem wünschten sie Waffen dafür. Doch verbot Karlsefni, Waffen einzutauschen. Danach kam er auf einen guten Einfall: Er ließ die Frauen Milch herausbringen, und als sie das sahen, wollten sie nur Milch und nichts anderes mehr haben. So kam bei dem Handel mit den Skraelingen heraus, daß diese das, was sie eingetauscht hatten, im Magen davontrugen und damit abzogen, während Karlsefni ihre Bündel mit Pelzen behielt.«

Nach einiger Zeit wurde einer der Skraelinge bei dem Versuch, den Isländern Waffen zu stehlen, getötet. Nun waren Feindseligkeiten unvermeidlich. Karlsefni ließ einen Palisadenzaun um die Siedlung errichten und wies die Seinen an, sich auf eine gewaltsame Auseinandersetzung vorzubereiten:

»Die Skraelinge erreichten das Kampffeld, wie es Karlsefni vorhergesehen hatte, und als sie aufeinandertrafen, fielen etliche von den Skraelingen. Unter diesen war ein großer, stattlicher Mann, von dem Karlsefni vermutete, daß es ein Häuptling sein müsse. Einer der Skraelinge hatte eine Streitaxt aufgehoben, der betrachtete sie eine Weile, dann schwang er sie gegen einen Kameraden und traf ihn. Dieser fiel sofort tot um, worauf der große Mann die Axt ergriff, sie eine Weile betrachtete und sie dann, so weit er konnte, über das Wasser schleuderte. Darauf flohen die Angreifer in den Wald, so schnell sie konnten – damit war das Gefecht zu Ende. Karlsefni und seine Leute blieben den ganzen Winter über noch am Ort. Im Frühling jedoch erklärte Karlsefni, er würde nicht länger bleiben. Er wollte zurück nach Grönland. Sie machten alles seeklar und nahmen viel Wertvolles mit, Weinstöcke, Trauben und Pelze. Dann legten sie ab und erreichten den Eriksfjord mit ihrem Schiff.«

Eine isländische Chronik vermeldet, daß 1121 Erik Gnupson, der Bischof von Grönland, zu einer Fahrt nach Vinland aufbrach, wobei nicht deutlich wird, ob er es ›aufsuchte‹ oder nur ›suchte‹. Die Wikinger-Siedlungen in Südgrönland hielten sich bis ins 16. Jahrhundert, dann läßt sich nur noch feststellen, daß ihre Bevölkerung unter rätselhaften Umständen ausstarb; manche von den Archäologen gefundene Spuren deuten darauf hin, daß sie von Eskimos ausgerottet wurde.

Während die Norweger den Nordatlantik erschlossen, waren es vor allem dänische Wikinger, welche die Küsten Westeuropas und des Mittelmeers heimsuchten. Die schwedischen Waräger drangen über die Ostsee ins Gebiet der Ostslawen. Der Waräger Rurik legte den Grund für das Werden Rußlands in diesem Raum. Die Wasserstraßen Dnjestr, Dnjepr und Don nutzend, erreichten sie das Schwarze Meer und die Ägäis; über die Wolga und das Kaspische Meer stießen sie bis ins Zweistromland vor, wovon der arabische Historiker Ibn Kordadbeh in seinem um 885 verfaßten Werk über die Straßen der Kalifen erzählt:

»Die Normannen befahren den Don, den Fluß der Slawen, und durchqueren das Land Khamlydj [Zarizyn] bis zu einer großen Stadt der Chazaren, wo der Herrscher des Landes von ihnen den Zehnten erhebt. Dann schiffen sie sich neuerdings ein und befahren das Meer von Djordjan [das Kaspische] bis zu dem von ihnen in Aussicht genommenen Punkt der Küste. Dieses Meer mißt 500 Parasangen im Durchmesser. Manchmal bringen sie ihre Waren auf dem Rücken von Kamelen von der Stadt Djordjan nach Bagdad. Hier dienen ihnen slawische Eunuchen als Dolmetscher. Sie behaupten, sie seien Christen, und bezahlen als solche die Kopfsteuer.«

Mit den Wanderfahrten der Wikinger ging etwas unerhört Neues vor sich: Eine einzige Volksgruppe trat, Geschichte gestaltend und neue Völker zeugend, gleichzeitig in Europa, Amerika und dem späteren Rußland auf und zeichnete so die prophetische Rune für jenes Schicksal des Abendlandes zwischen Ost und West vor, das sich im 20. Jahrhundert zu erfüllen begann. Die Amerikafahrten der isländischen oder, wenn man will, grönländischen Seefahrer sind Teil dieses großen Vorgangs. Auf der Suche nach Spuren der Vinlandfahrer stand der norwegische Archäologe Helge Ingstad 1962 bei dem Fischerdorf L'Anse aux Meadows auf Neufundland vor Gebäuderesten, über deren Ursprung bis dahin nichts bekannt war:

»Es war wie ein Wiedererkennen. L'Anse aux Meadows hat so vieles, was mich an das erinnert, was ich bei normannischen Höfen auf Grönland gesehen hatte: die grüne Wiese, der rieselnde Bach, das offene Land, die Aussicht auf die See und vielleicht noch anderes, was sich nicht so leicht fassen läßt. Hier müßten Menschen von der Polarinsel sich heimisch gefühlt haben.«

Seit Ingstad dann altnordische Gebrauchsgegenstände ausgrub, ist die Wahrheit der Berichte über Amerikafahrten in den isländischen Sagas so gut bewiesen wie irgendeine andere geschichtliche Tatsache. Offen bleiben nur noch Detailfragen, so die ethnische Zugehörigkeit der Skraelinge oder die genaue Lokalisation von Vinland. Ingstad hält es aufgrund sprachlicher und botanischer Sachverhalte für möglich, daß die Isländer in Amerika keine echten Weintrauben fanden, sondern die süßen vergärbaren Squashberries, und daß Vinland ursprünglich nicht Weinland, sondern Grasland meinte. Durch die damit erlangte Gewißheit stellt sich jedoch eine andere Frage um so eindringlicher: Wie war es möglich, daß trotz des auf Island vorhandenen Wissens um Vinland und Markland keine Fahrten dorthin mehr stattfanden bzw. aufgezeichnet wurden? Hierher gehört auch das bisher ungelöste Problem einer Wiederentdeckung Grönlands durch die dänischen Admirale Pining und Pothorst und die möglicherweise damit zusammenhängende Sichtung des westlich von Grönland gelegenen Landes durch ihren Landsmann Jan Skolp im Jahr 1476, worüber einigermaßen unklare Nachrichten vorhanden sind.

Guanahani

»Im Laufe des heutigen Tages kam Bartolomeu Diaz, Schiffspatron eines gewaltigen Kriegsschiffes des Königs von Portugal, das bei Restelo vor Anker lag und meiner Ansicht nach das bestbestückteste und wohlbewaffnetste Schiff ist, das ich je sah, zu [meiner] Karavelle herangefahren. Er forderte mich auf, in seinem Boote Platz zu nehmen, um mich den Ministern des Königs und dem Kommandanten des genannten Schiffes gegenüber auszuweisen. Darauf antwortete ich ihm, daß ich als Admiral der Könige von Kastilien in keiner Weise verpflichtet sei, diesen Leuten Rechenschaft zu geben.«

Als Christoph Kolumbus dies am 5. März 1493 in sein Bordbuch schrieb, wußte er gut, wer der Seeoffizier war, der zu ihm an Bord kam, um die im Hafen von Lissabon übliche Visite vorzunehmen. Aus seinem Selbstbewußtsein spricht nicht so sehr der Untertan der kastilischen Könige als vielmehr der Mann, der von sich glauben konnte, die jahrzehntelangen Anstrengungen Portugals um den Weg nach Indien abgetan zu haben:

»Als sich das Gerücht verbreitet hatte, daß ich aus Indien angekommen sei, erschien eine solche Menschenmenge aus

Lissabon, um mich zu besuchen und die Indianer zu sehen, daß ich mich nicht genug wundern konnte.«

Die Portugiesen ihrerseits erkannten in Kolumbus jenen Cristovão Colom wieder, der vor Jahren in ihrem Land vergeblich um Förderung des jetzt geglückten Unternehmens nachgesucht hatte. Am 9. März empfing der König selbst den stolzen Ausländer und ließ ihm die größte Ehre zuteil werden, die er zu vergeben hatte: Er befahl ihm, seine Mütze aufzusetzen und ihm gegenüber auf dem Stuhl Platz zu nehmen. João II., der nachmals den Beinamen »o principe perfeito« – der vollkommene Fürst – erhielt, zollte dem Entdecker seine Anerkennung, ohne sich jedoch auf Erörterungen der politischen Seite seiner Leistung einzulassen. Die Hofleute fanden das Benehmen des Ausländers so frech, daß sie dem König anboten, ihn aus der Welt zu schaffen, worauf dieser sich jedoch nicht einlassen mochte.

Kolumbus war am Morgen des 3. August 1492 von Palos in Spanien aufgebrochen. Das Vollschiff Santa Maria diente zunächst als Flaggschiff, da es größer als die Ninã und die Pinta war. Die tüchtige Ninã war jedoch das Lieblingsschiff des Kommandanten. Sie hat ihn auch auf seiner zweiten und dritten Fahrt begleitet, mag also unter seiner Flagge 25 000 Meilen weit gefahren sein. Am 7. September segelte er von den Kanarischen Inseln aus geradewegs nach Westen. Zeitgenössische Weltkarten, einschließlich des Globus von Behaim zeigen, daß man damals auf dieser Höhe die Insel Cipango vermutete – was übrigens eine Antwort auf die Frage sein könnte, warum in Kolumbus' Überlegungen die von den Isländern im Nordatlantik entdeckten Westländer keine Rolle spielten. So rief der Geograph Pietro Martyr noch 1511 in »De Rebus Oceanicis« (VIII, 10) aus: »Nach Süden, nach Süden! Wer Reichtümer sucht, darf nicht in die kalten Regionen des Nordens gehen.«

Die Windrichtungen auf dem gewählten Breitengrad waren günstig, und wenn man dem Bordbuch glaubt, so war die

Stimmung der Mannschaft nicht schlecht, auch wenn nicht jedermann so gleichbleibend zuversichtlich war, wie sein Verfasser sich gab. Zweifel und Ängste vor dem Rand der Welt nahmen mit der Entfernung von Europa natürlicherweise zu, aber es kam keineswegs zu der angeblich geplanten Meuterei. Die Stimmung des Berichts läßt sich in dem immer wiederkehrenden Bild fassen: Man beobachtete getreulich den Flug und die Gestalt der Seevögel, ein Orakel, das vor allem für Kolumbus stets von der Nähe des Landes im Westen kündete. Die Eintragung vom Vorabend des Landfalls am 12. Oktober läßt die Stimmung ahnen, die diesen Höhepunkt erfüllte:

»Donnerstag und Freitag, den 11. und 12. Oktober. Ich blieb weiterhin auf west-südwestlichem Kurs. Wir hatten stark unter hohem Seegang zu leiden, mehr als jemals auf der ganzen Fahrt. Wir erblickten einige Sturmvögel und ein grünes Schilfrohr, das an der Bordwand des Schiffes vorbeistrich. Die Leute der Karavelle Pinta erspähten ein Rohr und einen Stock, fischten dann noch einen zweiten Stock heraus, der anscheinend mit einem scharfen Eisen bearbeitet worden war; sie griffen noch ein Rohrstück auf und sahen ein kleines Brett und eine Grasart, die von der üblichen verschieden war und auf dem Lande wuchs. Auch die Mannschaft der Niñā sichtete Anzeichen nahen Landes und den Ast eines Dornbusches, der rote Früchte trug. Diese Vorboten versetzten alle in gehobene, freudevolle Stimmung. An diesem Tage legten wir bis zum Sonnenuntergang 108 Seemeilen zurück.

Nach Sonnenuntergang kehrte ich wieder zur Westrichtung zurück. Wir kamen mit einer Stundengeschwindigkeit von 12 Seemeilen vorwärts und bis 2 Uhr morgens hatten wir 90 Seemeilen durchlaufen. Da die Karavelle Pinta schneller war als die anderen beiden Schiffe und mir vorgefahren war, so entdeckte man an Bord der Pinta zuerst das Land und gab auch die angeordneten Signale.

Als erster erspähte dieses Land ein Matrose, der Rodrigo da Triana hieß, wiewohl ich um 10 Uhr nachts vom Aufbau des Hinterschiffes aus ein Licht bemerkt hatte. Obzwar das schimmernde Licht so undeutlich war, daß ich es nicht wagte, es als Land zu bezeichnen, so rief ich dennoch Pedro Gutiérrez, den Truchseß des Königs, um ihm zu sagen, daß ich ein Licht zu sehen glaubte, und bat ihn, es sich anzusehen, was jener auch tat und es tatsächlich auch sah. Desgleichen benachrichtigte ich Rodrigo Sánchez di Segovia, den der König und die Königin als Beobachter der Armada zugeteilt hatten. Dieser vermochte aber nichts zu erblicken, da er von seinem Standpunkt aus nichts sehen konnte. Nachdem ich meine Beobachtung gemeldet hatte, sah man das Licht ein-, zweimal aufscheinen; es sah so aus, als würde man eine kleine Wachskerze auf- und niederbewegen, was wohl in den Augen der wenigsten als Anzeichen nahen Landes gegolten hätte – allein ich war fest davon überzeugt, mich in der Nähe des Landes zu befinden.

Als dann die ganze Mannschaft das Salve Regina betete, das alle Seeleute auf ihre Art zu singen pflegen, und dann schweigend verharrte, gab ich meinen Leuten den guten Rat, auf dem Vorschiff gute Wache zu halten und auf das Insichtkommen des Landes wohl achtzugeben. Derjenige unter ihnen, der als erster melden würde, Land zu sehen, bekäme sofort eine seidene Jacke zum Geschenk, außer all den Belohnungen, die das Herrscherpaar versprochen hatte, nämlich die Auszahlung eines lebenslänglichen Ruhegehaltes von 10 000 Maravedís.

Um zwei Uhr morgens kam das Land in Sicht, von dem wir etwa acht Seemeilen entfernt waren. Wir holten alle Segel ein und fuhren nur mit einem Großsegel, ohne Nebensegel. Dann lagen wir bei und warteten bis zum Anbruch des Tages, der ein Freitag war, an welchem wir zu einer Insel gelangten, die in der Indianersprache Guanahaní hieß.

Dort erblickten wir sogleich nackte Eingeborene. Ich begab mich, begleitet von Martin Alonso Pinzón und dessen Bruder Vicente Yánez, dem Kapitän der Ninã, an Bord eines mit Waffen versehenen Bootes an Land. Dort entfaltete ich die königliche Flagge, während die beiden Schiffskapitäne zwei Fahnen mit einem grünen Kreuz im Felde schwangen, das an Bord aller Schiffe geführt wurde und welches rechts und links von den je mit einer Krone verzierten Buchstaben F[ernando] und Y[sabel] umgeben war. Unseren Blicken bot sich eine Landschaft dar, die mit grün leuchtenden Bäumen bepflanzt und reich an Gewässer und allerhand Früchten war.

Ich rief die beiden Kapitäne und auch all die anderen, die an Land gegangen waren, ferner Rodrigo d'Escobedo, den Notar der Armada, und Rodrigo Sánchez von Segovia zu mir und sagte ihnen, durch ihre persönliche Gegenwart als Augenzeugen davon Kenntnis zu nehmen, daß ich im Namen des Königs und der Königin, meiner Herren, von der genannten Insel Besitz ergreife, und die restlichen Unterlagen zu schaffen, wie es sich aus den Urkunden ergibt, die dort schriftlich niedergelegt wurden.«

Ohne Umstände werden mit dem Land auch die sich neugierig und zahlreich versammelnden Eingeborenen in Besitz genommen. Kolumbus beschenkt sie sogleich und meint, »daß man sie weit besser durch Liebe als mit dem Schwerte retten und zu unserem heiligen Glauben bekehren könne«. Guanahani, so nannten diese Naturmenschen ihre Insel – San Salvador nannte sie Kolumbus. Anhand der von ihm erwähnten große Lagune im Innern des Eilands wurde sie später als der unter dem Namen Watling-Island bekannte Piratenschlupfwinkel identifiziert. Aufgrund verfeinerter Berechnungen ist neuerdings auch die einen vollen Breitengrad südlicher gelegene Insel Samanca Cay vorgeschlagen worden. In dem schwachen Lichtschein aus dem nächtlichen Dunkel flackerte jedoch ein weiteres Rätsel, das auch das Licht der Entdeckung nicht erhellen konnte.

Die Wasser des Paradieses

Bis zu dem Tag, da Kolumbus den Schleier vom Westhorizont zog, hatten nur die für das Abendland selbst schon fast sagenhaften Bewohner Islands und Grönlands raunend von Vinland dem Guten gesprochen. Kolumbus nun ließ alle Welt wissen, was er gefunden, und daß er es war, der gefunden hatte. Allein, wer er selbst war, weiß man bis heute nicht recht zu sagen. Der Ursprung des jahrtausendelangen Schweigens über dem Meer im Westen verharrt im Dunkel, vor dem die Gestalt des Entdeckers selbst etwas Irrlichterndes bekommt. So soll Kolumbus' Sohn Hernando gesagt haben: »Man wollte, daß ich aussage, mein Vater sei in Genua, in Savonne oder in Plaisance geboren. Aber mein Vater kam wie ein Apostel, von Gott gerufen, und nicht aus Schlössern und Palästen.«

Mit seinem Heranwachsen tritt Kolumbus schrittweise aus dem Dunkel seiner Herkunft hervor. Seine ersten Erfahrungen als Seemann sammelte er im Mittelmeer auf Handelsfahrten und in Ausübung des damals einigermaßen ehrenwerten Korsaren-Gewerbes. Den Umkreis der portugiesischen Entdeckungsfahrten lernte er dann unter Umständen kennen, die gleichnishaft auf den Weg deuten, der von Heinrich dem Seefahrer zu dem rätselhaften Genuesen führt: Bei einem Seegefecht zwischen italienischen Kauffahrern und französischen Korsaren, das vor Kap São Vicente stattfand, ging das Korsarenschiff, auf dem sich Kolumbus befand, in Flammen auf. Er schwamm, an einen Ruderbalken geklammert, an Land. Er betrat also Portugal im Anblick des Felsens von Sagres! Dieses Ereignis läßt sich auf das Jahr 1476 datieren. Nicht lange danach ist Kolumbus nach einer durch Las Casas überlieferten Aussage in Island gewesen und hat also – bewußt oder unbewußt – Berührung mit dem gehabt, was diese Insel über Grönland mit Vinland dem Guten verbindet:

»Ich segelte im Jahre 1477 im Monat Februar noch hundert

Meilen weiter, als die Insel Thule liegt, deren Ostseite von der Linie der Tag- und Nachtgleiche 73° entfernt ist und nicht 63°, wie einige behaupten. Sie liegt auch nicht innerhalb der Linie, die das okzidentale Festland begrenzt, wie Ptolomäus sagt, sondern erheblich weiter nach Westen. Es ist eine Insel von der Größe Englands. Die Engländer, besonders die aus Bristol, besuchen sie mit Handelsware. Zu der Zeit, als ich dorthin fuhr, war das Meer nicht gefroren, obgleich es sehr starke Flutwellen gab, so daß an einigen Stellen die Flut zweimal täglich fünfundzwanzig Ellen hoch stieg und ebenso viel sank.«

Eine andere Äußerung läßt vermuten, daß er auch Irland besuchte:

»Von Cathay sind Menschen nach Westen gekommen. Wir haben viele bemerkenswerte Dinge gesehen, und zwar ganz besonders in Galway in Irland. Dort schwemmten zwei Schiffbrüchige an, die sich an Balken gebunden hatten; ein Mann und eine Frau, die schön anzusehen war.«

1479 heiratete er in Lissabon Felipa Moniz Perestrello und lebte danach auf den Besitzungen, die deren Familie auf Madeira hatte. Von Portugal aus begann Kolumbus mit dem Florentiner Arzt und Naturforscher Paolo Toscanelli – einem Freund des Nikolaus Cusanus – einen Briefwechsel. Toscanelli hatte 1474 einen Brief an den König von Portugal geschrieben, in dem er die Idee einer Westfahrt nach Indien vertrat. Er ermunterte auch Kolumbus zu einem solchen Plan. Von ihm und von antiken Gewährsleuten übernahm dieser aber eine irrige Vorstellung von der Entfernung zwischen Europa und den westwärts liegenden Teilen Asiens; er schätzte sie auf 78 Grad, während es tatsächlich 229 Grad sind. Es sei dahingestellt, ob der König von Portugal und seine Sachverständigen ihn abwiesen, weil sie diesen Irrtum erkannten. Grundsätzlich wären sie dazu in der Lage gewesen. Jedenfalls konnten seine geographischen Darlegungen sie ebensowenig überzeugen wie die Bibelstellen, die er heranzog.

So begab sich Kolumbus nach Spanien, wo es ihm nach siebenjährigen Bemühungen gelang, am 17. April 1492 einen Vertrag mit den Königen Ferdinand und Isabella abzuschließen. Dieser hatte nicht nur Maßnahmen zum Inhalt, die das Unternehmen ermöglichen sollten, sondern auch den Lohn, der dem erfolgreichen Entdecker winkte: Verleihung des Admiralstitels und des Vizekönigtums auf den eroberten Inseln, Erhebung in den Adelsstand, finanzielle Vorteile von geradezu volkswirtschaftlichem Umfang und anderes mehr.

All das wurde Kolumbus später zuteil. Er kam damit in eine Lage, die bei den portugiesischen Entdeckern nie denkbar gewesen wäre. Diese mußten sich nach ihren Taten mit angemessenen Aufgaben in der Heimat bescheiden und wurden nur in Ausnahmefällen abermals zu Fahrten ausgesandt, die einer von ihnen gemachten Entdeckung an Bedeutung nahekamen. Keiner von ihnen forderte, geschweige denn erhielt einen solch königlichen Lohn wie der Genuese, der sich damit auch ganz eigene Schwierigkeiten eingehandelt hatte, denn eine Inselwelt von der Größe Europas zu entdecken war etwas ganz anderes, als sie zu besiedeln und zu verwalten.

Seine zweite Reise, die vom 25. September 1493 bis zum 11. Juni 1496 dauerte, galt diesem Ziel. Das erste Mal war er mit drei Schiffen und einhundertsechs Männern aufgebrochen, nun waren es 1500 Mann auf siebzehn Schiffen. Er hatte seinerzeit in dem auf Haiti errichteten Fort La Navidad neununddreißig Männer zurückgelassen. Er fand nur noch acht von ihnen lebend vor. Die übrigen hatten sich teils gegenseitig umgebracht, teils waren sie von den Indianern getötet worden. Goldgier hatte hierbei bereits mitgespielt. Der Versuch, die Inseln zu unterwerfen, führte bald dazu, daß die Indianer von den nach Gold suchenden Fremdlingen blutig ausgepreßt wurden oder als Sklaven zugrunde gingen. Die Ausrottung der Indianer begann unter den Augen des Vizekönigs Kolumbus.

Vom 30. Mai 1498 bis November 1500 unternahm er seine

dritte Reise, auf der er die Insel Trinidad entdeckte und bei der Orinoco-Mündung das Festland berührte. Er glaubte immer noch, er würde jenseits des Äquators einen »höchsten Punkt« antreffen, von dem die ungeheuren Süßwassermassen des Orinoco herströmten. Davon schrieb er in einem Brief an die Könige:

»Ich nehme nicht an, das irdische Paradies habe die Gestalt eines rauhen Berges, wie es beschrieben worden ist, sondern ich bin der Meinung, es befinde sich auf der Höhe jenes Ortes, der die Gestalt eines Birnenstieles hat, zu dem man sich nach und nach aus großer Entfernung stufenweise erhebt. Ich glaube auch, daß niemand jene Höhe erreichen kann, und daß dieses Wasser von jenem Ort hervorquillt, so weit er auch entfernt sein mag, um dort zu münden, woher ich komme, um diesen See zu bilden.«

Der Glaube, daß Asien, wo er zu sein wähnte, ganz nahe beim irdischen Paradies liege, lebte so stark in Kolumbus' Seele, daß er bereits in den entzückten Naturschilderungen des Bordbuches mitschwingt, etwa in dem folgenden Eintrag vom November 1492:

»Als ich mich mit meinen Booten gegenüber dem Hafeneingang Richtung Süd befand, traf ich einen Fluß an, in den eine Galeere leicht hätte einfahren können. Der Flußeingang ist so gelegen, daß man ihn erst in seiner unmittelbaren Nähe bemerkt; seine Schönheit veranlaßte mich, in ihn einzufahren, soweit es der Tiefgang meines Bootes zuließ und ich eine Tiefe von 5 bis 8 Faden vorfand. Ich fuhr mit den Booten ein gutes Stück auf jenem Fluß stromaufwärts. Die anmutige Frische dieses Flusses, sein klares Wasser, das einen bis auf den Grund schauen ließ, die Vielfalt verschieden geformter Palmen, die zu den schönsten und höchsten gehörten, die ich je gesehen hatte, zusammen mit unzähligen anderen großen und grünen Bäumen, und die grüne Wiesenfläche, wo Vögel ihren Gesang erschallen ließen – all dies schien eine stille Aufforderung an mich zu richten, mich für immer hier niederzulassen.

Erlauchteste Fürsten, dieses Land ist in jeder Beziehung so wunderschön und übertrifft an Anmut und Lieblichkeit jede andere Gegend, wie der Tag die Nacht mit dem Lichte besiegt. ... Angesichts solcher Schönheit konnte ich mich vor Staunen nicht fassen und fand keine Worte.«

Alexander von Humboldt hat in der Geschichte des Naturgefühls, die er in den Prolegomena zu seinem »Kosmos« schrieb, die poetische Kraft dieser Schilderungen gerühmt und sie als Markstein im Entwicklungsgang der Naturanschauung erkannt. Er findet in den detaillierten Beobachtungen des Kolumbus auch den Anfang der beschreibenden Botanik Südamerikas, die er sich selbst auf seinen »Reisen in die Äquinoktialgegenden des Neuen Kontinents« so sehr angelegen sein ließ.

Der Mann, der solches in seiner Seele bewegte, war unfähig, sich gegen Neider und Kritiker in der Kolonie durchzusetzen. Es kam zu unschönen Auseinandersetzungen, in deren Gefolge Kolumbus in Ketten nach Spanien gebracht wurde. Die Könige rehabilitierten ihn zwar, aber auf seiner vierten Reise, vom 11. Mai 1502 bis 7. November 1504, waren ihm die vizeköniglichen Vollmachten entzogen, und es war ihm verboten, in Haiti an Land zu gehen. Er bereiste mit vier Schiffen und einhundertfünfzig Mann die Küsten von Panama und Honduras. Auf Jamaica wurde er lange Zeit durch einen Schiffbruch aufgehalten; es kam auch zu einer Meuterei – und zu einem berühmt gewordenen Ereignis, das Kolumbus noch einmal in seiner Originalität zeigt: Er machte sich feindselige Eingeborene gefügig, indem er vortäuschte, Macht über das Licht des Mondes zu haben. Bei dieser List kam ihm der Besitz der Ephemeriden-Tafeln des Regiomontanus zustatten, die für die betreffende Nacht eine Mondfinsternis voraussagten.

Als Kolumbus diesmal nach Spanien zurückkehrte, war er auch gesundheitlich angeschlagen. Er starb am 20. Mai 1506 fünfundfünfzigjährig in Valladolid. Ein ihm angemessener

Epitaph müßte den Geheimnisstand wahren. Er könnte die folgenden Worte enthalten, die in der bereits erwähnten Darlegung über das irdische Paradies stehen, denn sie zeigen die einzigartige Verschlingung vom Seefahrergeist und visionärer Sehnsucht im Wesen des Kolumbus:

»Ich glaube, daß sich an diesem höchsten Punkt Wasser befindet, so daß er schiffbar ist, ich bin überzeugt, daß dort das irdische Paradies liegt, zu dem niemand gelangen kann, es sei denn aus göttlichem Willen.«

Mundus novus

Bereits am 1. November 1493 nannte der italienische Schriftsteller Pietro Martyr in einem Brief an den Kardinal Sforza die »indischen« Lande im Westen eine Neue Welt. Ihr Entdecker dagegen glaubte weiterhin, er sei in die Nähe des von ihm mit Marco Polo Cathay genannten China gelangt, und suchte unermüdlich das reiche Cipango. Erst auf seiner dritten Reise stieß er bei der Insel Trinidad am 1. August 1498 auf das südamerikanische Festland, und zwar gerade noch als erster seiner Zeit. Das Festland Nordamerikas hatte am 24. Juni 1497 schon Giovanni Caboto, ein anderer Genuese in englischen Diensten, erreicht. Auf seiner letzten Reise kam Kolumbus an der Küste von Honduras in den Randbereich der Maja-Kultur, ohne etwas davon zu bemerken.

Wie die vorgelagerten Inseln, die er fand, im Meer liegen, so schwimmt die von ihm gefundene Wirklichkeit gleichsam in seinem irrtümlichen Glauben. Das Schweben zwischen Glauben und Erkenntnis, zwischen Enthüllung und Verborgenbleiben ist kennzeichnend für Kolumbus. In seine Wahrnehmung der amerikanischen Länder und Menschen mischten sich immer wieder Bilder aus seiner phantasiebegabten Seele. Deshalb suchte er unbeirrbar hinter den tropischen Inseln und Urwäldern die uralte Kulturwelt Asiens und glaubte, sie in den primitiven Indios der Karibik vor sich zu haben – und fuhr doch ahnungslos an den Reichen der Azteken und Majas vorbei.

Salvador de Madariaga hat Hunderte von den Seiten seiner großen Kolumbus-Biographie der von ihm vertretenen These gewidmet, Kolumbus sei seiner Abstammung nach eigentlich ein spanischer Jude gewesen. Es konnte nicht ausbleiben, daß ein portugiesischer Historiker – Augusto Mascarenhas Barreto – es unternahm, mit mindestens ebensoviel Fleiß und Akribie zu beweisen, was im Titel seines 1988 erschienenen Werks behauptet wird: »Der Portugiese Cristovão Colombo – Geheimagent des Königs Dom João II.« Wir wollen, wie gesagt, dieses vorläufig unfruchtbare Gebiet meiden und statt dessen einer anderen Richtung folgen, in die Madariagas Werk mit seinen verschlungenen psychologischen Analysen wahrlich kein schlechter Wegweiser ist.

Kolumbus überrascht stets aufs neue durch die Beweglichkeit und Widersprüchlichkeit seiner Seele. Phantasie und schlauer Realismus, Genie und Naivität, maßloser Ehrgeiz und tiefste Demütigung, Erfüllung und Enttäuschung liegen in ihr nahe beieinander. Auch die portugiesischen Seehelden sind von Geheimnis umwoben, allein, bei ihnen wird das Rätsel von der Arkandisziplin der Ritterorden gestellt und geschützt. Das Kolumbus-Rätsel ist in der unendlichen Vielfalt und Lebendigkeit der menschlichen Innenwelt selbst begründet, liegt mehr im Schweigen als im Verschweigen. »Der Seele Grenzen sind so weit, daß du alle Straßen durchlaufen mögest, du wirst sie nicht ergründen.« Dieses Wort wurde von Heraklit ausgesprochen zu einer Zeit, in der die Seelenkunde sich noch auf viel grundlegendere Probleme beschränken konnte, als es der modernen Psychologie möglich ist, die auf eine mächtige Entfaltung des menschlichen Individualismus und Subjektivismus zurückblickt. Kolumbus läßt wie nur wenige seiner Zeitgenossen diese wirklich Neue Welt im Innern des modernen Menschen sichtbar werden. Dies hat Mada-

riaga am Ende seiner Untersuchung auf einer einzigen Seite
ausgesprochen, die letztlich mehr über Kolumbus aussagt als
der kluge Versuch des spanischen Historikers, das Rätsel um
die Herkunft des »Ligurers« zu lösen:

»Jahrhunderte waren vergangen, in denen die Menschheit
all ihre Sehnsucht mit den Händen ausdrückte, die sie flehend
zum Gebet erhob wie in den Fenstern, die sie in ihre hohen
Kathedralen setzte. Die Zeit war gekommen, um die Arme zu
senken, die Hände zu lösen und beide zu regen in tausenderlei
neuer Geschäftigkeit, in rastlosem Treiben und Schaffens-
freude. Was vorher die Anbetung dessen war, was man nie
erkennen würde, verwandelte sich nun in die Entdeckung des
Erkennbaren. Die Menschen ergriffen endlich ganz und gar
Besitz von diesem Planeten. Einmal mußte das neue Zeitalter
beginnen, in dem der Mensch zunächst die Erdoberfläche
ganz erforschte, dann in die tiefsten Abgründe vordrang, die
Grenzenlosigkeit der Welt ihm zu Häupten ermaß und
schließlich in die Unermeßlichkeit des Mikrokosmos vor-
stieß. ... Die Zeit war reif geworden, um eine Welt sterben zu
lassen, damit eine neue entstehen konnte. Eine ganz Neue
Welt galt es zu entdecken, aber nicht nur den amerikanischen
Kontinent, sondern die Welt, die dank der Entdeckung Amerikas sich bald dem fragenden Verstand der Menschen offenbarte. Ein Mensch mußte kommen, der den Weg dorthin
öffnete. Die erste Tat, um dies zu vollbringen, konnte nur eine
Tat des Glaubens sein – diesen Kontinent mußte jemand entdecken, der gar keinen vernünftigen Grund hatte, um überhaupt an die Existenz eines solchen Festlandes zu glauben. ...
Deshalb mußte die Aufgabe einem Träumer zufallen, einem
Menschen, der über den Wassern der Wirklichkeit sich
wiegte, den Meeresvögeln gleich, die er in der Nacht vor der
Entdeckung über seinem schlaffen Segel fliegen hörte. Ihm
mußte man einen Traum mitgeben, der so täuschend der
Wirklichkeit ähnelte, daß er mutig losfuhr und nicht inne-
hielt, immer seinem Wunschbild nach, so als hätte er es schon

in seiner Kajüte verschlossen. Was bedeutete es, daß ein Irrtum ihn auf diese Reise führte, wenn er doch der Wahrheit
entgegenfuhr? Manchmal weiß die Menschheit besser als ihre
Führer, wohin der Weg geht. Auf seine Person kommt es nicht
an. Sein schmerzgepeinigter Körper wurde zur Brücke, die
Europa und Amerika verband. Amerika, das zu suchen war,
entdeckte er nicht. Er entdeckte die Indischen Lande, die es
doch nur in seiner Phantasie gab. Mit Gewalt wollte er das für
sich genießen, woran er allein glaubte. Deshalb wurde ihm die
Kenntnis von dem, was er in Wirklichkeit vollbrachte, versagt, und der Kontinent trägt seinen Namen nicht.«

Amerigo Vespucci wurde am 9. März 1451 in Florenz geboren. Dreißigjährig kam er im Dienst des Florentiner Han-
delshauses Berardi nach Sevilla. Von sich reden machte er
dann durch zwei Büchlein, die man vielleicht eher Flugschrif-
ten nennen sollte: 1503 erschien die erste, »Mundus Novus«
betitelt, in verschiedenen Städten Europas; sie schildert in far-
bigen, bildhaften Worten die Reisen eines Alberigus Vespu-
tius in die Gegend Brasiliens und stellt sich als brieflicher
Bericht an Laurentius Petrus Franciscus de Medici, den Lan-
desherren des Verfassers, dar. Zwei oder drei Jahre später
erschien in Florenz ein »Brief des Amerigo Vespucci über die
auf seinen Reisen entdeckten Inseln«. Beide Schriften fanden
allerorten lebhaftes Interesse. 1507 gab ein italienischer
Verleger eine Sammlung von Reiseberichten heraus, die den
zweideutigen Titel trug: »Mundo novo e paesi nuovamente
retrovati da Alberigo Vesputio Florentino«. Obwohl auch
Kolumbus, Vasco da Gama und Cadamosto zu Worte kamen,
konnte diese Überschrift den für toskanische Ohren schmei-
chelhaften Irrtum ausdrücken, ein Florentiner habe die Neue
Welt entdeckt.

1507 gab dann im elsässischen St. Dié der junge Mathematiker und Geograph Martin Waldseemüller, der sich auch
Hylacomylus nannte, wenn er seinen Namen nach der humanistischen Mode übersetzte, eine von ihm verfaßte Ein-

führung in die »Cosmographia« des Ptolemäus heraus. Er ergänzte das antike Wissen um die Briefe Vespuccis über die neuesten Entdeckungen; und er schrieb in seinem Kommentar jene folgenschweren Sätze, die Stefan Zweig als den »Taufschein Amerikas« bezeichnet hat:

»Nun sind aber auch diese Erdteile [der alten Welt] genauer erforscht, und ein anderer, vierter Teil, ist durch Amerigo Vespucci, wie man aus dem folgenden ersehen kann, entdeckt worden. Ich sehe nicht ein, warum man nicht mit vollem Recht diesen Teil nach seinem Entdecker Amerigo, einem Mann von großem Scharfsinn, Amerige, gleichsam Amerigos Land oder America nennen sollte; haben doch auch Europa und Asien ihre Namen von Weibernamen erhalten ... Seine Lage und die Sitte seines Volkes sind in den folgenden vier Schiffahrten Amerigos ausführlich beschrieben.«

Von hier aus läßt sich der Siegeszug des neuen Namens durch die in den folgenden Jahren an den verschiedensten Orten gedruckten Landkarten verfolgen. Das 16. Jahrhundert rühmte Vespucci allenthalben als den Entdecker Amerikas. Als man den Irrtum erkannte, schlug die Stimmung um, und man schalt ihn einen Betrüger, der Kolumbus die Ehre gestohlen habe. Sein Name jedoch blieb dem Kontinent erhalten. Heute haben sich die Wogen so weit geglättet, daß man Vespucci für das halten darf, als was ihn Kolumbus, der ihn persönlich kannte, in einem Brief an seinen Sohn Diego Colon bezeichnet: einen rechtschaffenen Mann. Außerdem mag er ein tüchtiger Seefahrer gewesen sein. Geschäftstüchtigkeit aber vor allem anderen waltete bei der Herausgabe seiner Briefe – wo seine eigene aufhört und die seiner Verleger anfängt, ist schwer zu sagen. Die Briefe selbst sind jedenfalls im Umgang mit Jahreszahlen und Tatsachen nicht leichtfertiger als manches andere zeitgenössische Dokument. Vespucci will 1497/98 und 1499/1500 in kastilischen und 1501/02 sowie 1503/04 in portugiesischen Diensten gefahren sein. Die Datierung, die wirkliche Zahl, gelegentlich sogar die Tatsächlichkeit dieser Reisen sind jedoch nicht unangefochten. Im ersten Brief lesen wir, daß man das neu entdeckte Land ... »getrost eine Neue Welt nennen dürfe ..., denn keiner unserer Vorfahren hatte von diesen Ländern Kenntnis, die wir gesehen ... Ich fand südlich des Äquators einen Kontinent, der in manchen Teilen viel mehr von Menschen und Tieren bevölkert ist als unser Europa, Asien und Afrika.«

Hier wird ausgesprochen, daß es sich nicht um Indien handelt, sondern um einen neuen, eigenen Erdteil. Vespucci behauptet auch nicht, daß er dies als erster erkannte, ebensowenig wie er behauptet, selbst der Entdecker der Neuen Welt zu sein; aber es ist anzunehmen, daß er mit seiner vielgelesenen Schrift entscheidend dazu beitrug, diese Erkenntnis zu verbreiten.

Die Insel der Seligen

Das zum Motto dieses Kapitels gewählte Gedicht von Gerald Griffin beschwört die Stimmung, in der auf Irland von Inseln im westlichen Meer erzählt wurde. Der Zauber des Bildes umwebt die Erscheinung der an der irischen Westküste zu beobachtenden marinen Luftspiegelungen, die immer wieder Inseln an der Grenze von Schein und Wirklichkeit auftauchen lassen. In alten Zeiten mag dieses wunderbare Naturphänomen noch stärker mit Wahrnehmungen der elementarischen Welt des Meeres zusammengeklungen haben und mit Erinnerungen an die versunkene Welt der Atlantis. Auch mit dem, was wir aus Bráns Meerfahrt kennen, aus der »Navigatio«, und der Vorstellung, daß weit im Westen das Reich der seligen Geister verstorbener Menschen zu suchen sei, steht die Sage von Hy Breasail von der »Seligen Insel« oder »Insel der Seligen« in Zusammenhang. Irdisch-wirklich findet sich der Name jedoch in einer englischen Urkunde vom 15. Juli 1480:

»Das Schiff John Jay Junior von achtzig Tonnen Tragkraft

begann die Fahrt aus dem Hafen Bristol nach der Insel Brasil auf der Westseite Irlands ... Den 18. September kam Nachricht nach Bristol, sie seien etwa neun Monate [soll wohl heißen: neun Wochen] lang in den Meeren herumgesegelt. Die Insel haben sie nicht gefunden und sind wegen Sturm auf See in den Hafen ... zurückgekehrt, um Schiff und Matrosen ausruhen zu lassen.«

Wir haben hier offenbar eine frühere Phase der englischen Bemühungen vor uns, die 1497 gekrönt wurden, als Giovanni Caboto oder John Cabot, wie er von den Engländern genannt wurde, Labrador erreichte. Daß in diesem Zusammenhang der Name Brasil fällt, ist nicht verwunderlich, denn viele Karten der damaligen Zeit zeigen im Westatlantik Inseln dieses Namens. Die Frage lautet vielmehr: Was hat die irische Feeninsel mit dem gleichnamigen Staat in Südamerika zu tun?

Man kann nur schwer verstehen, weshalb portugiesische Historiker bis heute darauf bestehen, daß es ihre Landsleute waren, die Kolumbus zuvorkamen. Als Erik der Rote Vinland fand, bestand Portugal noch gar nicht, und etwaige spätere Amerikafahrten im Dienst der Könige von Portugal wären in ihren Folgen in keinem Fall mit der Tat des Kolumbus zu vergleichen. Sie würden dem Ruhm Portugals als der tüchtigsten Seefahrernation aller Zeiten auch nichts hinzufügen. Wenn die portugiesischen Könige Kenntnisse von Amerika hatten, wäre es allerdings wichtig, zu erfahren, warum sie darüber so geflissentlich schwiegen. Wir tun der Ehre Portugals also keinen Abbruch, wenn wir zum einen unseren Bericht über seine Schicksale im Westen mit der Ankunft des Pedro Álvares Cabral in Brasilien beginnen lassen, noch wenn wir zum anderen einräumen, daß auch ihm möglicherweise Vespucci und mit Sicherheit Vincente Yáñez Pinzon um Monate bzw. Wochen zuvorkamen. Der Brief des Pêro Vaz Caminha an König Manuel I. schildert die frohen und friedfertigen Ereignisse in der Nachosterwoche des Jahres 1500:

»In den Abendstunden des 22. April war das Land in Sicht! Zuerst sahen wir einen großen Berg, hoch und rund; darauf erblickten wir südlich von ihm niedrigere Gebirgsrücken und flaches Land mit großen Hainen. Diesem hohen Berge gab der Kapitän den Namen Monte Pascoal – Osterberg – und dem Lande den Namen Terra da Vera Cruz. Am Morgen des Donnerstages setzten wir Segel und fuhren auf das Land zu ..., bis auf eine halbe Meile vom Festland, wo wir alle Anker warfen, gegenüber der Mündung eines Flusses. Diesen Ankerplatz erreichten wir gegen zehn Uhr morgens. Von Bord aus konnten wir Menschen am Strande erkennen, vielleicht sieben oder acht, wie man von den kleineren Schiffen mitteilte, die zuerst ankamen. Boote und Kähne wurden nun zu Wasser gelassen. Bald darauf kamen alle Kapitäne an Bord des Flaggschiffes zur Besprechung. Der Kapitän befahl Nicolau Coelho, den Fluß mit einem Boot zu erkunden.

Als dieser sich dem Lande näherte, liefen Eingeborene zu zweit und zu dritt zum Strande, so daß sich dort, als das Boot zur Mündung des Flusses kam, schon achtzehn oder zwanzig aufhielten. Braun, nackt, ohne irgendwie ihre Blöße zu bedecken, hielten sie in den Händen Bogen und Pfeile. So liefen sie geradewegs auf das Boot zu. Nicolau Coelho bedeutete ihnen durch Zeichen, die Waffen niederzulegen. Eine Verständigung oder ein Gespräch mit ihnen war bei der starken Brandung des Meeres unmöglich. Coelho schleuderte ihnen ein rotes Barett, eine leinene Pudelmütze, die er trug, und einen schwarzen Hut zu. Einer von ihnen warf darauf seine Kopfbedeckung aus langen Vogelfedern zurück, mit einer Spitze aus roten und braunen Federn, wie die der Papageien, ein anderer schwenkte eine große Schnur mit kleinen weißen Muscheln, die aus Perlmutter zu bestehen scheinen.«

Der Bericht des Pêro Vaz Caminha wurde sogleich von Gaspar de Lemos mit einem dazu freigestellten Proviantschiff zurück nach Portugal gebracht. Zusammen mit ihm erhielt der König ein kurzes Schreiben des Bakkalaureus Meister

Weltkarte des Jerónimo Marini von 1511,
auf der erstmals die Bezeichnung »Brasilien« erscheint

João über seine astronomischen Beobachtungen, in welchem sich der früheste Beleg für den damals aber schon als bekannt vorausgesetzten Namen »Kreuz des Südens« findet.

»Brasil« ist als Name für das Land, zu dem Cabral die ersten Portugiesen führte, von 1505/06 an belegt. Man kann die Klage des João de Barros verstehen, daß dadurch der vorher übliche Name »Terra da Vera Cruz« aufgegeben wurde; sei doch der Name eines »brasil« genannten roten Farbholzes nicht so wichtig wie der des Heiligen Kreuzes, das vom Blut des Erlösers gerötet wird. Mit der italienischen Vokabel brasile, die »feuerfarben« bedeutet, wurden ursprünglich verschiedene rote Farbstoffe bezeichnet, etwa die Scharlachbeere »grana de brasile« und eine rote Farbflechte, die auf den Azoren und anderen warmen Atlantikinseln vorkommt. Auch rote Holzarten nannte man »braxilis«.

Dazu kam dann die irische Überlieferung von den westwärts im Meer liegenden elysischen Gefilden. So setzte schon
1457 der Italiener Fra Mauro auf seiner Weltkarte sogar Irland selbst mit der Insel Berzel und den seligen Gefilden
gleich. Die Verquickung dieser Bestandteile hat bis auf den
heutigen Tag zu irrtümlichen Deutungen geführt, die jeweils
nur den einen oder anderen Aspekt gelten lassen wollen. Die
Ansicht, daß die Azoren wegen der dort vorkommenden
Farbflechten das ursprüngliche Brasil seien, ist jedoch ebenso
verfehlt wie die Auffassung, daß Brasilien seinen Namen allein nach dem seit 1500 an seinen Küsten von den Portugiesen
gewonnenen roten Brasilholz erhalten habe, oder daß es seinen Namen nur der keltischen Tradition verdanke, denn
damals war die keltische Überlieferung, die in die Kartographie Eingang gefunden hatte, schon völlig mit dem Gebrauch
der gleichklingenden romanischen Vokabel verwirrt.

Schließlich darf auch nicht außer acht bleiben, daß die
Tupí-Guaraní sprechenden Indianer das portugiesische »Brasil« im Norden wie im Süden des Landes mit dem Wort
»paraci« wiederzugeben pflegten, was soviel wie Mutter des
Meeres oder Mutter des Wassers bedeutet. In der Ariak-
Sprache bedeutet »parasil« – »großes Land«; die Wurzel dieses Wortes ist aus vielen südamerikanischen Ortsnamen bekannt: Paraná, Paraguay, Pararima.

In Wirklichkeit bahnten alle diese sprachlichen Anklänge
gemeinsam dem alten keltischen Namen den Weg, und noch
einmal erschien dort, wo die Traumwelt der irischen Sagen
wich, festes Land, wie zuvor bei Brán und Brendan. Und der
Name aus der Welt der verwehenden Träume und den Nebeln
des Nordatlantiks blieb als Verheißung an einem Stück tropi-
scher Erde haften.

Das Gegengewicht

Wir dürfen es nicht unterlassen, noch einen Zeitgenossen des Kolumbus und des Vasco da Gama vorzustellen, der sonst im Schatten der aufsehenerregenden Ereignisse seiner Zeit bleibt. Sigismund Freiherr zu Herberstein entstammte einem steirischen Adelsgeschlecht. Er wurde am 23. August 1486 in Wippach am Karst geboren. In seiner Kindheit lernte er auch Slawonisch, was eine wichtige Grundlage für sein späteres Wirken werden sollte. 1502 beendete er sein Studium an der Hohen Schule zu Wien als baccalaureus artium, seine Neigungen zur Rechtsgelehrsamkeit führten ihn bald auf eine diplomatische Laufbahn im Dienst Kaiser Maximilians. So hatte er als dessen Gesandter 1516 eine heikle Familienangelegenheit am Hof Christians II. von Dänemark zu regeln.

1516 bis 1518 unternahm er eine Reise nach Moskau, wo damals Zar Wassili III. regierte. Es ging dabei um die Wahrung der kaiserlichen Interessen im Spannungsfeld des Römischen Reiches Deutscher Nation mit Polen und Ungarn, in das Rußland fühlbar hereinzuwirken begann. Der zunehmenden Bedeutung des Zarenreichs entsprach das Wissen, das man im übrigen Europa von diesem Nachbarn hatte, noch keineswegs. 1492 (!) hatte z.B. Erzherzog Sigismund von Innsbruck aus einen Tiroler, Michael Snups, nach Moskau geschickt, um »das Land zu erforschen«. Die Russen wußten dies zu verhindern und zwangen Snups auch noch, ihr Land auf dem gleichen Weg zu verlassen, den er gekommen war. Auf den großen Landkarten des Westens war der russische Raum damals noch mit antikem Wissensgut gefüllt und mit einigen wenigen Namen, wie dem des durch die Hanse bekannten Novgorod. 1525 wurde ein russischer Gesandter am Vatikan auf Befehl des Papstes ausführlich über die Verhältnisse in seinem Land befragt, und das Ergebnis war ein Buch, das in den folgenden hundert Jahren zwanzig Auflagen erlebte!

Sigismund Freiherr zu Herberstein

Herberstein lernte auf seiner Reise Land, Leute und Sprache gründlich kennen. Wieder in Mitteleuropa, hatte er erst
einmal mit den Gaben Amerikas zu tun. Er erzählt nämlich,
daß er sich einer Kur mit dem »Holz Gwaicano« unterzog;
gemeint ist das amerikanische Guajaca-Holz, mit dem die
ebenfalls aus Amerika eingeführte Spanische Krankheit behandelt wurde. 1519 reiste er nach Spanien an den Hof
Karls V. 1521 war er auf dem durch Martin Luthers Auftritt
berühmt gewordenen Wormser Reichstag.

1526/27 sandte ihn Karl V. nochmals nach Rußland. Über

diese Reise schrieb er ein Buch, dessen erste deutsche Ausgabe den Titel trug: »Moskouiter wunderbare Historien«. Es enthält alles, was man damals über das rätselhafte, plötzlich so mächtig gewordene Reich im Osten wissen wollte, einschließlich einer Karte von Rußland und eines Stadtplans von Moskau. Das Werk erlebte in kurzer Zeit viele Auflagen und wurde aus dem Lateinischen ins Deutsche, Italienische und Tschechische übersetzt. 1560, sechs Jahre vor seinem Tod, ließ ihm Herberstein noch die Biographie seines reichen und erfüllten Lebens folgen. Der hochgewachsene Mann mit den edlen Gesichtszügen, der vier Kaisern die Treue gehalten hat, sich gerne in dem ihm von Wassili III. geschenkten russischen Prachtgewand zeigte und fließend Slawonisch, Russisch, Ungarisch, Italienisch, Tschechisch und Lateinisch sprach, gehört zu den liebenswerten Gestalten seiner Zeit.

Das Interesse, auf das Herbersteins Werk stieß, war an der Zeit: Der Vater Wassilis, Iwan III. (1450-1505), wurde 1462 Großfürst von Moskau, das damals zwar bedeutend, aber ringsum von anderen mächtigen russischen Fürstentümern umgeben war. Am Ende seiner Regierungszeit grenzte sein Reich nur noch an nichtrussische Staaten. 1480 befreite er sein Land von der letzten Tributpflicht gegenüber dem Khan der Goldenen Horde. Das diplomatische Manöver, das er dabei vollführte, war weniger ruhmreich als die Tatarenschlachten früherer russischer Fürsten, ging aber doch als Befreiung vom Tatarenjoch in die Geschichte ein.

In das bedeutendste Ereignis seiner Amtszeit verwickelte ihn Papst Sixtus IV. Dieser hielt die Zeit für gekommen, den katholischen Einfluß in Rußland zu stärken. Zu diesem Zweck verheiratete er 1472 Sophia Palaeolog, die Tochter des letzten byzantinischen Kaisers, die vor den Türken nach Rom geflohen war, mit Iwan III. Nur erreichte er das Gegenteil seiner Pläne, denn der Großfürst von Moskau betrachtete sich nun, durch orthodoxe Ratgeber bestärkt, als Nachfolger des oströmischen Kaisers und nannte sich Zar. Er übernahm das byzantinische Hofzeremoniell ebenso wie die theokratische Staatsauffassung. Das war die Geburtsstunde der Idee: Moskau ist das dritte Rom. Zu den von ihm unterworfenen Nachbarfürstentümern kam schließlich auch Groß-Novgorod, das einzige und in seiner Art einmalige demokratische Staatsgebilde Osteuropas. So wurde in wenigen Jahrzehnten aus einem hinterwäldlerischen Fürstentum ein mächtiges Reich mit imperialen Ansprüchen, das auch auf die westlichen Nachbarn wirken mußte.

Sein Enkel Iwan IV., genannt Gróznyj – der Schreckliche –, regierte von 1533 bis 1584. Unter seine in vielerlei Hinsicht bemerkenswerte Herrschaft fiel die Entdeckung des Seewegs von England nach Nordrußland über das Nordkap und das Weiße Meer durch Richard Chancellor im Jahr 1553 und die Gründung der Russian Company, die dem Seehandel zwischen Rußland und England diente. Der Gesellschaft der »Merchant Adventurers«, die damals die englischen Bemühungen um einen nordöstlichen Seeweg nach China vorantrieb, stand Sebastian Cabot vor, der 1497 seinen Vater John Cabot auf der Reise begleitet hatte, die zur Entdeckung Nordamerikas führte.

Das Novgoroder Bojarengeschlecht der Stroganovs setzte für seine ausgedehnten, zum Ural hin gelegenen Besitzungen Kosakenbanden ein, zunächst als Schutztruppen, dann aber mit vertraglicher Konzession durch den Zaren auch zur Eroberung des Landes im Osten. Die gipfelte darin, daß der Ataman Jermak Timofejewitsch mit achthundertfünfzig Mann Sibirien eroberte und 1582 dem Zaren zu Füßen legte.

Als Iwan IV. 1584 beim Schachspiel vom Tode ereilt wurde, hinterließ er den Thron seinem gutwilligen, aber schwachsinnigen Sohn Fedor, während die Macht an den Bojaren Boris Godunow überging. So erlosch die Nachkommenschaft der Rurikiden, die sich auf die einst von Norden her ins Land gekommenen Wikinger zurückführen durften, fast gleichzeitig mit dem Haus Aviz am anderen Ende Europas, wo König Sebastião 1578 gestorben war.

Rußland mußte nicht entdeckt werden, um in die geschichtliche Bedeutung hineinzuwachsen, die es an der Seite Amerikas im 19. und 20. Jahrhundert gewinnen sollte, aber es betrat die Bühne des Weltgeschehens gleichzeitig mit Amerika. Man versteht, weshalb russische Historiker Herberstein den »Kolumbus« ihres Landes nennen.

Novus ordo saeculorum

Die spanischen Majestäten Ferdinand und Isabella waren zunächst dabei geblieben, daß das von Kolumbus gefundene Land Indien heiße und zu Asien gehöre. In ihre zähen Verhandlungen mit Portugal über die Abgrenzung der beiderseitigen Einflußbereiche griff bald Papst Alexander VI. – der Spanier Rodrigo Borgia – ein. In seiner Bulle »Inter caeterae divinae« von 1493 drückt er sich vorsichtig aus: »Diese Männer haben mit göttlicher Hilfe bei ihrem äußerst umsichtigen Navigieren westwärts, wie man sagt, in Richtung Indien, auf dem Ozean gewisse weit entlegene Inseln und Festländer, die bisher unentdeckt waren, gefunden.«

Die Bulle schließt mit der Anweisung, hundert léguas westlich der Azoren und Kapverden eine Linie von Norden nach Süden zu ziehen und die davon westlich liegenden Gebiete Spanien zuzusprechen. Die Verhandlungen führten zeitweise zu einem sehr gespannten Verhältnis zwischen den beiden Staaten. Von portugiesischer Seite wurde auch vorgeschlagen, eine Linie von den Kanaren nach Westen zu ziehen, um alles, was nördlich davon liege, Spanien zuzuteilen und den Süden Portugal zu überlassen. Im Staatsvertrag von Tordesillas vom 7. Juni 1494 jedoch wurde der Gedanke des Papstes verwirklicht, nur mit dem Unterschied, daß die Trennungslinie dreihundertsiebzig léguas westlich der Kapverden auf dem 46. Breitengrad verlief. Tatsache ist, daß Portugal mit der um 1500 Kilometer verschobenen Linie einen bedeutenden Landgewinn in Brasilien erzielte, noch bevor Cabral dieses betreten hatte.

Als man sich im Pazifik wieder begegnete, wurde diese Grenze 1529 durch den Staatsvertrag von Zaragossa um die ganze Erde gezogen. Die Geschichte korrigierte aber die abstrakte Linie in manchen Punkten; so blieben die Philippinen in spanischem Besitz, obwohl sie eigentlich westlich der Zaragossa-Linie liegen, und Portugal konnte sein brasilianisches Territorium noch weiter nach Westen ausdehnen. Holländer, Engländer und Franzosen hielten sich nie an den Willen des Papstes. Die beiden Staatsverträge sprachen Spanien und Portugal Reiche zu, in denen die Sonne nicht unterging, und verwirklichten erstmals die Aufteilung der Welt nach abstrakten Prinzipien. Durch die Entstehung des großrussischen Reiches tauchte gleichzeitig die Möglichkeit einer Ost-West-Polarität auf, die in der geographischen Rune der Wikinger-Fahrten ahnbar geworden war.

Überblicken wir die Zeit des Kolumbus und Vasco da Gamas noch einmal im ganzen. Im Westen folgt auf die Eröffnung der europäisch-amerikanischen Beziehungen im Jahr 1492 die Kolonisierung der Westindischen Inseln und die Zerstörung der altamerikanischen Kulturen durch die spanische Conquista: 1521 bezwingt Cortés Mexiko; 1526 erobert Pedro de Alvarado das Maya-Reich in Guatemala; 1531-1538 erobern deutsche Konquistadoren im Dienste der Welser Venezuela; 1523-1533 zerstört Francisco Pizarro weitgehend das Inka-Reich in Peru; 1535-1537 erobert sein Waffengefährte Almagro Chile; 1535 wird Buenos Aires an der La-Plata-Mündung gegründet; 1541 befährt Francisco de Orellana den Amazonas in ganzer Länge. Die vormals heiligen Goldschätze der Azteken, Mayas und Inkas haben wie die Gewürze und Juwelen Asiens das Schicksal des Abendlandes tiefgehend beeinflußt. Gleichzeitig erschließen Spanier und

Franzosen allmählich den nordamerikanischen Kontinent, denen im 17. Jahrhundert Holländer und Engländer folgen.

Der Ferne Osten ist zunächst der Schauplatz der portugiesischen Expansion, die erst vor Japan, China und Australien zum Stehen kommt. Bei den Philippinen begegnet ihr das spanische Vordringen über Mexiko und den Pazifik; Rußland dringt über den Landweg an die Nordgrenze dieses Raumes vor: 1560 gelangt ein Trupp Kosaken nach Korea. Im Süden gründet Portugal entlang der West- und Ostküste Afrikas feste Niederlassungen, die zum Ausgangsort der Kolonisation dieses Erdteils werden.

1492 erobern die Spanier mit dem Königreich Granada das letzte islamisch beherrschte Gebiet auf der iberischen Halbinsel. Das Übergewicht der christlichen Waffen im Westen wird aufgewogen durch das Erstarken der islamisierten Türken im Osten, die trotz wechselnden Schlachtenglücks im Mittelmeer und auf dem Balkan Raum gewinnen: 1453 erobern sie Konstantinopel; 1471 werden sie bei Lepanto geschlagen; 1529 stehen sie zum ersten Mal vor Wien; 1565 greifen sie vergeblich Malta an.

Mit der Vertreibung der Juden aus Spanien und durch die Verwicklung der Inquisition in den europäischen Antisemitismus werden tragische Zeichen auf dem gemeinsamen Weg von Christentum und Judentum gesetzt. Auch dies gipfelt im Jahr 1492, auf eigenartige Weise mit der Entdeckung Amerikas verwoben: Mit Schlag Mitternacht des 2. August 1492 durfte sich laut königlichem Beschluß kein Jude mehr auf spanischem Boden aufhalten. Die Folge war, daß sich Scharen von verzweifelten Juden in den Hafenstädten drängten, um in letzter Stunde zu fliehen. Im Hafen von Palos lagen in dieser Nacht drei Schiffe bereit zur Abfahrt am kommenden Tag, und ihr Kommandant Kolumbus hatte, wie man weiß, seinen Männern streng befohlen, pünktlich eine Stunde vor Mitternacht an Bord zu sein.

1493 lassen die Bauernaufstände in Deutschland ein neues

Kampffeld sichtbar werden: dasjenige zwischen oben und unten, das später Klassenkampf genannt werden sollte.

Im Innern ringt Europa um das Werden des Christentums: Bartolomeo Savonarola (1452-1498) endet in Florenz auf dem Scheiterhaufen, nachdem er vergeblich versucht hatte, die römische Kirche von innen zu erneuern. Thomas Morus (1478-1535) wird enthauptet, weil er sich der Beherrschung der Kirche durch den Staat widersetzt. Diese Namen mögen für alle stehen, die damals eine ihrer Zeit angemessene Gestalt des Christentums zu verwirklichen suchten und scheiterten. Martin Luther (1483-1566) setzte dann die Reformation ins Werk, nicht ohne sogleich auch kriegerische Auseinandersetzungen auszulösen. Der Begründer des Jesuitenordens, Ignatius von Loyola (1491-1556), gehörte zu den großen Verteidigern der gewordenen Kirche. Die edelsten und geistigsten Früchte einer sich an der Antike messenden Epoche der christlichen Kunst wurden unterdessen von Michelangelo (1475-1564), Leonardo da Vinci (1452-1519) und Raffael (1483-1520) geschaffen. In diese Zeitgenossenschaft gehören Matthias Grünewald (1460-1528), Albrecht Dürer (1471-1528) und Albrecht Altdorfer (1480-1538), auf deren Werk der Widerschein eines aus verborgenen Quellen gespeisten zukünftigen Christentums liegt.

Viele Aufgaben und Nöte der neuzeitlichen Menschheit haben ihren Ursprung zwischen 1415 und 1580 oder hatten dort einen Knoten ihrer Entwicklung. Damals erhielt das Wort Weltgeschichte einen neuen, konkreten Sinn, und dem heute noch andauernden Zeitalter wurden wesentliche Ziele gesteckt. Dies ist der Hintergrund, vor dem Kolumbus, Vasco da Gama und Sigismund zu Herberstein stehen.

IV. Das Geheimnis des Leviathan

An jenem Tage wird der Herr mit seinem Schwerte,
dem harten, großen und starken, den Leviathan heimsuchen,
die flüchtige Schlange, den Leviathan, die gewundene Schlange,
und tötet den Drachen, der im Meere ist.

Jesaia 27,1

Stern unter Sternen

Die Kosmologie der alten Kulturen war Welt-Bild im ursprünglichen Sinne, denn sie ging von dem aus, was sich dem
Auge des naiven Menschen bietet, und gliederte dem so Geschauten die Göttergestalten des Mythos ein. Zugrunde lag
eine Vorstellung, die wir als Kinder alle einmal mehr oder
weniger bewußt hatten: Die Erde ist ein ebenes Gebilde, vom
Himmel überwölbt und von einer zwar räumlich vorgestell-
ten, sonst aber unerreichbaren Grenze eingeschlossen. Gestalten und Taten der Götter wurden bildhaft angeschaut und
konnten daher ihrerseits Teil des großen Bildes sein. So fügten
sich die Mondbarke der Ägypter und der Sonnenwagen der
Griechen, Götter und Gestirne zugleich, als Bilder unter Bildern dem Weltgemälde ein. Die Welt war eine Einheit und
gewährte dem Menschen Ruhe und Geborgenheit.

Pythagoras von Samos war im 6. Jahrhundert v. Chr. der
erste Verkünder einer aus Gedanken geborenen und im
Denken nachvollziehbaren Weltauffassung. Ihm war die Erde
eine Kugel, die, selbst ruhend, von den Planeten umkreist
wird. Was einst Bild gewesen war, fiel damit keineswegs in
die Abstraktion, denn die Pythagoräer lehrten, daß der innere
Bau der sichtbaren Welt und die Verhältnisse der Planeten-
bahnen untereinander in den musikalischen Intervallen der
Sphärenharmonie hörbar würden. Die nächsten Schritte wurden schnell vollzogen: Philolaos schrieb bereits im 5. Jahrhundert v. Chr. der Erde eine Eigenbewegung zu; Herakleides (ca.
375-310 v. Chr.) dachte die Sonne im Mittelpunkt des Universums, und Aristarch von Samos (310-230 v. Chr.) soll bereits
das vollständige heliozentrische, später kopernikanisch genannte Weltsystem gedacht haben.

Maßgeblichen Einfluß auf die folgenden Jahrhunderte hatten Plato und Aristoteles, die ihre Zeitgenossen und die

Mehrzahl der ihnen nachfolgenden Philosophen bis hin zur Scholastik des Mittelalters den Kosmos als eine gewaltige Ordnung von Sphären sehen lehrten, in deren Mittelpunkt unbeweglich die Erde ruht. Die Sphären bergen jeweils die Wandelsterne und sind selbst umhüllt vom primum mobile des Fixsternhimmels. Damit war ein Zustand festgehalten, auf dem das naive Bild der ruhenden Erde und des kreisenden Sternenhimmels, das die Sinneswahrnehmung gibt, gerade noch im Einklang mit der anschaubaren Wirklichkeit weiterbestehen konnte. Claudius Ptolemäus, nach dem dieses Weltbild heute ptolemäisch genannt wird, hat dann im 2. Jahrhundert n. Chr. das dazugehörige mathematisch-geometrische System bis in die letzten Feinheiten hinein ausgebildet. Von den Gedanken der griechischen Kosmologen blieb vor allem die Lehre von der Kugelgestalt der Erde. Aristoteles schreibt dazu in seiner Abhandlung »De caelo et mundi« (II, 14):

»Auch aus den Sternbeobachtungen geht hervor, daß die Erde nicht nur rund ist, sondern auch gar nicht einmal so groß, denn wenn wir unseren Ort nur wenig nach Norden oder Süden verschieben, hat sich ersichtlich der Gesichtskreis schon gewandelt, so daß die Sterne über uns sich sehr verändert haben und uns nicht mehr als dieselben erscheinen ... Wer also meint, die Gegend um die Säulen des Herakles und die um Indien berührten sich, und auf diese Weise gebe es nur ein einziges Meer, vertritt keine so unglaubhafte Ansicht. Man beruft sich dabei auf die Elefanten, weil ihre Gattung in beiden Randgebieten zu Hause ist, offenbar infolge ihrer Berührung. Und die Mathematiker, welche die Länge des Umfangs auszurechnen versuchen, geben diese mit 40000 Stadien an.«

Der von Aristoteles angenommene Erdumfang würde 72000 Kilometer betragen. Eudoxos von Knidos war zuvor schon zu einem Ergebnis gekommen, das etwa 53000 Kilometern entsprechen würde, und der 270 v. Chr. geborene Eratosthenes, der als Vorsteher der Akademie von Alexandrien wirkte, errechnete etwa 44 400 Kilometer, was eine beachtliche Annäherung an den tatsächlichen Erdumfang von 40 077 Kilometern bedeutet. Der Grund für die verbleibende Ungenauigkeit lag nicht etwa in der angewandten astronomisch-mathematischen Methode, sondern darin, daß die der Berechnung zugrundegelegte Basisentfernung Alexandrien – Syene (Assuan) damals nur geschätzt werden konnte. Der Überlieferung nach war es Krates von Mallos, der die Konsequenzen aus dieser Lehre zog und 180 v. Chr. den ersten Erdglobus formte.

Aus einer Stelle in der Erdbeschreibung, die Pomponius Mela im ersten nachchristlichen Jahrhundert verfaßte, geht hervor, wie sich die Vorstellung von der Kugelerde durchaus noch mit dem alten mythischen Welt-Bild verweben konnte:

»Das All, dem wir – mag es sein, was es will – die Bezeichnung Himmel und Erde beigelegt haben, bildet eine einzige Einheit und umschließt sich und die Welt in ein und demselben Umkreis. ... Inmitten erhebt sich die Erde; allenthalben von Meer umgürtet, wird sie durch dieses in zwei Hälften, Hemisphären genannt, von Ost nach West geteilt und in fünf Zonen geschieden. In der mittleren droht uns Verderben durch Gluthitze, in den beiden äußersten durch Frost; die übrigen sind bewohnt, sie haben zwar die gleichen Jahreszeiten, doch machen sich diese nicht in gleicher Weise bemerkbar. Die eine Hemisphäre bewohnen die Antichthonen, die andere wir. Die Beschaffenheit jener ist wegen der dazwischen liegenden Zone nicht bekannt.«

Der Einfluß der antiken Wissenschaft ging in dem Maß zurück, wie das Christentum für das geistige Leben bestimmend wurde – bis dahin, daß ein Rückfall des Weltbilds auf eine uralte Stufe eintrat. Augustinus führte Argumente gegen die griechische Kosmologie ins Feld, die den Lehrern von Athen und Alexandrien recht lächerlich vorgekommen wären:

»Wenn von Antipoden fabuliert wird, das heißt von Menschen auf einer entgegengesetzten Seite der Erde, wo die

Sonne aufgeht, wenn sie bei uns untergeht, und die Menschen so stehen, daß ihre Füße gegen uns gewendet sind, so wird der gesunde Menschenverstand keinen Glauben daransetzen können.«

Im 6. Jahrhundert krönte der Mönch Kosmas, wegen seiner Reisen nach Indien und Ceylon Indikopleustes genannt, diese kosmologische Restauration mit seiner »Topographia Christiana«. Er entwarf darin eine Welt, die nach den Maßen der mosaischen Stiftshütte gebaut ist: Sie ist rechteckig, außen von einem schmalen, ebenfalls rechteckigen Rahmen umgeben, dem Land, wo Noah vor der Flut wohnte. An der kurzen Ostseite dieses transozeanischen Landgürtels liegt das Paradies. Nach innen schließt sich das Weltmeer an, dessen Fluten die damals bekannte Welt umspülen; diese zeigt die von frühen Landkarten her bekannten Umrisse des Mittelmeerraums und ist in den äußeren Proportionen dem Rechteck angenähert. An der langen Nordseite dieses inneren Festlandes erhebt sich ein gewaltig hoher Berg, der von der Sonne umkreist wird und diese zur Nachtzeit verdeckt. Das Festland und das Meer zu Füßen des Berges aber sind nicht eben, sondern fallen von Nordwesten nach Südosten ab – weswegen bekanntlich Schiffe, die den beschwerlichen Aufstieg nach Norden und Westen zu bewältigen haben, die Säumigen genannt werden. Den Abschluß nach oben bildet ein auf vier Säulen ruhendes halbtonnenförmiges Gezelt (nach Jesaia 40, 22), unter dem die Wandelsterne von Engeln im Kreis geführt werden.

Man mag über die Tabernakelwelt des frommen Indienfahrers spotten – aber niemand wird sagen können, daß sie nicht geeignet war, dem Menschen ein Gefühl von Einheit und Geborgenheit zu erhalten! Heute, wo deutlich ist, daß die Entwicklung der Wissenschaft Schattenseiten hatte, wird man eher bereit sein zu sehen, daß die Kräfte, die den Gefahren des naturwissenschaftlichen Denkens entgegenwirken können, gerade im Schoß des christlichen Mittelalters reiften, in der Scholastik, in der Mystik. Dieses Reifen brauchte seine Zeit. Daß die Begegnung mit den inneren Konsequenzen der naturwissenschaftlichen Kosmologie ein schweres Werk ist, haben die besten unter ihren Wegbereitern wohl gefühlt. So spricht Michailo Lomonossow (1711-1765), der Begründer des wissenschaftlichen Lebens in Rußland, in seiner »Abendmeditation über die Majestät Gottes beim Anblick eines großen Nordlichtes« eindrücklich von den Abgründen des neuen Denkens:

> Hinweg hat sich das Licht geneigt,
> Enthüllt der Abgrund voller Sterne,
> Sterne ohne Zahl im Abgrund ohne Grund!
> Dem Sandkorn gleich im Ozean,
> Ein kleines Fünklein unter'm ew'gen Eis,
> Wie leichten Staub der Sturmwind jagt,
> Wie Federflaum in wildes Feuer,
> Bin ich gesenkt in diesen Abgrund,
> Verloren und gedankenmüde!

Die Kirche tat das ihre, um den Glauben an den Kosmos der Propheten und Kirchenväter zu erhalten. Cecco d'Ascoli und Petrus von Albano mußten 1327 bzw. 1316 auf dem Scheiterhaufen sterben, weil sie die Kugelgestalt der Erde gelehrt hatten. Andererseits durften Beda Venerabilis, Roger Bacon, Petrus Alliacus ungestraft von der Erdkugel sprechen. Erst als arabische und jüdische Aristoteliker die antike Wissenschaft wieder in Europa bekanntgemacht hatten, und vollends, als die Portugiesen auf ihren atlantischen Südfahrten den Nordhimmel hinter dem Horizont versinken sahen, durfte jedermann es wagen, die Erde eine Kugel zu nennen, und allmählich wuchs eine Empfindung heran, für die der Dichter Michael Bauer die folgenden Worte fand:

»Unsere Erde ist ein Stern unter Sternen. Damit war doch nicht weniger gesagt, als daß die Erde, die einem ewig bewegten Universum gegenüber für die ganzen vergangenen Zeiten und Völker fest vor Anker gelegen hatte, nun auf einmal für die Fahrt im Weltmeer des unendlichen Raums flott geworden war. Und hatte sich der Mensch damit doch schon bei Lebzeiten nichts Geringeres als eine Heimat am Himmel, auf einem richtigen, wirklichen Stern erkämpft.«

Martin de Bohémia

Mit dem Ausgreifen der portugiesischen Entdeckungsfahrten in die südlichen Breiten des Atlantischen Ozeans wurden notwendigerweise Wahrnehmungen gemacht, die von der Kugelgestalt der Erde zeugten: Es stieg der südliche Himmelspol mit dem eindrucksvollen Kreuz des Südens immer höher empor, man durchquerte die Glutzone des Äquators und stellte fest, daß sich nach Süden zu wieder kühlere Klimazonen anschlossen. Die Frage, ob die Erde umfahrbar sei, spielte bei den Unternehmungen der Portugiesen keine Rolle, wohl aber bei den westwärts gerichteten des Kolumbus, und bei der ebenfalls von Spanien ausgehenden Weltumsegelung war sie die treibende Kraft. Ehe wir uns dieser zuwenden, soll noch eines Mannes gedacht werden, dessen Leben mit den Südfahrten der Portugiesen verbunden ist, dessen Werk aber auf der gleichen Voraussetzung fußt wie das des Weltumseglers Magalhães.

Als Kaiser Maximilian I. sagte: »Von den Untertanen meines Reiches ist niemals jemand ein größerer Reisender gewesen und hat fernere Gegenden des Erdballs besucht als Martin Behaim«, stand ihm vor Augen, daß Behaim unter seinen deutschen Untertanen wirklich derjenige war, der am meisten tätigen Anteil an den Entdeckungen hatte. Das hat dazu geführt, daß Behaim später von seinen Landsleuten in einer Weise gefeiert wurde, die nur wenig mit seinen wirklichen Verdiensten zu tun hatte. Den Vogel schoß dabei Johann

Christoph Wagenseil ab, weiland Professor an der Universität Altdorf bei Nürnberg, als er 1682 in einer Lobrede auf einen späteren Sproß der Behaims behauptete: »So ist unser Mitbürger Martinus ... mehrere Jahre hierhin und dorthin durch den Atlantischen Ozean geschweift. Er fand dabei vor Christoph Kolumbus die Inseln Amerikas und vor Fernan Magellan die Meerenge, die dessen Namen trägt ... Aber die Namen des Columbus und Magellan hat ein ungeheurer Ruhm durch alle Zonen der Welt mit vollen Backen verbreitet, unsern Landsmann hingegen nicht, obwohl er den Gottheiten des Meeres zumeist gleichgestellt werden müßte.«

Martin Behaims Lebensumstände sind so lückenhaft belegt, daß sie genug Raum für Spekulationen ließen – auch für vorsichtigere und begründetere als die des Altdorfer Professors. Behaim entstammte dem begüterten und angesehenen Nürnberger Patriziergeschlecht der Behaims von Schwarzbach. Das Haus, in dem er 1459 geboren wurde, stand im nordwestlichen Winkel des Hauptmarkts, nahe beim Schönen Brunnen. Unmittelbar davor wurde alljährlich die Heiltumskammer errichtet, die von der Plattform der Frauenkirche aus dem Volk die Reliquien des Reichsschatzes zeigte. Wenn Behaims Erziehung der damals für die Patrizierkinder üblichen entsprach, dann hat er die Grundlagen der mit dem väterlichen Tuchhandel verbundenen Handwerkszweige erlernt. Ein Besuch der Lateinschule war dabei nicht ausgeschlossen, wie es das Beispiel von Hans Sachs zeigt, dem Nürnberger Schuhmacher-Dichter, der, 1494 geboren, unter kaum anderen Umständen aufwuchs.

1471 ließ sich der Astronom Johannes Müller in Nürnberg nieder, mit der Absicht, dort an einer umfassenden Veröffentlichung astronomischer Erkenntnisse aus der Überlieferung und aus eigener Forschung zu arbeiten. Müller ist unter dem Namen Regiomontanus bekannt geworden, der von seinem Geburtsort, dem fränkischen Königsberg, abgeleitet ist. Nürnberg bot für sein Vorhaben günstige Voraussetzungen:

Stifterbild mit Martin Behaim
auf einem Gedenkleuchter, 1519

Das Druckereigewerbe und die für astronomische Geräte wichtige Messingverarbeitung waren dort konzentriert, und die Stadt empfahl sich durch ihre zentrale Lage innerhalb der damaligen Handelsverbindungen. Zudem hatte er in Bernhard Walther, einem vermögenden Privatmann, einen Mäzen und Freund am Ort. Mit Walthers Hilfe richtete Regiomontanus ein Observatorium, eine Druckerei und eine feinmechanische Werkstatt ein und konnte sein Vorhaben tüchtig vorantreiben, ohne es jedoch zu vollenden, denn er wurde vom Papst zum Bischof von Regensburg erhoben und zur Mitarbeit an der Kalenderreform nach Rom berufen, wo er 1476 starb.

Portugiesischen Chronisten zufolge hat sich Behaim später als Schüler des Regiomontanus bezeichnet. Dies wird durch die Tatsache gestützt, daß Bernhard Walther Nachbar der Behaims war. Man kann aber wirklich nur Vermutungen darüber anstellen, ob ein regelrechter Privatunterricht stattfand oder ob der junge Patrizier durch eine lehrlingsartige Mitarbeit Anteil an dem Wissen des Gelehrten erhalten haben könnte. Von 1476 an arbeitete er dann – noch lernend – in einer Tuchhandlung im flandrischen Mechelen. 1479 siedelte er nach Antwerpen über und begann auf eigene Rechnung Geschäfte zu machen. Manche Biographen nehmen an, daß er in diesen Jahren bereits das in regem Handelsverkehr mit Flandern stehende Lissabon kennenlernte, wo Nürnberger Kaufleute ohnehin keine Seltenheit mehr waren. Im Februar 1483 war der hoffnungsvolle junge Kaufmann wieder in Nürnberg, wie eine Polizeiakte zu berichten weiß:

»Item Martin Behaim ist gestraft acht Tag und Nacht in eine zugesperrte Kammer sowie auch Sebald Deichsler, beides halb auf Gnade und solche Straf mit dem Leib zu vollbringen, ursachhalben, daß sie in der nächtlichen Goldfasten mit den Juden auf einer Hochzeit getanzt haben.«

Die nächste Nachricht, die durch die Feder des João de Barros aus Portugal überliefert ist, muß sich etwa auf das Jahr 1484 beziehen; sie ist um einiges seriöser, aber um nichts weniger überraschend:

»Sobald man die entdeckten Länder so befahren wollte, daß man die Küste aus dem Auge verlor und die hohe See aufsuchte, erkannte man, wie sehr man bei der Messung und Schätzung nach Tagfahrten, die man in gewohnter Weise dem Schiffe für vierundzwanzig Stunden zuschrieb, infolge von Stromversetzungen und anderen Geheimnissen des Meeres irren mochte, während die Sonnenhöhe den wirklichen Ort ganz zuverlässig anzeigt. Nun lehrt aber die Not alle Künste, und so vertraute König João II. diese Aufgabe seinen beiden Ärzten Meister Rodrigo und Meister Joseph, einem Juden, an sowie einem gewissen Martin von Böhmen, der aus diesem Lande stammte und sich rühmte, ein Schüler des Johannes Regiomontanus zu sein, eines Astronomen [...]. Diese erfanden nun die Kunst, nach den Mittagshöhen der Sonne zu steuern, und fertigten Tafeln auf Grund ihrer Abweichungen an. Jetzt [gegen 1600] ist dies unter den Seefahrern allgemeiner Brauch.«

Es ist ein Rätsel, wie es möglich gewesen sein soll, daß der fünfundzwanzigjährige Neuankömmling, der wohl kaum der Landessprache mächtig war, vom König in das geheime Gremium der Junta dos Mathematicos, dem außer den beiden Ärzten auch noch ein gelehrter Bischof angehörte, berufen wurde. Deutsche Forscher weisen gerne darauf hin, daß Regiomontanus den allerdings schon lange erfundenen Jakobsstab, ein genial einfaches Instrument zur Bestimmung der Sonnenhöhe, beschrieb und verbesserte, und daß Behaim diesen zusammen mit astronomischen Tabellen seines Lehrers mitgebracht haben könnte. Portugiesische und französische Historiker betonen dagegen wohl mit Recht, der Stand der nautischen Astronomie sei auf der iberischen Halbinsel damals so hoch gewesen, daß man dort von dieser Seite nichts Neues mehr hätte lernen können. Ein anonymes deutsches Dokument berichtet weiterhin:

»1485 adj. 19. Februar auf einen Freitag in Portugal in der Stadt Albassavas [?] in Sankt Salvators Kirchen nach der Tagmesse ward zum Ritter geschlagen Martin Behaim von Nürnberg von der Hand des großmächtigen Königs Herrn Johann von Portugal ... und sein Pate dabei war der König selbst, der ihm sein Schwert umgürtete und der Herzog von Begia war sein anderer Pate, der ihm den rechten Sporn anheftete und der dritte Pate war der graue Christoffel de Melo, des Königs Vetter, der ihm den linken Sporn anheftete und der vierte war der Graf Fernando Martins Maskarinis, der dem Ritter den Helm aufsetzte.«

Daß Behaim damals auch in den Christusorden aufgenommen worden sei, ist ein im 19. Jahrhundert aufgekommener Irrtum. Weder er noch einer seiner Zeitgenossen hat je davon gesprochen. Diogo Cão hatte 1482 die Grenze der portugiesischen Entdeckungen bis zum Kap Santa Maria im heutigen Angola vorgeschoben und dabei auch die Kongomündung berührt. Bei seiner zweiten Reise, an der Behaim teilnahm, wurde abermals der Kongo aufgesucht und als südlichster Punkt Cape Cross in Südwestafrika erreicht. Behaims Teilnahme an dieser Reise ist auch durch Eintragungen auf seinem Globus dokumentiert. Wir geben sie mit vorsichtiger Anpassung an das heutige Deutsch wieder:

»Aber der durchleuchtig König Don Johann von Portugal hat das übrige Teil, das Ptolomäo noch nit kundig gewesen ist, gegen Mittag lassen mit seinen Schiffen besuchen anno domini 1485, dabei ich, der diesen Apfel angegeben hat, gewesen bin.«

Die Eintragung bei den Inseln São Tomé und Príncipe verrät schon durch ihre Anschaulichkeit, daß Behaim diese Orte selbst sah:

»Diese Inseln wurden gefunden mit den Schiffen, die der König aus Portugal ausgeschickt zu diesen Porten des Mohrenlandes. A.[nno domini] 1484, da war eitel Wildnis und keinen Menschen fanden wir dort denn Wald und Vögel, da schickt der König aus Portugal nun jährlich sein Volk dahin, das sonst den Tod verschuldet hat, Männer und Frauen, und gibt ihnen, damit sie das Feld bauen und sich mehren, damit dies Land von den Portugiesen bewohnt würde. Item in dieser Gegend ist Sommer, als wir in Europa Winter haben und alle Vögel und Tiere sind anders gestaltet denn die unseren. Hier wächst viel Pisens, den man in Portugal nennet algallia.«

In der Nähe des Südkaps steht die ausführlichste Legende:

»Hier wurden gesetzt die Säulen des Königs von Portugal A. Domini 1485 den 18. Jan. Als man zählte nach Christi unseres Herrn Geburt 1484 Jahr, ließ zurüsten der durchleuchtig König Johann II. in Portugal zwei Schiffe, Karavellen genannt, bemannt, verviktualiert und gewappnet, versehen auf 3 Jahre, dem Volk und Schiffen war in Namen und Befehl gegeben, auszufahren über die Säulen, die Herkules in Afrika gesetzt hat, immer gegen Mittag und gegen Aufgang der Sonne, so fern ihnen möglich wäre. Auch versah der vorgenannte König die Schiffe mit allerlei Ware und Kaufmannschaft, die zum Kauf und zu verstechen, auch 18 Rosse mit allem Zeug künstlich gerüstet, wurden in den Schiffen mitgeführt, den Mohrenkönigen je einem eins zu schenken, wo uns gut gedeucht, und man gab uns allerlei Muster Spezerei, die zu zeigen den Mohren, wobei sie verstehen mochten, was wir in ihrem Lande suchen wollten. Und also gerüstet sind fahren wir aus den Porten der Stadt Lisbona von Portugal und segelten zu der Insel Madeira, da des Portugals Zucker wächst, und durch die Inseln Fortunatas und die Inseln der wilden Kanarien, fanden Mohrenkönige, denen wir Schenkung taten, die uns auch wieder. Kamen in das Land, in das Königreich Gambia, da die Paradieskörner wachsen, ist von Portugal 800 deutsche Meilen, darnach in König Furfurs Land, ist 1200 Meilen. Daselbst Pfeffer wächst, den man nennt Portugals Pfeffer, auch fern von dannen ist ein Land, da wir Zimmet-Rinden fanden wachsen, als wir nun bei 2300 Meilen gesegelt waren von Portugal, kehrten wir wieder und am 19. Monat kamen wir wieder zu unserem König.«

1486 heiratete Martin Behaim in Portugal Johanna Hurter de Macedo, die Tochter des flämischen Ritters Jobst Hurter und einer portugiesischen Adligen. Hurter stand hoch im Ansehen des Königs und war Statthalter der Azoreninseln Pico und Fayal. Auf der letztgenannten Insel lebte dann Behaim mit seiner Frau und dem 1489 geborenen Sohn Martin. Er mag sich des Zuckerrohranbaus auf den Ländereien seines Schwiegervaters angenommen haben; mit Sicherheit hat er seine geographischen Studien fortgesetzt.

Der Globusmacher

1491/92 weilte Behaim in seiner Vaterstadt, um dort alte Geldschulden und Erbschaftsangelegenheiten zu erledigen. Seine südländische Manier und Kleidung erregten Befremden; auch, daß er seine meiste Zeit mit Gartenarbeit verbrachte, wollte die Verwandtschaft nicht recht verstehen. Die wichtigste Frucht dieser Zeit ist Behaims Erdglobus. In der Nähe des südlichen Polarkreises trägt dieser eine Aufschrift, in der sich sein Schöpfer zu erkennen gibt:

»Auf Fürbitt und Begehr der fürsichtigen, ehrbaren und weisen als der obersten Hauptleut der löblichen Reichsstadt Nürnberg, die eben zu diesen Zeiten regiert haben mit Namen hl. Gabriel Nützel, hl. P. Volckamer und hl. Nicolaus Groland ist diese Figur des Apfels gepraktiziert und gemacht worden aus Gunst, Angebung, Fleiß durch den gestrengen und ehrbaren Herren Martin Behaim, Ritter, der sich dann in dieser Kunst Kosmographia viel erfahren hat und bei einen Drittel der Welt umfahren solches alle mit Fleiß ausgezogen aus den Bücher Ptolomäi, Plinii, Straboni und des Marco Polo und also zusammengefügt alles Meer und Erden, jegliches nach seiner Gestalt und Form, solches alles dem ehrbaren Georg Holzschuher von ratswegen durch die gemeldeten Hauptleute befohlen worden ist, darzu er dann geholfen und geraten hat, mit möglichem Fleiß solche Kunst, und Apfel ist gepraktiziert und gemacht worden nach Christi Geburt 1492, der dann durch den gedachten Herrn Martin Behaim gemeiner Stadt Nürnberg zu Ehren und Letze hinter ihm gelassen hat, sein zu allen Zeiten gut zu gedenken, nachdem er von hinnen wieder heim wendet zu seinem Gemahl, das dann ob 700 Meilen von hinnen ist, da er Haus hält; und sein Tag in seiner Insel zu beschließen, da er daheimen ist.«

Der Globusmacher hatte offensichtlich den biblischen Auftrag, Vater und Mutter zu verlassen, zu erfüllen gelernt und die Insel am Westrand der damals bekannten Welt zu seiner Heimat gewählt. 1493 war Behaim wieder in Portugal, von wo aus ihn der König mit einer diplomatischen Mission nach Flandern schickte. Unterwegs wurde sein Schiff von Engländern, wohl Piraten, gekapert, die ihn und seine Diener drei Monate lang gefangenhielten,

»... in welcher Zeit ich febres verkriegte und zwier die Kertz in die Hand hätt komme zu sterben; und nachdem ich frisch wurd, hat mich ein Meerräuber heimlich allein und in Frankreich auf ein Nacht in seinem Schiff weggeführt.«

Der doppelten Lebensgefahr entronnen und von dem anderen Korsaren befreit, gelangte er dann doch noch in die Niederlande. 1494 war er wieder in Portugal und begab sich von dort nach Fayal. Er scheint sich auf seiner Insel einen bedeutenden Ruf als Astrologe erworben zu haben, denn wir lesen in der »Historia Insulana« des Caspar Fructuoso (1522-1591): »Er erriet so viele Dinge durch die Beobachtung der Gestirne, und diese Dinge trafen nachher so zuverlässig ein, daß das unwissende Volk, statt ihn für einen ausgezeichneten Astrologen zu halten, einen Schwarzkünstler in ihm fand. Denn wenn es Leute gibt, die ohne alle Nekromantie Wasser, das tief im Grunde der Erde läuft, und dessen Eigenschaften, Metalle, die im tiefsten Zentrum verborgen sind, oder auch das, was im menschlichen Körper liegt, wahrnehmen können, wie sollte es denn nicht auch jemand geben, der ohne Nekromantie sehen kann, was die Sterne zeigen? Als dieser Astrologe daher nach Fayal gekommen war, sagte er, ehe Indien von den Spaniern entdeckt wurde, daß er südwestlich von Fayal, wo er sich befand, einen über eine Provinz dominierenden Planeten erblicke, in welcher die Einwohner sich goldener und silberner Gefäße bedienten, von welchen in kurzer Zeit Ladungen nach Fayal kommen würden. Und nach wenigen Jahren sah man in Fayal Schiffe, welche von Peru kamen, das damals entdeckt worden war, und mit Gold und Silber und Edelsteinen beladen waren.«

Am 29. Juli 1506 oder 1507 starb Martin Behaim in Lissabon an der Pest und wurde in der Dominikanerkirche beigesetzt. Seine Grabstätte ist heute nicht mehr auffindbar. – Soweit die wesentlichen Berichte über Behaims Lebenslauf. Wir haben einen beschaulichen, um nicht zu sagen phlegmatischen Menschen vor uns, der wenig von seinem Wissen hermacht, keinen Wert darauf legt, sich durch Waffentaten als Ritter zu bestätigen, und sich gerne alltäglichen Geschäften und Zeitvertreiben widmet. Den kosmopolitischen Zug teilt er mit manchen Nürnberger Zeitgenossen, von denen einige bis Indien und Peru gelangten.

Behaims eigentliche Leistung ist die Herstellung des ersten Globus der Neuzeit. Sein Erdapfel stellt Europa, Asien und Afrika dar, jedoch nicht Amerika. Er ging nicht über den Wissensstand seiner Zeit hinaus, ja war – kaum geschaffen – auch schon überholt, denn im selben Jahr 1492 fand Kolumbus im Westen sein Indien! Weniger des Primats seiner Erfindung wegen erscheint Behaim bedeutsam (das ihm ohnehin Krates von Mallos streitig macht) als wegen der Richtung, in die er damit deutet. Nicht zufällig hat Behaim dieses Werk in einer Stadt geschaffen, in der von jeher hohe Kunst und Handwerk ineinanderspielten. Er wurde von ihren Ratsherren zu seinem Unternehmen ermuntert und bediente sich der Fertigkeit eines örtlichen Handwerkers. Daß ihm mehr am sinnenfälligen Bild seines Wissens lag als an dessen Vermehrung um jeden Preis, davon darf man ausgehen. Auch im Zurücktreten des Entdeckers hinter den Globusmacher (in Behaims dreiunddreißigstem Lebensjahr) liegt eine stille Botschaft.

Ungleiche Brüder im Geist

Es gibt eine Überlieferung, Behaim sei ein Freund des Kolumbus gewesen und habe ihn in seinen Plänen bestärkt. Wenn dies zutrifft, besagt es jedoch nicht allzuviel. Anderes Gewicht

kommt schon der Erwähnung Behaims in Antonio Pigafettas
Augenzeugenbericht von der Weltumsegelung zu:

»Aber Fernando [Magalhães] hatte Kunde, daß er durch
eine seltsam versteckte Meerenge hindurchsteuern müsse, die
er in den Archiven des Königs von Portugal auf einer von einem ausgezeichneten Mann Martinus de Bohemia angefertig-
ten Seekarte gesehen hatte.«

Seestraßen durch und um Südamerika waren auf den Seekarten vor Entdeckung der Magellanstraße keine Seltenheit
und können vielfach zu den zahlreichen Phantasiegebilden
der damaligen Kartographie gezählt werden. Über Behaim-
sche Geheimkarten und Vorentdeckungen kann nur speku-
liert werden – allerdings lassen die Jahre zwischen 1494 und
1506, über die wir nichts wissen, genug Raum dazu. Vernünf-
tigerweise kann man der Äußerung Pigafettas und ähnlichen
Überlieferungen aus etwas späterer Zeit nur entnehmen, daß
sich Behaim auch auf der iberischen Halbinsel einen gewissen
Ruf als Geograph erwarb und als solcher vielleicht Einfluß
auf Kolumbus und Magalhães hatte. Behaims eigener Lebensweg erreichte in der Teilhabe am hoffnungsvollen Fortschrei-
ten der portugiesischen Entdeckungsfahrten seinen äußeren
und in der Konzeption des Erdapfels seinen inneren Gipfel-
punkt.

Anders als Behaim war Fernão de Magalhães als Persönlichkeit im kriegerischen Element der Eroberungen zu Hause;
er erscheint als cholerisch veranlagter Charakter, dem aber
sein Temperament Werkzeug war und der seinen Willen an
mächtigsten Gegnern und weitgespannten Zielen maß. Er
wurde 1480 in Porto de Barca im Norden Portugals geboren.
Seine Erziehung verlief in den Bahnen, die sich damals für den
Sprößling eines kleinen Edelmannes anboten: Er wurde an
den Königshof in Lissabon gebracht, wo er Pagendienste leistete und Gelegenheit hatte, neben Grundzügen klassischer
Bildung und ritterlicher Fertigkeiten auch Mathematik, Geographie und Seefahrtkunde kennenzulernen.

1505 brach Dom Francisco de Almeida mit zweiundzwanzig Schiffen auf, um das in Afrika und Indien Entdeckte zu sichern. Einer unter 1980 Männern war Magalhães. Als unbezahlter Teilnehmer und Neuling betrat er das Schiff – sieben Jahre später kehrte er als Kapitän zurück. Zunächst diente er in Ostafrika auf einer kleinen Brigantine. Magalhães wirkte innerhalb von achtzehn Monaten bei der Versenkung von zweihundert arabischen Dhauen mit.

Danach nahm er an Kämpfen auf der anderen Seite des Indischen Ozeans teil, die noch blutiger und verlustreicher waren. Almeida fand in Emir Hosseyn, genannt der Unbesiegbare, der den Arabern in Indien aus Ägypten mit seiner ganzen Flotte zu Hilfe geeilt war, einen würdigen Gegner. Hosseyns Schiffen gelang ein Sieg über die Portugiesen, bei dem Almeidas Sohn fiel. Inzwischen war Alfonso d'Albuquerque mit Verstärkung aus Portugal eingetroffen. Sofort kam Rivalität auf zwischen ihm und Almeida. Unter den zahllosen Kämpfen ragt die Schlacht von Diu heraus, bei der Almeida den im Hafen von Diu mit seiner Übermacht verschanzten Emir Hosseyn vor sich und den feindselig abwartenden d'Albuquerque im Rücken hatte. Das mörderische Gefecht wurde dadurch entschieden, daß die Mannschaft einer Karavelle das Flaggschiff Hosseyns enterte und, nachdem achthundert Mameluken niedergemacht waren, diesen gefangennahm. Magalhães war an diesem Handstreich beteiligt und trug eine fast tödliche Verletzung davon, die ihn für fünf Monate in das Lazarett von Cochin bannte.

1509 schloß er sich einem Unternehmen in unbekanntem Gewässer an, bei dem der Soldat zum Entdecker wurde: Malakka, der überragende Mittelpunkt des Seehandels zwischen Arabien, Persien, Indien, Hinterindien, den Molukken, China und Japan, durch seine Lage an der Meerenge von Singapur ein Gibraltar des Ostens, sollte erforscht und, wenn möglich, erobert werden. Die Portugiesen lernten nach den Wundern Indiens aufs neue das Staunen, als sie in den Hafen einfuhren. So bunt wie das Völkergemisch war die Vielfalt der hier zu Tausenden versammelten Schiffe aus allen Teilen Asiens. Am tiefsten gefühlt wurde das Gewicht dieses Augenblicks wohl von den zahlreich hier weilenden Arabern, die nun in diesem östlichen Herz ihres Handelsimperiums die verhaßte Flagge der christlichen Piraten sehen mußten.

Die arglos an Land gegangenen Portugiesen – sechzig von dreihundert Männern unter Tausenden von asiatischen und arabischen Kriegern – geraten nur allzubald in einen Hinterhalt und fallen in die Hände der Malaien, während bereits auch um die fünf Karavellen gekämpft wird. Nur ein einziger Portugiese ist noch zu sehen, der sich am Strand gegen die Übermacht wehrt. Es ist Francisco Serrão, Magalhães' engster Freund; im letzten Augenblick löst sich ein von Magalhães gesteuertes Ruderboot von einer der Karavellen und holt Serrão an Bord des absegelnden Schiffes.

1511 wird Malakka von d'Albuquerque, der inzwischen Vizekönig ist, erobert. Am Sieg war anscheinend wieder der Held von Diu beteiligt. Diesmal, heißt es, habe Magalhães den Kampf gewendet, indem er bei einer schwer umkämpften Brücke allein mit einer Lanze die Kriegselefanten der Gegner angriff. Die Nachrichten über Magalhães' Unternehmungen nach der Einnahme Malakkas gehen auseinander. Man kann ihnen unter anderem entnehmen, er habe nun an einer Suchfahrt nach den Gewürzinseln teilgenommen oder sei »in Meere gefahren, die noch kein Christenmensch befahren habe«. Eigenartigerweise unternahm sein Freund Serrão auf eigene Faust eben dieses: Er begab sich 1512 allein auf die Molukken, wo er als Berater des Königs von Amboin zu Ansehen, Vermögen und einer zahlreichen Nachkommenschaft gelangte.

Schicksalswende

1512 war Magalhães wieder in Lissabon. Er fand dort keine Tätigkeit, die seinen Verdiensten entsprochen hätte; statt dessen brachte ihn ein betrügerischer Geldverleiher um den größten Teil seines Vermögens. Um nicht untätig zu bleiben, schloß er sich als Offizier einem Feldzug nach Marokko an. Doppeltes Mißgeschick ereilte ihn dort: Ein Lanzenstoß durchtrennte einen Nerv seines linken Kniegelenks, das fortan lahm blieb; und man beschuldigte ihn, er habe seine Stellung mißbraucht, um sich bei der Beuteverteilung zu bereichern. Von diesem Vorwurf allerdings sprach ihn ein Gericht frei. Er bat Manuel I. in einer Audienz um eine Stellung oder eine seinen Verdiensten und seiner Verwundung angemessene Pension. Offensichtlich war der König ihm nicht gewogen. Nach Gaspar Correia eröffnete das Ende dieses Gesprächs eine neue Richtung für Magalhães' Lebensweg:

»Magalhães bat um die Erlaubnis dafür, mit einem Herren zu leben, bei dem er mehr Glück hätte. Der König sagte, er möge tun, was ihm beliebe, und verweigerte ihm die Hand, die zu küssen Magalhães sich anschickte ...«

Alles, was als Frucht seiner Heldentaten in Asien blieb, war der malaische Sklave Enrique, den er in Malakka erworben hatte. Aber bald begegneten ihm Menschen, durch welche die neue Richtung sich deutlicher abzuzeichnen begann. Der Astronom Ruy Faleiro hatte zwanzig Jahre zuvor zusammen mit Magalhães als Page gedient. Auch er hatte sich vergeblich beim König bemüht, und zwar um das Amt des Hofastronomen. João de Lisboa kannte Magalhães von der Kampagne in Marokko her; er war ein angesehener Seefahrer, der an der brasilianischen Küste weit nach Süden vorgedrungen war. Ferner hatte Magalhães einen Brief seines Freundes Francisco Serrão in Händen, in dem dieser von seiner neuen Heimat auf den Molukken berichtete.

Fernão de Magalhães (Magellan). Gemälde eines
unbekannten Meisters aus dem 16. Jahrhundert

Zwei Fragen vor allem bewegten Magalhães und Faleiro:
Sind die Molukken über den Westen erreichbar? Und: Liegen
sie vielleicht auf der spanischen Seite der Tordesillas-Linie,
die seit 1494 den Weltapfel zwischen den beiden iberischen
Staaten aufteilte? Dazu kamen nach Spanien weisende persönliche Beziehungen des neuen Lebenskreises. So entschlossen sich die beiden Männer nicht nur, diesen Fragen auf den
Grund zu gehen, sondern zugleich nach Spanien zu emigrie-
ren und dort um königliche Förderung des Unternehmens zu
ersuchen.

In Spanien ging alles überraschend schnell. 1517, in seinem 37. Lebensjahr, kam Magalhães nach Sevilla. Er heiratete und wurde in den Ritterorden von Santiago aufgenommen. Im März 1518 schloß der König einen Vertrag über die »Entdeckung der Gewürzinseln« mit Magalhães und Faleiro, in dem er sich verpflichtete, fünf Schiffe auszurüsten und für zwei Jahre zu verproviantieren sowie sie mit 230 Mann zu besetzen. Es ist schwer vorstellbar, daß die Beteiligten bei all dem nicht daran dachten, daß dreiunddreißig Jahre zuvor Christoph Kolumbus aus ähnlichen Gründen von Portugal nach Spanien gekommen war. Vielleicht bewegte dies auch die portugiesische Krone, als sie, nun alarmiert, versuchte, Magalhães mit Versprechungen zurückzurufen – was jedoch ebenso scheiterte wie ein von Portugal aus betriebener Mordanschlag auf ihn.

Es bleibt bemerkenswert, daß sich hier, wie bei Kolumbus, ein portugiesischer König der Möglichkeit entschlug, im Westen auf Entdeckungen auszugehen. Die einzige westliche Besitzung Portugals wurde Brasilien, der am weitesten nach Osten reichende Teil Amerikas – es liegt exakt südlich unter Grönland! Aber dieses reiche Land hatte man durch die Verschiebung der Tordesillas-Linie nach Westen schon vor seiner Entdeckung erworben. Es wird leicht übersehen, daß die Idee von Magalhães und Faleiro eigentlich die des Kolumbus aufgriff. Hätte dieser nicht Amerika auf dem von ihm gesuchten Westweg nach Indien vorgefunden, sondern das eigentliche Indien erreicht, so wäre ihm schon so etwas wie eine Weltumrundung gelungen. Kolumbus starb in dem Glauben, eben dies vollbracht zu haben.

Es war dem Konquistador Vasco Nuñez de Balboa (1475-1517) vorbehalten, Europa die Gewißheit zu geben, daß sich hinter Westindien ein weiterer Ozean erstreckt. Am 25. September 1513 erblickte er von einem Gipfel der Landenge von Panama aus das Mar del Sur. Am Michaelstag nahm er dann »diese Meere, Küsten und Inseln ... für jetzt und alle

Zeiten bis zum Jüngsten Tag« im Namen der spanischen Majestät in Besitz. In einer Widmung an Karl V., die er seiner »Historia de Indias« voranschickte, hob der spanische Chronist Francisco Lopez de Gomara zu Recht hervor, daß in diesem Augenblick das Wort von der Neuen Welt im Westen seine eigentliche Rechtfertigung erfuhr, aber sein Ausruf, die Entdeckung des Südmeers sei »das größte Ereignis seit der Erschaffung der Welt, ausgenommen die Fleischwerdung und der Tod dessen, der sie schuf«, nimmt den Ruhm des Mannes vorweg, der den von Balboa entdeckten Ozean als erster überqueren sollte.

Weiter als Kolumbus ging Magalhães in seiner Überzeugung, es müsse das Land im Westen eine schiffbare Durchfahrt haben. Vermutungen wie die, er habe diese Sicherheit von Nachrichten über das nicht als Flußmündung erkannte La-Plata-Delta abgeleitet, wurden zu Recht mit Vorbehalt versehen. Auf die rätselhafte Aussage Pigafettas über eine Karte Behaims wiesen wir schon hin. Vor dem Hintergrund der Entdeckung Balboas muß aber auch gefragt werden: Warum verfiel Magalhães nicht auf die schon wenig später übliche Lösung, mit an der Westküste Mittelamerikas gebauten Schiffen nach Asien zu fahren?

Am 28. Juni 1519 wurde der junge König von Spanien als Karl V. in Frankfurt zum Deutschen Kaiser gewählt. Am 10. August verließ Magalhães' Flotte Sevilla. Im letzten Augenblick war Antonio Pigafetta, ein blutjunger Adliger aus Vicenza in Italien, an Bord gegangen. Ob ihn nur die Abenteuerlust trieb, die er selbst als Grund hierfür angab, ob seine Beziehung zum Johanniter-Orden hierbei eine Rolle spielte oder ob er gar ein Spion des Dogen von Venedig war, wie auch schon gemutmaßt wurde, lassen wir offen. Jedenfalls wurde er zum Chronisten einer Unternehmung, die in der Geschichte der Menschheit nicht ihresgleichen hat:

»Es herrschte, als wir ausfuhren, strahlend blauer Himmel, und das sahen alle für ein gutes Vorzeichen an. Manche behaupteten sogar, sie hätten am Himmel die Heilige Jungfrau gesehen, die auf die ausfahrende Armada heruntergeschaut habe.«

Der Pazifik

Pigafettas Tagebuch ist leicht zugänglich, so daß hier eine geraffte Chronik der Fahrt genügt:

September 1519: Vor Teneriffa erfährt Magalhães von einer geplanten Meuterei spanischer Offiziere gegen ihn, den portugiesischen Admiral. Wenig später nimmt er in einem Handstreich die Rädelsführer auf hoher See fest.

Dezember: Idyllischer Aufenthalt in Rio de Janeiro. Die absegelnde Flotte läßt weinende Indianer zurück, die den weißen Freunden nachtrauern. Das einzige Ereignis dieser Art auf der sonst von Tragik, Gewalt und Mißgunst überschatteten Reise!

10. Januar 1520: Die La-Plata-Mündung wird gesichtet.

April bis August: Überwinterung in Port St. Julian auf 50 Grad südlicher Breite. Wieder treten Meuterer auf, die nun – mitten im stürmischen Südwinter – auf Heimreise drängen. Magalhães wird durch Kühnheit und Geistesgegenwart der Übermacht Herr; der Meuterer Gaspar de Quesada wird hingerichtet. Eigenartig berührt, daß der zweite Weltumsegler, Francis Drake, 1578 noch Spuren der Hinrichtung vorfand und hier selbst einen Meuterer, Thomas Doughty, enthaupten ließ.

Mai 1520: Die zu einer Erkundungsfahrt ausgesandte Santiago geht verloren.

21. Oktober: Die Flotte segelt südlich des Kaps der elftausend Jungfrauen in einen Kanal, der immer weiter nach Westen führt. Wegen der zahlreichen Feuer, die zur Nachtzeit dort brennen, wird das Land im Süden Feuerland getauft. Anfang November desertiert im Gewirr der Fjorde die San Antonio; sie gelangt wohlbehalten nach Spanien zurück.

Am Abend des 27. November erreichen die drei Schiffe bei stürmischem Regenwetter die Ausfahrt des Kanals. Am nächsten Tag begrüßen die Seeleute das ruhige Wasser des offenen Meeres mit einem feierlichen Tedeum. Da der Ozean sich in den nächsten Wochen sturmlos zeigt, wird er Mar Pacífico genannt. Magalhães hat jedoch seine Ausdehnung unterschätzt; überdies wählt er eine Route, die ihn von der polynesischen Inselwelt fernhält. Skorbut bricht aus, und der Hunger führt dahin, daß Leder, Sägemehl, Mäuse- und Rattenfleisch verzehrt werden!

25. Januar 1521: Die kleine St.-Pauls-Insel wird angelaufen. Sie bietet Gelegenheit, Trinkwasser zu fassen sowie Vogel- und Schildkröteneier zu sammeln. Noch ist erst ein Drittel des Ozeans durchquert.

4. März: Noch achtundvierzig Stunden – und alle würden Hungers sterben ... Aber das Land kommt im letzten Augenblick in Sicht! Wahrscheinlich war es die Marianen-Insel Guam. Bei der Landung kommt es zu einem Blutvergießen unter den außergewöhnlich »diebischen« Eingeborenen. Magalhães und seine Männer segeln in diesen Tagen über den Marianen-Graben hinweg, der die tiefsten unterseeischen Punkte der Erdoberfläche birgt.

16. März: Die Philippinen werden bei Samar erreicht.

28. März, Gründonnerstag: Ein Sturm hat die Flotte vor Massaua auf die Philippinen getrieben. Es kommt zu einem symbolischen Vorfall: Magalhães' malaischer Sklave kann sich mit den Insulanern verständigen:

»Zum ersten Mal, seit die Erde durch das Weltall kreist, ist ein einzelner lebender Mensch, der ein Sklave war, rund um die ganze Erde wieder zurück in seine Heimatzone gelangt.«

Stefan Zweig deutet mit diesen Worten auf das Schicksalsrätsel dieses Augenblicks. Es ist das Rätsel vom dunklen Bruder des weißen Mannes. Parzival und Feirefiz sind in einem Schicksal verbunden. Als der Amerikaner Robert Edwin

Peary 1909 den Nordpol erreichte, war er allein mit dem
Schwarzen Henson und vier Eskimo-Gefährten.

Die Beziehungen zu dem Radscha von Massaua ließen sich
gut an. Pigafetta über die feierliche Messe am Ostersonntag:

»Nun wurde ein großes, mit Nägeln und Dornenkrone ver-
sehenes Kreuz errichtet. Der Oberbefehlshaber [Magalhães]
erklärte: ... alle aus Spanien kommenden Schiffe würden sofort erkennen, daß sie es mit guten Freunden zu tun hätten
und daher davon absehen, sich die Güter der Eingeborenen
anzueignen. Er fügte hinzu, daß das Kreuz auf dem höchsten
Punkt der Insel aufgestellt und jeden Morgen angebetet werden müsse. Würden sie diesen Rat befolgen, so blieben sie für
alle Zukunft von Blitz und Donner verschont ... Schließlich
machte sich der Generalkapitän erbötig, alle Feinde der beiden Könige [von Massaua] zu Wasser und zu Lande zu bekämpfen.«

Danach wurde die Insel Cebu angesteuert. Auch hier stellten die Spanier ein zunächst friedliches Verhältnis zum dortigen Herrscher her, der schließlich mit seinem Gefolge und
einem großen Teil des Volkes getauft wurde. Pigafetta behauptet, die Massentaufen hätten eine Woche lang ange-
dauert. Der König von Cebu machte nun von Magalhães'
Angebot, seine Feinde zu bekämpfen, Gebrauch. Es kam zu
dem unglücklichen Streifzug gegen die Insel Mactan. Magalhães drang mit einer kleinen Schar seiner Leute allein in das
Feindesland ein. Schließlich stand er mit einer Handvoll Männern, unter ihnen Pigafetta, am Strand dreitausend Insulanern gegenüber. Magalhães wurde erschlagen. Aber Pigafetta konnte sagen: »So verdankten wir dem Generalkapitän
unsere Rettung, da die Insulaner uns nun nicht verfolgten,
sondern weiter auf seine Leiche einhieben.« Es war der
27. April 1521. Einen Tag zuvor hatte Luther den Reichstag
von Worms verlassen. Auf dem Hochland von Mexiko traf in
diesen Tagen Hernan Cortés die letzten Vorbereitungen zur

Eroberung von Tenochtitlan. Fernando Pessoa enthüllt das Geheimnis um den Tod des Weltumseglers:

Fernão de Magalhães

Drunten im Tale lodert ein wildes Feuer,
Rasender Tanz erschüttert der Erde Rund.
Schatten, ohne Gestalt, ohne Maß,
Durchzucken schwärzlich das Tal,
Hangauf, hangab ...
Und verliern sich im Dunkel.

Wes ist der Tanz, der die Nacht erschreckt?
Titanen sinds, die ältesten Söhne der Erde!
Berauscht vom Tode des Seemanns,
Der ausfuhr, die Lenden der Mutter,
Die Lenden der Erde zu gürten,
Und am fernsten Strande sein Grab fand.

Sie tanzen, doch des Toten wachende Seele,
Sie lenkt die Flotte wie ehmals noch.
Körperlos weiß er die Schiffe
Zu steuern am Rande der Welt.
Und von drüben umfaßt sein siegender Wille
Der Erde weitesten Kreis.

Er tat ihr Gewalt an, ... doch die Titanen
Wissen es nicht. Sie tanzen, verloren ...
Und Schatten, ohne Gestalt, ohne Maß
Verschwimmen am Himmelsrand,
Hüpfen talauf, talab,
Im stummen Gebirge ...

Bald lag der führerlose Rest der Spanier auch mit den vorher befreundeten Filipinos in Fehde und mußte froh sein, Leben und Schiffe zu retten. Da die Besatzung nicht mehr ausreichte, wurde die Concepcion in Brand gesteckt. Die beiden übrigen Schiffe fuhren zu den Molukken. Unterwegs wüteten sie nach Piratenmanier gegen die wehrlosen Schiffe und Häfen der Eingeborenen und erbeuteten eine reiche Menge an Gewürzen. Nach einem dreimonatigen Aufenthalt auf der Molukkeninsel Tidore blieb die überladene Trinidad im Schlamm stecken. Als sie wieder flott war, unternahm ihre Besatzung einen vergeblichen Versuch, von den Molukken aus nach Mexiko zu segeln. Sie mußte umkehren und wurde von den Portugiesen aufgebracht.

Am 21. Dezember 1521 trat das letzte Fahrzeug unter dem Kommando von Juan Sebastian de Elcano die Heimreise an: Tausende von Seemeilen vor sich, mit Häfen und Meeren, die fest in portugiesischer Hand waren. Das Wunder geschah! Unbehelligt gelangte man bis zu den Kapverdischen Inseln. Dort mußte Trinkwasser gefaßt werden, ohne sich der portugiesischen Kolonie an Land zu erkennen zu geben, was aber nicht ganz gelang. Die Hälfte der Seeleute wurde auf der Insel festgehalten, der Rest, zweiundzwanzig Mann, entkam. Pigafetta, der unter ihnen war, notierte: »Als unsere Männer an Land gingen, fragten sie nach dem Wochentag. Sie hörten, daß bei den Portugiesen Donnerstag war, denn bei uns war es Mittwoch ...« Damals war ihm noch nicht klar, daß dies notwendig aus der Erdumsegelung folgte. Am Montag, den 8. September 1522, traf die schwer beschädigte Victoria mit den 18 Überlebenden in Sevilla ein. Pigafetta berichtet:

»Wir warfen auf der Mole von Sevilla Anker und feuerten alle unsere Geschütze ab. Am Dienstag gingen wir dann alle, nur mit einem Hemd bekleidet, barfuß und mit einer Wachskerze in der Hand, an Land, um in der Kirche unserer lieben Frau Santa Maria della Victoria und in der Kirche der Heiligen Maria dell'Antigua unsere Gebete zu verrichten.«

1525 brach Francisco García Jofre de Loaysa von Spanien auf, um auf demselben Weg die Philippinen zu erreichen. Vizekommandant war der Weltumsegler Juan Sebastian de Elcano. Eine von Francisco de Hoces befehligte Karavelle wurde bei der Magellan-Straße von der Flotte getrennt und bis zum 55. Breitengrad nach Süden abgetrieben, ohne jedoch die Südspitze des Kontinents zu umrunden. Loaysa und de Elcano starben im Zentralpazifik, aber zwei der sieben Schiffe erreichten schließlich die Molukken. 1528 gelangte Saavedra von Mexiko aus ebenfalls dorthin. 1537 und 1542 überquerten Grijalva und Vilalobos den Pazifik, und 1565 eroberte Legaspi von Mexiko aus die Philippinen für Spanien. Zwei Teilnehmer seiner Expedition, Arellano und Urdaneta, fanden anschließend unabhängig voneinander, indem sie in weitem Bogen nach Norden segelten, die Zone, deren Windverhältnisse es ermöglichten, auch nach Mexiko zurückzusegeln. Nun war Spanien nicht mehr vom Rückweg über das Kap der Guten Hoffnung abhängig und konnte seinen Ostasienhandel über die pazifische Route abwickeln.

Jahrzehntelang galt die Meerenge des Magalhães für unauffindbar. Ein Berg habe sie verlegt oder eine Insel sich davorgeschoben. Erst Francis Drake fand sie auf seiner Weltumsegelung (1577-1580) wieder. 1586 bis 1588 schaffte Thomas Cavendish die dritte Weltumsegelung. 1598 bis 1600 umsegelte Oliver von Noort als erster Holländer die Erde. Zwölf Jahre, von 1594 bis 1606, benötigte der Florentiner Kaufmann Francesco Carletti zu seiner Weltumrundung, die er als Gast auf portugiesischen und spanischen, schließlich als Gefangener auf einem holländischen Schiff durchführte und von der er einen lesenswerten Reisebericht niederschrieb. 1616 entdeckten die Holländer Willem Cornelis Schouten und Jakob le Maire endgültig das südlichste Ende Amerikas und nannten es nach ihrer Heimatstadt Kap Hoorn.

»Ein tiefes und dunkles Wasser, das zwischen hohen zerklüfteten Felswänden fließt« – so sagt Salvador de Madariaga von Heinrich dem Seefahrer. Das gilt auch für die Geschichte der Entdeckungen bis Bartolomeu Diaz. Danach weitet sich der Strom, und am Wendepunkt der Weltumsegelung stürzt er als gewaltiger Wasserfall in neue Räume, um hernach eine Zeitlang in breiterem Bett und gemächlicher weiterzufließen. In stillen Buchten spiegelt seine Oberfläche nun große Bilder.

Primus circumdedisti me

So lautete der Sinnspruch, der auf Geheiß Karls V. das dem Navarresen de Elcano verliehene Wappen schmückte. Letzterer war ohne Zweifel ein mutiger und tüchtiger Seefahrer, aber es mangelte ihm an der Seelengröße, deren es bedurft hätte, um zu erklären, wem es eigentlich zu verdanken war, daß der spanische Chronist Antonio de Herrera ausrufen konnte: »Seit Gott den ersten Menschen erschuf, war diese Neuigkeit, die Juan Sebastian de Elcano überbrachte, die größte!«

Statt dieser Erklärung, die doch seiner eigenen Leistung die sittliche Krone aufgesetzt hätte, belastete de Elcano den toten Generalkapitän vor dem Gerichtshof, der zur Untersuchung der Meutereien eingesetzt wurde:

»Magalhães hat die anderen Kapitäne wie die geringsten Matrosen behandelt. Er ließ niemanden neben sich gelten, sein Hochmut war unerträglich. Außerdem haßte er die Spanier. Deshalb und weil er seine portugiesischen Verwandten und Freunde an ihre Stelle setzen wollte, kam es zu den Bluttaten im Hafen San Julian. Gomez de Espinosa erhielt für die Vollstreckung des Urteils zwölf Dukaten. Den Kampf auf der Insel Mactan beschwor Magalhães mutwillig herauf. Infolge der feindlichen Übermacht war er nicht zu retten. Getötet wurde er von den Insulanern. Dieser Kampf ist der beste Beweis dafür, daß er sich nie um die Befehle der Krone kümmerte. Ich weiß nicht, ob er sich nicht mit der Absicht trug, nach der Entdeckung der Molukken nach Portugal zu segeln. Dies wäre ihm ein leichtes gewesen, da er allein unsern Kurs bestimmte.«

Es war eben leichter, mit einem zerbrechlichen Schiff über die Datumsgrenze zu steuern als die Grenze zu überwinden, welche die Anwandlungen von Eitelkeit, Ehrgeiz und nationaler Befangenheit um das Menschenherz legen. Man hat versucht, den Ruhm der Weltumsegelung dadurch für Magalhães zu retten, daß man annahm, er sei auf der Fahrt in unbekannte Gewässer, die er nach der Einnahme von Malakka unternahm, bereits von Westen her kommend über den Längengrad der Philippinen hinausgelangt. Als ob es auf ein paar hundert Seemeilen ankäme!

Camões fiel es nicht leicht, über Magalhães zu sprechen. Er läßt aber Tethys ihre prophetische Vorschau auf die Taten der Entdecker mit ein und einer halben Stanze schließen, in der Größe und Landsmannschaft des Weltumseglers eingeräumt werden (»Lusiaden«, X. Gesang):

140. Allen voran, die segelnd hierher drangen,
      Wird Magalhães, vom Glück geleitet, gehn,
      Der sich allein durch seine Tat bewiesen,
      Doch nicht durch Treuesinn, als Portugiesen.

141. Mehr als der Strecke Hälfte wird er schauen,
      Die vom Äquator reicht zum Pol im Süden,
      Und Menschen dort, Giganten gleich, mit Grauen
      Erblicken und trotz Drangsal nicht ermüden
      Und fürder sich der Straße anvertrauen,
      Der seines Namens stolzer Ruhm beschieden:
      Auf ihrer Bahn wird er in Meere dringen,
      Die der Südwind deckt mit frosterstarrten Schwingen.

Antonio Pigafetta maß Magalhães an seiner geistigen und menschlichen Größe, und für ihn gab es keinerlei Zweifel an der Lauterkeit seines Generalkapitäns:

»Ein solch edler Kapitän ... unser treuer Führer, unser Licht, unsere Stütze ... er besaß alle Tugenden. Mitten in der größten Gefahr bewies er seine unerschütterliche Standhaftigkeit ... Auf dem Meer unterwarf er sich selbst größeren Beschränkungen als die Mannschaft. Er besaß eine genauere Kenntnis der Seekarten und der Schiffahrtskunst als jeder anderer Mensch auf Erden. Das geht schon daraus hervor, daß außer ihm niemand den Wagemut besaß, die Erde zu umsegeln, was ihm beinahe geglückt ist.«

Wir wollen Magalhães an seinem Ziel messen und an der Treue, die er ihm hielt. Er ließ sich von der Erde selbst herausfordern, und zwar von ihrer stofflichen Gestalt. Er siegte, trotz seines Todes, aber um welchen Preis! Unwiederbringlich hatte der unbeugsame Kapitän die letzten Schleier des alten, kindhaften Weltbildes zerrissen:

> Weh! Weh!
> Du hast sie zerstört,
> Die schöne Welt,
> Mit mächtiger Faust;
> Sie stürzt, sie zerfällt!
> Ein Halbgott hat sie zerschlagen!
> Wir tragen
> Die Trümmer ins Nichts hinüber ...

Die Erde als Kugel zu erleben war auf Dauer nicht möglich, ohne auch den Blick in die damit aufgerissene Unendlichkeit des Weltalls zu richten. Im Schwertfisch, nahe beim Südpol der Ekliptik und bei der Region des Südhimmels, die früher als das Sternbild Argo bezeichnet wurde, sind mit bloßem Auge zwei galaktische Nebel sichtbar, die auch der Aufmerksamkeit Pigafettas nicht entgangen waren. Der Perser Al-Sufi

hatte sie im 10. Jahrhundert El Baker – Weißer Stier – genannt, und in Europa kannte man sie als Kapnebel. Als der
Danziger Astronom Johannes Hevelius (1611-1687) ihnen
einen neuen Namen gab, ließ er sich von dem Mythos der
Entdecker inspirieren – oder, was im Grunde dasselbe ist, von
dem Schiff Argo – und nannte sie: Magellansche Wolken. Daß
diese sozusagen lotrecht zu dem von der Weltumsegelung ge-
zogenen Kreis stehende Linie nicht nur hinaus ins Weltall
weist, sondern auch in die Tiefen der Erde, das war den Teil-
nehmern der großen Fahrt so wenig bewußt wie die Abgründe des Challenger- und des Witjas-Tiefs, über die sie südlich der Marianen hinwegfuhren. Im Licht des Mythos aber
erweist sich die Auseinandersetzung mit der Tiefe als unaus-
weichliche Folge der Weltumsegelung.

Kapitän Ahabs Kampf

In ihr ersteht nämlich ein uraltes Mythologem in gesteigerter
Gestalt zu neuem Leben: Viele Stellen des Alten Testaments
künden in rätselhaften Worten von der Macht des Ungeheu-
ers, das in den Tiefen der Meere haust. Um die Gefahr, es zu
wecken, wußten auch die weisen Lehrer des Talmud, die im
Traktat »Bawa batra« (73 b) erzählen:

»Weiter sagte Rabba, Chanas Sohnessohn: Einst befanden
wir uns auf einer Schiffsreise. Da sahen wir einen Fisch, auf
dessen Rücken sich Sand abgelagert hatte und eine Wiese her-
vorgesproßt war. Wir meinten, dies sei festes Land und stiegen hinauf. Da buken und kochten wir auf seinem Rücken.
Als aber sein Rücken heiß wurde, da drehte er sich um. Und
wenn das Schiff nicht so nahe gewesen wäre, so wären wir
ertrunken.«

Der Ire Brendan bannte die Gewalt des Walfischs, indem er
sieben Jahre lang auf seinem Rücken die Ostermesse feierte.
Der Araber Sindbad war weniger glücklich, denn er und seine

Genossen gerieten in große Not, als sie auf einer lieblichen Insel ihr Lagerfeuer entzündeten und damit den mächtigen Fisch unter ihren Füßen weckten.

Wer die Gestalt, die Herman Melville diesem Thema in seiner gewaltigen Erzählung um Kapitän Ahab und Moby Dick, den weißen Wal, gab, gründlich in Augenschein nimmt, der bemerkt nicht nur, wie die Sage von Leviathan mit der Erlebniswelt der neuzeitlichen Seefahrer zusammenfließt, sondern auch, daß es Züge im Wesen und Schicksal Ahabs gibt, die von einer geheimnisvollen Verwandtschaft mit Fernão de Magalhães geprägt sind. So wird es möglich, einzelne Deutungen, die sich für das Werk Melvilles anbieten, auch zum Verständnis der Weltumsegelung heranzuziehen, insofern sie zum Mythos der Entdecker gehört.

Der Weg des Magalhães ist Bild für das, was der Zeitgeist in vielen Menschen bewirkte. Er hatte nicht allein mit den irdischen Elementen zu kämpfen, sondern auch mit den sozialen Gewalten. Macht, Nationalismus, Gewalt, Triebhaftigkeit, Geldgier, Hunger, Lüge waren zwar immer vorhanden, wo Menschen zusammenkamen, aber im Verlauf der Weltumsegelung nehmen sie sich wie die Vorausdeutung eines Neuen aus, dessen eigentliches Gesicht erst spätere Jahrhunderte schauten.

Im August 1519 wies das Augsburger Bankhaus der Fugger seinen Vertreter in Spanien, Cristobal de Haro, an, 10000 Golddukaten in die Unternehmung des Magalhães zu investieren. Nach der Heimkehr der Victoria kaufte Heinrich Ehinger, Vertreter der Welser, des anderen großen Bankhauses in Augsburg, für 20000 Golddukaten die durch Piraterie erworbene Gewürzladung des Schiffes auf. Man hat errechnet, daß diese Ladung, auf das gesamte Unternehmen bezogen, einen Reingewinn von 500 Golddukaten erbrachte, wobei 250 Menschenleben gleich Null gesetzt sind. Ein Schiff fuhr von Sevilla nach Sevilla, und ein Geschäft ging mit um die Erde: von Augsburg nach Augsburg.

Beide Bankhäuser konnten bekanntlich von sich behaupten, Karl V. wäre ohne ihre Finanzhilfe niemals Kaiser geworden. Er tilgte seine Schulden auf eigene Art: Die Welser erhielten 1529 Venezuela, die Fugger 1531 einen Landstrich, der von Peru bis Feuerland reicht. Martin Luther hatte sich zur gleichen Zeit vorgenommen, um der Erneuerung des Christentums willen bis zum äußersten zu gehen. Dazu bediente er sich des kurz zuvor erfundenen Buchdrucks, durch den sich seine Kampfschriften wie ein Steppenbrand ausbreiteten. Dies kann als eine der Ursachen für die Bauernkriege angesehen werden, denen Luther dann voller Entsetzen gegenüberstand: Das technische Medium der Schwarzen Kunst hatte ihn in die Lage des Goetheschen Zauberlehrlings gebracht. Beide, Luther und der Kaiser, lernten in Kapital und Technik jene Macht von unten kennen, die seit Karl Marx die Basis genannt wird. Es ist, als ob der Grund, auf dem man steht, sich in eigener und durchaus gefährlicher Weise zu regen beginnt.

Der neuzeitliche Mensch muß erfahren: In dem Maß, in dem er die irdischen Gewalten unter seiner Herrschaft wähnt, entgleiten sie seinem Zugriff und regen sich erst recht nach ihren eigenen Gesetzen. Eine andere, bedrohliche Gestalt der Erde taucht aus der Tiefe auf, und diese Welt unter den Sinnen läßt sich nicht ungestraft umsegeln. Kapitän Ahabs Größe und Verhängnis bestehen darin, daß er, Gottes warnenden Worten an Hiob (40,25 ff.) zum Trotz, den Kampf mit diesem Gegner aufnimmt, der ihm unter allen Umständen überlegen ist:

> Fängst du den Leviathan am Angelhaken,
> Drückst du seine Zunge mit dem Fangseil nieder?
> Ziehst du durch seine Nase eine Binse? ...
> Kannst du mit Haken seine Haut vollspicken
> Und mit der Fischharpune seinen Kopf?
> Versuch es, deine Hand daran zu legen!

Denk an den Kampf! Du tust es nimmer wieder.
Schau, deine Hoffnung wird betrogen.
Durch seinen Anblick schon kommt man zu Fall.
Wenn man ihn aufweckt, wird er wütend,
Wer ist es, der ihm widerstehen kann?
Wer trat je ihm entgegen und blieb heil?
Nicht einen gibt es unter dem Himmel ...
Die Tiefe läßt er wie den Kessel sieden
Und macht das Meer zu einem Salbentopf.
Aufleuchtet hinter ihm der Pfad;
Man hält das Meer für Greisenhaar.
Es gibt nicht seinesgleichen auf der Erde ...

Der Tag der Endzeit, an dem nach dem Wort des Jesaia der Leviathan seinen Meister finden wird, liegt noch in ferner Zukunft. Nach der Lehre des Talmud (Bawa batra, 74b) wird es der Messias selbst sein, der den großen Fisch erlegt, um den Gerechten aus seinem Fleisch ein Festmahl zu bereiten und ihnen aus seiner Haut eine Laube zu bauen.

Imago mundi

Die Menschheit muß nicht tatenlos auf diesen fernen Tag warten. Zunächst kann sie Ersatz für das verlorene Weltbild der Alten schaffen. Die Anfänge hierzu liegen in dem Globus, der in der scheinbar so biederen Heimatstadt Martin Behaims geformt wurde. In der Schlußvision der »Lusiaden« (X. Gesang) vollzieht Camões eine weitere Verinnerlichung der Bemühung, die Welt als Ganzes zu umfassen:

77. ... Ein Ball wird sichtbar in dem weiten Raume,
Durch welchen hell des Lichtes Strahlen gehn,
So daß sein Kern im Innern sichtbar wird,
Gleich wie die Hülle, die ihn rings begrenzt.

78. Von welcher Art sein Stoff ist, bleibt verborgen,
    Doch sieht man klar, daß er gefügt
    Aus einer Schar von Kreisen, die Gottes Hand also
    Zusammenführte, daß eine Mitte sie verbindet.
    Er dreht sich so, bald sinkend, bald sich hebend,
    Doch steigt und sinkt er nie von seinem Ort, zeigt
    Dasselbe Antlitz allenthalben, hat in allen Teilen
    Anfang und Ende, ist mithin durch Gottes Kunst,

79. Vollkommen, eins, und durch sich selbst gehalten,
    Mit einem Wort: dem Urbild gleich, das ihn erschuf.
    Und Staunen regt und Sehnsucht sich in Gama,
    Da er stand und diesen Globus schaute.
    Drauf spricht die Göttin: Ein Abbild, eingeschränkt
    Auf kleinen Raum, geb ich dir hier zu schaun,
    Ein Bild der Welt für deine Augen, daß du siehst,
    Woher du kommst, wohin du gehst und strebst.

80. Du siehst sich hier bewegen das große Werk der Welt,
    Den Äther und die Elemente, die einst schuf
    Die Weisheit, die das Höchste wie das Tiefste birgt
    Und die kein Anfang und kein Ziel begrenzt.
    Was diese Kugel ringsumher umflutet
    Und ihre Fläche so vollkommen hat gestaltet,
    Ist Gott – jedoch, was dieser sei, niemand ergründet's,
    So weit reicht Geisteskraft des Menschen nicht.

81. Und diese Kugel, die als erste in weitem Bogen
    Sich um die kleinern legt, die sie im Innern birgt,
    Und die solch helles Licht um sich verbreitet,
    Daß sie das Auge blendet und den innern Sinn,
    Heißt Empyreum ...

85. ... Nächst diesem Kreise, der sich niemals wendet
    Und Wohnstatt ist für göttlich reine Wesen,

Dreht sich ein andrer so leicht und schnell,
Daß er nicht sichtbar; primum mobile ist er genannt.

86. Von diesem Umschwung mächtig fortgerissen
Kreist alles, was er in seinem Schoße birgt.
Durch seine Kraft bewegt, erzeugt die Sonne
Auf ihrem steten Gange Tag und Nacht.
Nächst diesem leicht bewegten Kreis zieht ein andrer,
Gehemmt von einem schweren Joch, so langsam
Seine Bahn, daß Phöbus zweihundertmal sich wendet,
Indessen er kaum einen einz'gen Kreis beendet.

87. Und darunter sieh dann jenen Kreis, der reich geziert
Mit glänzend hellen Körpern sich dir zeigt,
Die er durch seinen Umschwung fest regiert,
So daß sie funkelnd ihm um seine Achse folgen.
Auch siehst du wohl, wie er sich schmückt und kleidet
Mit goldnem Gürtel, ausgesternt mit Tierfiguren,
Die dem Phöbus zwölf Häuser zum Verweilen bieten.

88. Sieh auf den andern Teilen dieser Kugel das Gemälde,
Zu dem die hellen Sterne sich verbinden:
Sieh den großen und den kleinen Wagen,
Kepheus, Andromeda, des Drachens Schrecken,
Kassiopeias sanfte Schönheit sieh dort leuchten,
Und Orions stürmische Gebärde. Sieh auch
Den Schwan, der sterbend singt, sieh den Hasen
Und die Hunde, das Schiff und auch die süße Leier.

89. Und unter diesem großen Firmamente siehst du
Saturns, des alten Gottes Himmel dort
Und hier schon Jupiter im Kreise wandern,
Alsdann den grimmen Kriegsmann Mars,
Das helle Himmelsauge in dem vierten Kreise
Ist Venus, deren Aufgang uns die Liebe bringt,

Merkur alsdann, der redekundig waltet,
Mit drei Gesichtern endlich noch Diana.

90. Verschiednen Lauf siehst du in jedem dieser Kreise,
Der eine schnell, der andre langsam geht;
Der eine ziehet fern vom Zentrum seine Bahn,
Der andre hat sie stets nahe bei der Erde,
Ganz wie der allmächt'ge Gott es will,
Der Feuer schuf und Luft, mit Wind und Schnee,
Die, wie du siehst, nah bei dem Innern schweben
Und als ihr Zentrum Meer und Erd umgeben,

91. Auf diesem Mittelpunkt, worauf die Menschen hausen,
Die kühn sich nicht allein begnügen
Mit des festen Landes Fährnissen und Leiden,
Vielmehr auch noch aufs schwanke Meer sich wagen,
Siehst du die vielgestaltigen Regionen,
In die das wilde Meer die Erde teilt,
Siehst du die Wohnstatt der Nationen, nach Königen,
Nach Brauch und Glauben streng getrennt.

Als Zeitgenosse des Weltumseglers und des Globusmachers
lebte in Nürnberg Albrecht Dürer, der in seinen Holzschnitten
zur Apokalypse (1498) und in dem Kupferstich »Ritter, Tod
und Teufel« (1513) die neuen Gewalten bannte, mit scharfer,
schwarzer Linie auf weißem Grund. Weniger beachtet werden
oft Dürers Aquarelle, vor allem die Landschaftsbilder. Sie aber
zeigen, daß es eine Welt gibt, die dort entsteht, wo der Mensch
wahrnimmt, in diesem Fall: die Farbe sieht – daß es einen Ort
gibt, für den immer gilt: »... und alle deine hohen Werke sind
herrlich wie am ersten Tag«. Drei Jahrhunderte später wird
Goethe so zu schauen lehren, wie Albrecht Dürer malte. Sein
Blick auf die Natur verheißt ein neues Weltbild, das dem der
Alten an Geschlossenheit nicht nachsteht. Im Geisterchor des
»Faust« (I. Teil) ersteht sie neu aus ihrem Verlust:

Wir tragen
Die Trümmern ins Nichts hinüber,
Und klagen
Über die verlorne Schöne.
Mächtiger der Erdensöhne,
Prächtiger
Baue sie wieder,
In deinem Busen baue sie auf!

Der Keim der neuen Welt bedurfte der Befestigung durch die strenge Wissenschaft, in deren Dienst die großen Weltumsegelungen des 18. und 19. Jahrhunderts standen; 1766-1769: Louis-Antoine de Bougainville; 1768-1779 die drei Weltreisen von James Cook; 1831-1836 die Weltumrundung der Beagle, an der Charles Darwin als Naturforscher teilnahm. 1787, als Goethe auf seiner italienischen Reise die Urpflanze fand, schrieb er einem Freund, nun würde er versucht sein, auch noch eine Reise nach Indien zu machen, »nicht um Neues zu entdecken, sondern um das Entdeckte nach meiner Art anzusehen«. Tatsächlich nahmen Naturforscher aus dem Umkreis der Weimarer Klassik an wichtigen Entdeckungsreisen teil: Georg Forster begleitete James Cook auf dessen zweiter Reise 1772-1775; 1799-1804 bereiste Alexander von Humboldt Süd- und Mittelamerika. 1815-1818 nahm Adalbert von Chamisso an der Weltumrundung des russischen Kapitäns Otto v. Kotzebue als Naturwissenschaftler teil. Chamisso hat mit romantischer Ironie in den seltsamen Stiefeln seines Peter Schlemihl ein Gleichnis für den Bewußtseinswandel gestaltet, der mit diesen Reisen einherging:

»Wunderbar veränderliche Länder, Fluren, Auen, Gebirge, Steppen, Sandwüsten entrollten sich vor meinem staunenden Blick: es war kein Zweifel, ich hatte Siebenmeilenstiefel an den Füßen. ... Ich streifte auf Erden umher, bald ihre Höhen, bald die Temperatur ihrer Quellen und die der Luft messend, bald Tiere beobachtend, bald Gewächse untersuchend; ich

eilte von dem Äquator nach dem Pole, von der einen Welt
nach der anderen, Erfahrungen mit Erfahrungen verglei-
chend. Die Eier der afrikanischen Strauße oder der nördlichen Seevögel, und Früchte, besonders der Tropenpalmen
und Bananen, waren meine gewöhnlichste Nahrung. Für
mangelndes Glück hatt' ich als Surrogat die Nicotiana ... Ich
habe, so weit meine Stiefel gereicht, die Erde, ihre Gestaltung,
ihre Höhen, ihre Temperatur, ihre Atmosphäre in ihrem
Wechsel, die Erscheinungen ihrer magnetischen Kraft, das Leben auf ihr, besonders im Pflanzenreiche, gründlicher kennengelernt als irgendein Mensch.«

Alexander von Humboldt wagte als erster den Versuch, aus
dem gesamten der Naturwissenschaft seiner Zeit verfügbaren
Material die Weltschau des »Kosmos« zu gestalten, das Bild
der Erde gleichsam mit den Farben der »physischen Weltbeschreibung« in die fernen blassen Kreise der Vision des Camões malend.

Er beschrieb diesen Plan im Oktober 1834 in einem Brief
an Varnhagen:

»Ich habe den tollen Einfall, die ganze materielle Welt, alles, was wir heute von den Erscheinungen der Himmelsräume
und des Erdenlebens, von den Nebelsternen bis zur Geographie der Moose auf den Granitfelsen wissen, alles in einem
Werk darzustellen, und in einem Werk, das zugleich in lebendiger Sprache anregt und das Gemüt ergötzt. Jede große und
wichtige Idee, die irgendwo aufglimmt, muß neben den Tatsachen hier verzeichnet sein. Es muß eine Epoche der geistigen
Entwicklung der Menschheit – in ihrem Wissen von der Natur – darstellen. ... das Ganze ist nicht, was man gemeinhin
›physikalische Erdbeschreibung‹ nennt, es begreift Himmel
und Erde, alles Geschaffene ...«

Richtungweisend war für Humboldt bei seinem Vorhaben
der Titel der 1410 verfaßten Naturenzyklopädie des Kardinals Pierre d'Ailly: »Imago Mundi«, wonach er den Ausdruck
»Weltgemälde« prägte:

Alexander von Humboldt in seinem Arbeitszimmer.
Aquarell von Eduard Leist, 1847

»Wenn der menschliche Geist sich erkühnt, die Materie, d.h. die physischen Erscheinungen, zu beherrschen, wenn er bei denkender Betrachtung des Seienden die reiche Fülle des Naturlebens, das Walten der freien und der gebundenen Kräfte zu durchdringen strebt, so fühlt er sich zu einer Höhe gehoben, von der herab, bei weit hinschwingendem Horizont, ihm das Einzelne nur gruppenweise verteilt, wie umflossen von leichtem Duft erscheint. Dieser bildliche Ausdruck ist gewählt, um den Standpunkt zu bezeichnen, aus dem wir hier versuchen, das Universum zu betrachten und in seinen beiden Sphären, der himmlischen und der irdischen, anschaulich darzustellen. ... Durch Trennung und Unterordnung der Erscheinungen, durch ahnungsvolles Eindringen in das Spiel dunkel waltender Mächte, durch eine Lebendigkeit des Ausdrucks, in dem die sinnliche Anschauung sich naturwahr spiegelt, können wir versuchen, das All zu umfassen und zu beschreiben, wie es die Würde des großartigen Wortes

Kosmos, als Universum, als Weltordnung, als Schmuck des Geordneten erheischt. Möge dann die unermeßliche Verschiedenartigkeit der Elemente, die in ein Naturbild sich zusammendrängen, dem harmonischen Eindruck von Ruhe und Einheit nicht schaden. ... Wir beginnen mit den Tiefen des Weltraums und der Region der fernsten Nebelflecke, stufenweise herabsteigend durch die Sternschicht, der unser Sonnensystem angehört, zu dem luft- und meerumflossenen Erdsphäroid, seiner Gestaltung, Temperatur und magnetischen Spannung, zu der Lebensfülle, welche, vom Licht angeregt, sich an seiner Oberfläche entfaltet. So umfaßt ein Weltgemälde in wenigen Zügen die ungemessnen Himmelsräume wie die mikroskopischen kleinen Organismen des Tier- und Pflanzenreichs, welche unsere stehenden Gewässer und die verwitternde Rinde der Felsen bewohnen.«

Der unvollendete Kosmos

Vier Bände des »Versuchs einer physischen Weltbeschreibung« konnte Humboldt vollenden. Vom fünften vermochte er noch die ersten Kapitel für den Druck vorzubereiten. Von dem genannten Werk des Pierre d'Ailly hatte Humboldt gesagt, es entspräche sein Inhalt nicht dem Titel. Er hat »mit Wehmut« geahnt, daß dies letztlich auch für seinen »Kosmos« gelten würde:

»Ein ansehnlicher Teil der qualitativen Kräfte der Materie oder, um naturphilosophischer zu reden, ihrer qualitativen Kraftäußerungen, ist gewiß noch unentdeckt. Das Auffinden der Einheit in der Totalität bleibt daher schon deshalb unvollständig. Neben der Freude an der errungenen Erkenntnis liegt wie mit Wehmut gemischt in dem aufstrebenden, von der Gegenwart unbefriedigten Geist die Sehnsucht nach noch nicht aufgeschlossenen, unbekannten Regionen des Wissens. Eine solche Sehnsucht knüpft fester das Band, welches nach alten, das Innerste der Gedankenwelt beherrschenden Gesetzen alles Sinnliche an das Unsinnliche kettet; sie belebt den Verkehr zwischen dem, ›was das Gemüt von der Welt erfaßt, und dem, was es aus seinen Tiefen zurückgibt‹.«

Als Humboldt wenige Monate vor seinem neunzigsten Geburtstag starb, fand man auf dem Nachttisch neben seinem Sterbebett drei Zettel mit Notizen für den »Kosmos«. Auf einem stand ein Satz aus der Genesis: »Also ward vollendet Himmel und Erde mit ihrem ganzen Heer.« Eine Radierung in Wilhelm Kaulbachs Zyklus »Totentanz« zeigt Humboldt demütig am offenen Grabe stehend, während der Tod herzutritt und ihm die Weltkugel, auf der »Kosmos« geschrieben steht, von der Schulter nimmt. In der Stille seines Kabinetts in der Oranienburger Straße in Berlin widerfuhr ihm dasselbe wie Magalhães bei seinem Tod auf Mactan.

Der idealistische Schwung, mit dem Humboldt die Zuhörer seiner Kosmos-Vorlesungen und die Leser seines großen Werkes hinriß, lebte in der poetischen Redekunst seiner Darstellung: Er hat die Fülle der Einzelheiten mehr mit seiner Begeisterung umfaßt als mit seinem Denken. Auch blieb er im Hinblick auf methodische Fragen letztlich naiv und hat sich nie um eine philosophische Grundlegung seines Unterfangens bemüht. – 1892 versuchte dann der junge Rudolf Steiner, dies nachzuholen:

»Nun zeigt sich aber die Sinnenwelt als unorganische an keinem ihrer Punkte als abgeschlossen, nirgends tritt ein individuelles Ganzes auf. Immer weist uns ein Vorgang auf einen anderen, von dem er abhängt; dieser auf einen dritten und so weiter. Wo ist hier ein Abschluß? Die Sinnenwelt als anorganische bringt es nicht zur Individualität. Nur in ihrer Allheit ist sie abgeschlossen. Wir müssen daher streben, um ein Ganzes zu haben, die Gesamtheit des Unorganischen als ein System zu begreifen. Ein solches System ist der Kosmos. Das durchdringende Verständnis des Kosmos ist Ziel und Ideal der unorganischen Naturwissenschaft. Jedes nicht bis dahin

vordringende wissenschaftliche Streben ist bloße Vorbereitung; ein Glied des Ganzen, nicht das Ganze selbst.«

Insofern der Kosmos physische (d. h. anorganische) Weltbeschreibung ist, muß er also »Versuch« oder Ausdruck des
Strebens nach einem unendlich fernen Ziel bleiben. Was dieses Ziel in jedem Fall gewährleistet, ist das gedankliche Zu-
sammenhängen des Weltbildes. Die Frage nach seiner vorläufig unerreichbaren Geschlossenheit bleibt notwendigerweise
offen.

Das haben schon Zeitgenossen Humboldts geahnt. 1852,
kaum vier Jahre nach dem Erscheinen der ersten Ausgabe des
»Kosmos« und von ihm angeregt, schrieb Adalbert Stifter in
der Vorrede zu seinen »Bunten Steinen«:

»Weil aber die Wissenschaft nur Körnchen nach Körnchen
erringt, nur Beobachtung nach Beobachtung macht, nur aus
Einzelnem das Allgemeine zusammenträgt, und weil endlich
die Menge der Erscheinungen und das Feld des Gegebenen
unendlich groß ist, Gott also die Freude und die Glückselig-
keit des Forschens unversieglich gemacht hat, wir auch in
unseren Werkstätten immer nur das Einzelne darstellen können, nie das Allgemeine, denn dies wäre die Schöpfung: So
hat auch die Geschichte des in der Natur Großen in einer
immerwährenden Umwandlung der Ansichten über dieses
Große bestanden. Da die Menschen in der Kindheit waren,
ihr geistiges Auge von der Wissenschaft noch nicht berührt
war, wurden sie von dem Nahestehenden und Auffälligen ergriffen, und zur Furcht und Bewunderung hingerissen: als ihr
Sinn geöffnet wurde, da der Blick sich auf den Zusammenhang zu richten begann, so sanken die einzelnen Erscheinungen immer tiefer, und es erhob sich das Gesetz immer höher,
die Wunderbarkeiten hörten auf, das Wunder nahm zu.«

Nicht zufällig findet sich Rudolf Steiners versteckte Huldigung an Humboldt in einer Untersuchung über die »Erkenntnistheorie der Goetheschen Weltanschauung«. Die Frage, wie
Humboldt selbst zu Goethes Bemühung um die Einheit des

Weltbilds stand, liegt nahe und ist darüber hinaus mit dem Mythos der Entdeckungen verbunden. Humboldt hatte sich nämlich, wie Goethe, mit dem Gedanken einer Fahrt nach Indien getragen. Er schrieb ihm darüber am 3. Januar 1810: »Mein Projekt ist, mich nach dem Kap einzuschiffen, an der Südspitze von Afrika ein Jahr zu bleiben und mich mit den südlichen Strömen zu beschäftigen; dann nach Ceylon und Kalkutta zu gehen, mich in Benares, wo Karawanen von Lhasa ankommen, auf Tibet vorzubereiten und dann weiter vorwärts nach Norden einzudringen. Möge die äußere Lage der Welt meine Pläne bald begünstigen. Und Ihr großes optisches Werk, nach dem wir so lange begierig sind? Ich höre, daß der größere Teil davon gedruckt ist. Lassen Sie es kühn vom Stapel laufen, damit Sie selbst die sich doch nur langsam entwickelnden Folgen einer solchen Unternehmung sehen können.«

Aus diesen Zeilen spricht die hinter Humboldts wehmütiger Ahnung stehende Tragik. Er bezeichnet Goethes Farbenlehre geradezu als ein Schiff, und sie wäre in der Tat das Fahrzeug gewesen, mit dessen Hilfe er das Weltgemälde – vielleicht – hätte vollenden können. Aber bei aller Verehrung für Goethe rechnete Humboldt doch eher damit, daß die Einheit des Universums sich auf der von Newton beschrittenen Bahn der Kausalität des Anorganischen würde finden lassen. Er hatte sich damit auf erkenntnistheoretische und methodologische Voraussetzungen festgelegt, die für sein Vorhaben so geeignet waren, wie eine venezianische Prunkgaleere es für die Weltumsegelung gewesen wäre, und deshalb mußte er über dem unvollendeten Weltgemälde sterben. Die Karavelle Goethes wartet noch immer.

V. Auf den Spuren des Zwillings

Gesegnet bist du,
dem Sonnenstrahl vom großen Gestirn gleich.
Deine willkommene Morgenhelle
verscheucht Indiens beängstigendes Dunkel.
Du, die große Leuchte, einer von den Zwölfen,
genährt mit Öl vom Kreuze,
erfülltest du Indiens Nacht mit Licht.

Ephrem der Syrer, Hymnus
auf den Apostel Thomas

Der Pfauengleiche

Asien, und Indien im besonderen, sind auch in geistiger Hinsicht Weltteile, die Europa im Lauf der Zeiten auf sehr verschiedene Weise begegnet sind. Ein schönes, von gegenseitiger Achtung zeugendes Beispiel solcher Begegnung ist durch Strabo (15-1-73) und andere antike Geschichtsschreiber überliefert: Im Jahr 19 v. Chr. empfing Kaiser Augustus eine Gesandtschaft des indischen Königs Poros, zu der auch ein Brahmane gehörte, der das Geheimnis von Eleusis kennenlernen wollte. Auf Geheiß des Augustus durfte er der Epopteia beiwohnen und dabei die heilige Flamme schauen. Danach ließ der Brahmane in Eleusis einen Scheiterhaufen errichten und sprang, nackt mit gesalbtem Leib, lachend ins Feuer, »nach dem ererbten Brauch der Inder sich unsterblich machend«.

Die Portugiesen blieben in eigenartiger Weise unberührt von der spirituellen Weltmacht Indien, ganz im Gegensatz zu den späteren englischen Herren Indiens, über die – etwa durch die anglo-indische Theosophie – Asien dann auch in Europa selbst geistigen Boden gewinnen konnte. So unglaublich dies scheinen mag, hielten doch die Portugiesen oder wenigstens diejenigen unter ihnen, für die der Verfasser des »Roteiro« der ersten Reise Vasco da Gamas sprechen konnte, die Hindus anfangs für Christen und ihre Tempel für Kirchen:

»Zunächst der Gesamtbau der Kirche: sie war von der Größe eines Klosters, ganz aus behauenen Steinen erbaut und mit Ziegeln gedeckt. An ihrem Hauptportal stand eine Bronzesäule von der Höhe eines Mastes, und oben auf dieser Säule war ein Vogel, der ein Hahn zu sein schien, und noch eine andere Säule, die von Manneshöhe und sehr dick war. In der Mitte des Kircheninnenraumes befand sich eine Kapelle ganz aus behauenem Stein mit einer bronzenen Tür, die gerade so hoch war, daß ein Mensch hindurchschreiten konnte. Zu dieser Tür gelangte man über eine steinerne Treppe. In der Kapelle befand sich ein kleines Bild, von dem sie sagten, es stelle die Mutter Gottes dar, und vor dem Haupteingang der Kirche, längs der Wand, waren sieben kleine Grabmäler. Hier verrichtete der Kommandant ein Gebet und wir anderen mit ihm. In die besagte Kapelle traten wir jedoch nicht ein, da auch die Eingeborenen dies nicht tun, mit Ausnahme von einigen bestimmten Leuten, die Kirchendienst tun. Diese werden Quafees genannt. Die Quafees tragen Kordeln über der Schulter – es ist die linke Schulter – und unter der Schulter des rechten Armes hindurch, so wie die Diakonen bei uns die Stola tragen. Sie spritzten Weihwasser auf uns, gaben einem von uns eine weiße Erde, die die Christen hierzulande gewöhnlich auf Stirn und Brust und um den Hals herum und auf die Ellbogen streichen. Diese Zeremonie vollzogen sie umständlich vor dem Kommandanten und gaben auch ihm von dieser Erde, damit auch er sich damit bestreiche; der Kommandant nahm sie zwar entgegen, gab sie aber einem von uns in Verwahr, wobei er zu verstehen gab, daß er sich später damit bestreichen würde. Rings an den Wänden der Kirche waren viele Heilige gemalt; diese trugen Heiligenscheine, doch war ihre Darstellung fremdartig, denn die Zähne waren so groß, daß sie einen Zoll aus dem Mund hervorstanden, und jeder Heilige hatte vier oder fünf Arme.«

Die Erwartung, in Indien auf Christen zu stoßen, war begründet, denn viele in Europa bekanntgewordene Berichte von Asienreisenden sprachen von einer christlichen Diaspora in Indien und anderen fernöstlichen Regionen. Mit der Ausbreitung des portugiesischen Erfahrungs- und Machtbereichs in Indien erkannte man dann bald den Unterschied zwischen den Hindus und den nestorianischen Christen, denen die Portugiesen 1503 in Kranganur gegenüberstanden. In den folgenden Jahren entdeckte man an der gesamten Malabarküste und deren Hinterland weitere Christengemeinden, die allesamt ihren Ursprung auf den Apostel Thomas zurückführten. Diesem sei bei der Aufteilung der Welt Indien zugefallen; über Babylon sei er zunächst zur Insel Sokotra gereist, wo er viele bekehrte. Von dort sei er im Jahr 52 nach Kranganur gekommen und habe die ersten Inder getauft. Nach weiteren Missionsreisen an der Malabarküste habe er in China gepredigt und Kirchen gebaut. Schließlich kehrte er nach Indien zurück, um an der Koromandelküste zu missionieren, und erlitt in der dortigen Hauptstadt Mailapur den Märtyrertod; unter den verschiedenen Versionen über das Ende des Apostels ist die folgende besonders eindrucksvoll, die wir in den Worten Marco Polos wiedergeben:

»Er lebte in einer Einsiedelei, um zu beten, wobei er von vielen Pfauen umgeben war, die es dort in großen Mengen gibt. Da kam ein Götzendiener vom Stamme der Gavi, der bemerkte den Heiligen nicht und schoß einen Pfeil nach einem der Pfauen, traf aber den Apostel. Dieser hatte nur noch Zeit, Gott für alle seine Gnade zu danken und ihm seinen Geist zu empfehlen.«

Die in syrischer Sprache verfaßten Thomas-Akten sind die ausführlichste und am besten überlieferte apokryphe Apostelgeschichte. Ihr legendenhafter Bericht ergänzt die indische Tradition: Thomas sei als Sklave von einem Kaufmann erworben worden, der den Auftrag hatte, im Westen einen geschickten Baumeister für den indischen König Gundaphar zu suchen. An den Königshof gelangt, nimmt der Apostel den Auftrag zum Bau eines herrlichen Palastes an, zieht dann aber predigend und Wunder wirkend durch das Land und verteilt dabei die für den Bau bestimmten Mittel als Almosen unter die Armen. Dem König erklärt er, der Palast sei nun fertig, er könne ihn aber erst nach seinem Tode sehen. Der Marter und Todesstrafe, die der erzürnte Herrscher über ihn verhängt, entgeht Thomas nur, weil der Bruder des Königs in selbiger Nacht stirbt, im Jenseits den herrlichen Palast schaut und ins

Leben zurückkehren darf, um dem König das Bauwerk abzu-
kaufen. Daraufhin nehmen der König, sein Bruder und viele
andere die Taufe. Der zweite Teil der Legende erzählt dann
von der Berufung und Reise des Apostels in ein anderes indi-
sches Königreich sowie von seinem dort bestandenen Marty-
rium.

Strabo berichtet, daß zu Beginn der römischen Herrschaft
über Ägypten jährlich mehr als 120 Schiffe zwischen Ägypten und Indien verkehrten, und zwar, so kann man ergänzen, über die Küstenroute, auf der die Reise in der Regel über
zwei Jahre dauerte. Im ersten vorchristlichen Jahrhundert erkannte der griechische Steuermann Hippalus, daß bei sy-
stematischer Ausnutzung der Monsunwinde die Hin- und
Rückfahrt über das offene Meer erfolgen konnten, so daß
sich die Reisezeit auf etwa neun Monate verkürzte. Zur Lebenszeit des Apostels war eine Reise nach Indien also nichts
Ungewöhnliches, und daß es gerade ein Kaufmann ist, der
Thomas nach Osten führt, erscheint als wirklichkeitsgetreuer
Zug der Legende.

Der Name des Afrika und Arabien vorgelagerten Sokotra
ist indischen Ursprungs; er kommt von »dvipa sukhatara«,
was soviel wie glückliche Insel bedeutet und als »Dioscorides« hellenisiert wurde. Auf Sokotra gab es allzeit eine indische Kolonie: Es waren dies die der Heimat des Apostels am
nächsten wohnenden Inder. Als die Portugiesen anderthalb
Jahrtausende später dort landeten, fanden sie noch christliche
Gemeinden vor, die der Überzeugung waren, von Thomas
begründet worden zu sein. Auch Marco Polo erwähnt den
Bischof von Sokotra im dritten Buch seines Reisewerks, und
Kosmas Indikopleustes schreibt um 525 in der »Topographia
Christiana«:

»Auf der Insel Ceylon im diesseitigen Indien gibt es dort,
wo das Indische Meer ist, eine christliche Kirche, Kleriker
und Gläubige – ich weiß nicht, ob auch noch darüber hinaus –, ähnlich wie an der Malabar-Küste, wo auch der Pfeffer

wächst, und im sogenannten Kalliana. Auch ist dort ein Bischof, der von Persien geweiht ist. Dasselbe ist der Fall auf der Insel Dioscorides im Indischen Meer. Auf ihr leben Bewohner, die griechisch sprechen, Abkömmlinge der Ptolemäer, die nach dem Mazedonier Alexander die Herrschaft innehatten, sowie Kleriker, die in Persien geweiht und zu der dortigen Bevölkerung geschickt sind, und eine christliche Gemeinde. Ich bin an dieser Insel vorbeigefahren und habe sie nicht betreten. Mit ihren griechisch sprechenden Bewohnern aber bin ich zusammengetroffen, als sie nach Äthiopien kamen. Ebenso gibt es unzählige Mönche und Bischöfe auch in Baktrien, im Hunnenlande, in Persien, im übrigen Indien, bei den Persarmeniern, den Medern, den Elamitern und im gesamten persischen Lande, dazu sehr viel christliches Volk, viele Märtyrer und Mönchseinsiedler.«

Reiche Funde römischer Münzen in Süd- und Mittelindien sowie im nordwestlichen Grenzland belegen die wirtschaftlichen Beziehungen zum Mittelmeerraum. Daß nicht nur römisches Gold und Silber in Indien zirkulierte, sondern auch römische Kupfermünzen, die zum Teil sogar in Indien geprägt waren, ist bedeutsam: Man kann daran ablesen, daß dort römische Untertanen lebten, die das Kleingeld im täglichen Leben benutzten. Auf eine andere Spur führt ein numismatischer Fund im indo-afghanischen Grenzland. Die griechischen und indischen Aufschriften dieser Münzen bezeugen, daß hier zwischen den Jahren 10 und 50 n. Chr. tatsächlich ein König namens Gundaphar regierte. Mittelpunkt seines Reiches war das Handels- und Kulturzentrum von Ghandara, dessen bildende Kunst, vor allem in der Plastik und den dekorativen Elementen der Architektur, in diesen Jahrzehnten zunehmend westlichen Einfluß zeigt; es fällt schwer, hier nicht daran zu denken, daß der König der Legende Thomas gerade als Baumeister zu sich rief. Alles in allem spiegeln die Thomas-Akten also durchaus die wirtschaftlich-kulturellen Beziehungen zwischen Vorderem

Orient und Indien. Es ist wohl statthaft, ihre Glaubwürdigkeit auch für den religiösen Kern der Legende vorauszusetzen.

Camões hat im letzten Gesang der »Lusiaden« den indischen Schicksalen des Apostels nicht weniger als zwölf Stanzen gewidmet. Man kann dies gewiß so verstehen, daß er auf die der kirchlichen Druckerlaubnis vorangehende Zensur seines Werkes Rücksicht nehmen mußte und deshalb der Venusinsel und den anderen heidnischen »Allegorien« auch einiges aus der christlichen Bilderwelt stammende zur Seite stellte. Dennoch ist es ernst gemeint und tief gefühlt, wenn er den Apostel als Wegbereiter der Entdecker sieht und nach seiner Schilderung des Martyriums von Thomas nichts Geringeres erbittet, als daß dieser der Schutzpatron der Portugiesen in Asien sein möge (X. Gesang):

118. Der Indus muß um dich, der Ganges weinen,
     Und jene Länder all, durch die du drangst,
     Mehr aber noch die gläub'ge Schar der Deinen,
     Der du des Heil'gen Glaubens Kleid errangst;
     Sieh jubelnd nun der Engel Chor erscheinen
     Am Himmelstor, zu dem du auf dich schwangst:
     Oh Thomas, bitt' vor Gott um Hilf und Gnade
     Für deiner treuen Lusitanen Pfade.

Die Stunde der Nestorianer

Daß Thomas bis nach China gelangte, bleibt eine Behauptung der Legende, für welche die Überlieferung nicht mehr als allgemeine Züge im Hintergrund abgibt. Auch wenn die Tradition nur von einer Berufung des Apostels zur Heidenmission spricht, so mag die Frage, ob er auf seinem Weg auch in der Zerstreuung lebenden Juden begegnen würde, nicht ganz bedeutungslos gewesen sein. Die jüdische Diaspora durchdrang den gesamten hellenistischen Kulturbereich und sein Umfeld bis weit nach Persien und Indien hinein. Die mündliche Tradition der Judengemeinden in China, deren Nachkommen heute noch an ihren Bräuchen als solche zu erkennen sind, führen ihren Ursprung in das 8. Jahrzehnt n. Chr. zurück, also in die Zeit der Zerstörung des Tempels.

Um das Jahr 100 erreicht China unter dem Kaiser Ho-ti einen ersten Höhepunkt seiner Ausdehnung, der mit einer Intensivierung des Seidenhandels einherging. General Pant-schou hatte die Westgrenze Chinas bis an das Partherreich vorgeschoben. Im Jahr 98 entsandte er seinen Botschafter Kan-ying nach Westen, um mit den Römern Kontakt aufzunehmen. Dabei dürften mit dem Seidenhandel verbundene wirtschaftliche Motive eine wichtige Rolle gespielt haben. Das war auch den Parthern deutlich, für die der durch ihr Gebiet verlaufende Handel eine wichtige Einnahmequelle darstellte, und es war wohl der Grund dafür, daß sie den Botschafter, der bereits bis an den Euphrat gelangt war, zur Umkehr bewegten. Der erste urkundlich belegte Besuch römischer Untertanen wird in den chinesischen Annalen für das Jahr 120 n. Chr. verzeichnet. Es handelte sich um eine Gauklertruppe, die wahrscheinlich aus Syrien stammte und über die Seidenstraße gereist war:

»Im ersten Jahre Yung-ning sandte der Herrscher des Landes Shan, namens Yung-yu-tiao, wieder einen Gesandten, der Musiker und Gaukler anbot, als er vom Kaiser empfangen wurde. Diese verstanden Beschwörungen vorzunehmen, Feuer zu speien, ihre Gliedmaßen zu binden und ohne Hilfe wieder freizumachen, die Köpfe von Kühen und Pferden zu vertauschen, und sie konnten mit tausend Bällen tanzen. Sie sagten selbst: ›Wir sind Männer vom westlichen Meere. Das westliche Meer ist dasselbe wie Ta-tsin [chin. für das Römerreich]. Man gelangt durch den Südwesten des Landes Shan nach Ta-tsin.‹ Beim Beginn des nächsten Jahres musizierten sie bei Hofe im Beisein des Kaisers An-ti.«

Die indischen Thomas-Christen, aber auch alle anderen von Kosmas aufgezählten Christengemeinden gehörten der nestorianischen Kirche an. Die Lehre des Nestorius war 431 auf dem Konzil von Ephesus verdammt worden; ihre Anhänger flüchteten in das persische Sassanidenreich, wo sie sich 484 als eigene Kirche konstituierten, die nicht nur von den späteren islamischen Machthabern geduldet wurde, sondern sogar eine ausgedehnte Missionstätigkeit in Indien, Turkestan, der Mongolei und China entfalten konnte. Das schließt einen früheren Ursprung etwa der indischen Kirche nicht aus, denn die nestorianische Mission kann schon vorhandene Gemeinden einbezogen haben – so wie die indischen Nestorianer sich teils nach Ankunft der Portugiesen dem Zwang zur Union mit Rom beugten, teils im 17. Jahrhundert mit der syrischen Jakobitenkirche vereinigten.

1625 wurde in der Nähe der Stadt Singan-fu eine in chinesischer und syrischer Sprache beschriftete nestorianische Steintafel gefunden. Der Inschrift ist zu entnehmen, daß sie im Jahr 781 von dem Sohn eines aus Afghanistan stammenden christlichen Priesters angefertigt wurde. Ferner heißt es:

»Als Tsai-tung, der leuchtende Kaiser, seine glückliche Regierung in Ruhm und Glanz begann, indem er sein Volk erleuchtet und weise beherrschte, lebte im Königreich Groß-Tsin [Syrien] ein Mann von großer Tugend, namens Olopön, der, weissagend aus leuchtenden Wolken, die Heiligen Schriften herbeibrachte und die Schwierigkeiten und Gefahren bestand, indem er die Harmonie der Winde beobachtete. Im 9. Jahre Tscheng-kuan [636 n. Chr.] kam er nach Tschangngan. Der Kaiser sandte seinen Staatsminister Fang-hüanling an der Spitze einer Eskorte in den westlichen Vorort, um den Besucher zu empfangen und zu geleiten. Seine Schriften wurden in der Bibliothek übersetzt. Als die Lehren in den Privatgemächern geprüft wurden, erkannte der Kaiser ihre Richtigkeit und Wahrheit und ordnete an, sie sollten gepredigt und verbreitet werden.«

Der Kaiser Tsai-tung regierte von 626 bis 649 und war eine der überragenden Herrschergestalten der chinesischen Geschichte. Von der Gewalt des zu dieser Zeit sich ausbreitenden Islam erschreckt, unterwarfen sich ihm viele kleinere Völker Innerasiens, so daß sein Reich fast bis an die Wolga reichte. Zu keiner Zeit vorher oder nachher war Chinas Territorium größer. Tsai-tung und seine Gattin waren dem Christentum überaus wohlgesonnen, so daß in vielen Städten Kirchen gebaut werden konnten; eine besonders große entstand, auf Befehl des Kaisers, in Singan-fu. Warum der Kaiser nicht selbst die Taufe erbat, und was ein solcher Schritt für das ganze Land bedeutet hätte, gehört in das Reich der Spekulation. Auf jeden Fall zeugt die Nestorianer-Tafel von einem besonderen Augenblick in der Geschichte der Beziehungen zwischen China und dem Christentum; und daß der chinesische Kaiser selbst im Mittelpunkt der Ereignisse stand, ist ein Zug, der sich bei allen weiteren Gelegenheiten zur Christianisierung Chinas wiederfindet.

Pfingsten in Karakorum

Nicht weniger folgenreich als die Eroberungszüge des Dschingis Khan waren seine und seiner Nachfolger Toleranz in religiösen Fragen und die Freizügigkeit, die sie Reisenden in ihren Reichen gewährten. Die Pferdepost und die Wege- und Straßenverbindungen zwischen den mongolischen Stammländern in Innerasien und Osteuropa rückten diese so nah aneinander, wie es erst viel später wieder durch die Transsibirische Eisenbahn geschah. Diese Offenheit führte dazu, daß sich Menschenschicksale in bisher ungeahntem Ausmaß über Tausende von Kilometern hin nach Osten entfalteten; die meisten von ihnen blieben namenlos – man ahnt ihren Umfang aber, wenn man etwa Marco Polo davon sprechen hört, daß er in Peking Herbergen für Deutsche, Langobarden und

Franzosen fand. Dem stehen die jeweils 24 Jahre dauernden Asienreisen Marco Polos (1271-1295) oder Ibn Battutas (1325-1349) gegenüber, die durch ihre literarische Aufarbeitung weltweite Bekanntheit und Wirksamkeit erreichten.

Im 13. und 14. Jahrhundert kam es zu einer Reihe von Gesandtschaften in die Mongolei, denen die erwähnten Reisemöglichkeit und die Empfangsbereitschaft der Khane zugute kam. Den Anfang machte 1246 Papst Innozenz IV., indem er den Franziskanerpater Pian del Carpini (1182-1252) mit einem Sendschreiben an den Großkhan nach Osten sandte. Der Brief enthielt hochtrabende Ermahnungen an den Khan und wurde im gleichen Ton beantwortet. Bemerkenswert ist die Person Carpinis: Er war bei Antritt der Reise schon 64 Jahre alt – und hatte etliche Jahre seines Lebens als Begleiter und Schüler des Franz von Assisi zugebracht. Seinem Reisebericht entnahmen die Zeitgenossen viele wichtige Erkenntnisse über die Geographie des Fernen Ostens sowie über Geschichte und Lebensweise der Tataren und Mongolen.

Von 1249 bis 1251 dauerte die im Auftrag Ludwigs des Frommen von Frankreich unternommene ergebnislose Missionsreise des Dominikaners Andreas von Longjumeau. Schon zwei Jahre später sandte Ludwig IX. abermals einen Mönch aus: Der Franziskaner Wilhelm von Rubruk sollte an der Wolga den Mongolenprinzen Sartak aufsuchen, von dessen vermeintlichem Christentum man sich Hilfe bei der Mission im Osten versprach. Sartak verwies Rubruk jedoch an seinen Vater Batu, und dieser leitete ihn weiter an den Großkhan Mangu. Am 27. Dezember 1253 traf der Franziskaner, gemäß seiner Ordensregel trotz des Winters barfuß reisend, im wenige Tagesreisen von Karakorum entfernten Winterlager Mangu Khans ein und wurde zu einer ersten Audienz empfangen:

»Also stellte man uns vor dem Eingang des Zeltes auf. Der Filzteppich wurde emporgehoben. Da es noch Weihnachtszeit war, fingen wir zu singen an:

A solis cardine
et usque terrae limitem
Christum canamus principem
Natum Maria Virgine

Vom Aufgang der Sonne
Bis zu den Grenzen der Erde
Laßt uns Christum, den Fürsten,
Sohn der Jungfrau Maria, besingen.

Als wir diesen Hymnus gesungen hatten, wurden wir überall
an den Beinen, der Brust und den Armen untersucht, ob wir
Messer bei uns trügen. ... Hierauf traten wir ein. Am Eingang
stand eine Bank, neben der sich der Dolmetscher aufstellen
mußte. Uns aber ließen sie auf Schemeln vor den Frauen Platz
nehmen. Die Jurte war innen ganz mit Goldbrokat ausge-
schlagen. In der Mitte des Raumes brannte auf einem kleinen
Herd ein Feuer, das mit Dornsträuchern, Wurzeln aus dem
dort reichlich vorhandenen Wermut und mit Ochsenmist un-
terhalten wurde. Mangu Khan selbst saß auf einer Lagerstätte
mit einem besprenkelten, hell leuchtenden Pelz bekleidet,
der wie ein Seehundfell aussah. Er ist ein plattnäsiger Mann
von mittlerer Gestalt, etwa 45 Jahre alt. Neben ihm saß eine
jugendliche Frau mit anderen kleinen Kindern und seiner
schon herangewachsenen Tochter Cirina, die ausgesprochen
häßlich ist. Die Jurte war nämlich Eigentum einer christlichen
Frau gewesen, die er sehr geliebt und die ihm diese Tochter geschenkt hatte. ... Er ließ uns nun fragen, was wir trin-
ken wollten, ob Wein oder Terracina, ein Gebräu aus Reis,
oder Karakosmos, helle Stutenmilch, oder Bal, Met aus Ho-
nig. ...
[Im Lager des Khans] traf uns eine aus Metz in Lothringen
stammende Frau mit Namen Pascha, die in Ungarn gefangengenommen worden war. Sie tat alles in ihren Kräften Stehende, um uns ein rechtes Pascha, Ostermahl, zu bereiten,

auch wenn es erst Anfang Januar war. Sie gehörte zum Haushalt der schon erwähnten Frau, die Christin geworden war, jener Tochter Mangus. Sie berichtete uns von unerhörten Nöten, die sie hatte durchstehen müssen, ehe sie an den Hof kam. Jetzt ging es ihr aber recht gut. Sie hatte einen jungen Russen zum Mann. Aus dieser Verbindung stammten drei hübsche Buben. Ihr Mann verstand sich gut auf den Bau von Jurten, was dort ein sehr lohnendes Handwerk ist. Sie erzählte uns weiter von einem in Karakorum lebenden Goldschmied, Wilhelm Buchier, der in Paris geboren war.«

Am 5. April – zum Palmsonntag – zog Rubruk in Karakorum ein:

»Das Kreuz mit der Fahne hoch erhoben, schritten wir mitten durch das Viertel der Sarazenen, wo sich der Markt befindet, zur Kirche. Die Nestorianer kamen uns in einer Prozession entgegen. In die Kirche eingetreten, fanden wir sie zur Messe vorbereitet. Nachdem sie zelebriert worden war, nahmen alle das Abendmahl. Sie fragten auch mich, ob ich es wollte. Ich mußte ablehnen, weil ich bereits etwas getrunken hatte und man das Sakrament nur nüchtern nehmen darf. Als die Messe gelesen war, war es schon Abend geworden. Meister Wilhelm Buchier führte uns voll Freude zu seiner Behausung, wo wir mit ihm speisen sollten. Zur Frau hat er die Tochter eines Lothringers, die allerdings in Ungarn geboren wurde und sehr gut Französisch und Kumanisch spricht.«

Der französische Goldschmied verschafft Rubruk dann einen Ornat und die für die bevorstehende Ostermesse nötigen Geräte:

»Die Nestorianer überließen mir ihre Taufkapelle, in der sich ein Altar befand. … Am Gründonnerstag feierte ich also das Heilige Abendmahl und benutzte dazu ihren silbernen Kelch und ihre Schale, die beide recht groß waren. In derselben Weise zelebrierte ich am Ostersonntag. Wir teilten, wie ich hoffe, unter Gottes Segen dem Volk das Heilige Abendmahl aus. Am Ostervorabend tauften die Nestorianer mehr als sechzig Personen, und dies in sehr ordentlicher Form. Bei allen Christen herrschte eine große Freude.«

Am Abend vor Pfingsten wird Rubruk vom Khan zu einem Religionsgespräch mit Mohammedanern, Nestorianern und »Götzenanbetern« aufgefordert; mit letzteren sind wohl Buddhisten und Schamanen gemeint. Das Gespräch verläuft recht diszipliniert, wozu die vom Khan aufgestellten Spielregeln das ihre beigetragen haben mögen:

»Dies ist der Befehl Mangus. Niemand wage zu behaupten, Gottes Gebot sei ein anderes. Er befiehlt, daß sich bei Todesstrafe niemand unterstehen solle, gegen die andere Partei streitsüchtige oder kränkende Worte zu gebrauchen noch einen Tumult vom Zaune zu brechen, der diese Versammlung stören würde.«

Vom Ende dieses denkwürdige Ereignisses erzählt Rubruk: »Unter den Anwesenden befand sich auch ein sehr alter Priester aus der Sekte der Uiguren, die nur zu einem Gott beten, obwohl sie sich Götzenbilder machen. Mit ihm sprachen die Nestorianer sehr ausführlich. Sie erzählten ihm alles bis zur Ankunft des Antichrist auf Erden und bewiesen ihm wie auch den Sarazenen durch Vergleiche die Dreieinigkeit. Ohne Widerspruch hörten ihnen alle zu, aber kein einziger sagte: Ich glaube und will Christ werden. Am Ende dieses Gesprächs stimmten die Nestorianer und die Sarazenen laut einen Gesang an, während die Götzendiener stumm blieben. Ein allgemeines Zechgelage bildete den Abschluß.«

Am Pfingstsonntag erhält Rubruk seine letzte Audienz, in deren Verlauf Mangu Khan die Erörterung religiöser Fragen mit den Worten beendet:

»Aber so wie Gott der Hand verschiedene Finger gab, so gab er auch den Menschen verschiedene Wege, die Seligkeit zu erlangen. Euch gab Gott die Heilige Schrift, aber ihr Christen richtet euch nicht danach. ... Uns aber gab er Weissager. Wir richten uns danach, was sie sagen, und wir leben in Frieden.«

Der Franziskaner, der ausgezogen war, den Mongolen das Christentum zu bringen, mußte sich sagen: »Hätte ich Macht gehabt, wie Moses Wunder und Zeichen zu tun, vielleicht hätte er sich gedemütigt.« Die eigentliche Frucht dieser Reise war Rubruks Reisebericht, dessen Mitteilungen über Völker, Sprachen und Religionen Innerasiens und der Mongolei auch Marco Polo nicht viel Wesentliches hinzufügen konnte. Nichts kennzeichnet den wachen Sinn, mit dem Rubruk beobachtete, besser als sein Klageruf: »Wenn ich doch wenigstens malen könnte! Ich würde alles mit dem Pinsel berichten.«

Die Stunde der Franziskaner

Mangus Nachfolger Kublai wurde 1214 als Enkel Dschingis Khans geboren. 1264 verlegte er seine Residenz nach Peking, das damals, nach dem osttürkischen khanbalik (Stadt des Großkhans), Kambaluk genannt wurde. Die Zeit, da der Khan Gesandtschaften in einer Jurte mit Stutenmilch bewirtete, war nun vorbei. Der kultivierte, mit Weitblick und Menschenkenntnis ausgestattete Mongole stellte sich würdig in die Reihe der großen und weisen Kaisergestalten des alten China. Er war es, der 1275 die drei Polos empfing und Marco, den jüngsten unter ihnen, bald zu seinem besonderen Vertrauten machte, dem er Ämter und diplomatische Missionen in seinem Reich anvertraute.

Marco Polos Schilderungen von der Größe und dem Reichtum Chinas haben ihm bekanntlich nach seiner Heimkehr vielfach den Spott seiner Landsleute zugezogen, bis dahin, daß er zu einer Gestalt der venezianischen Maskenumzüge wurde. Dennoch wurde der Reisebericht des Venezianers zu einer der wichtigsten Quellen des geographischen Wissens zu Beginn der Neuzeit; so sind etwa mindestens 25 von 32 schriftlichen Legenden auf dem Globus des Martin Behaim nachweislich auf Marco Polo zurückzuführen. Auf die Phan-

tasie des Kolumbus wirkte besonders die eindrucksvolle
Schilderung Japans, von dem Marco Polo als erster Europäer
Kunde gibt:

»Cipangu ist eine große Insel im östlichen Ozean, etwa
1500 Meilen vom Festland und der Küste entfernt. Die Einwohner der Insel haben eine helle Gesichtsfarbe und gute
Sitten. Ihre Religion ist Götzendienst. Sie haben einen un-
abhängigen, selbständigen Staat und werden nur von ihren
eigenen Königen regiert. Gold gibt es bei ihnen im größten
Überfluß, weil aber der König die Ausfuhr nicht gestattet,
kommen wenige Kaufleute in das Land, und die Insel wird
selten von Schiffen aus fernen Gegenden besucht. Aus diesem
Umstand erklärt sich wohl der ungeheure Luxus im Palast des
Königs, vorausgesetzt, uns wurde von denen, die Zutritt zum
Palast haben, die Wahrheit erzählt: Das Dach des Palastes ist
vollständig mit Goldplatten bedeckt; auch die Decken der
Säle sind aus demselben kostbaren Metall. In vielen Zimmern
stehen kleine Tische aus dickem, massiven Gold, und auch die
Fenster zeigen goldene Verzierungen. Es soll vollkommen
unmöglich sein, sich eine Vorstellung von den Reichtümern
dieses Palastes zu machen. Auf der Insel Cipangu gibt es auch
sehr viele Perlen, die rot, rund und sehr groß sind; diese erzie-
len einen noch höheren Preis als die weißen Perlen.«

Wenn Kolumbus die Schatzkammern der Azteken und Inkas gesehen hätte, so hätte für ihn außer Zweifel gestanden,
daß Marco Polo sie mit der Beschreibung der Goldschätze,
die so gar nicht zu dem wirklichen Japan passen, gemeint
habe. Polos Schilderung des Meers zwischen China und Japan und sein Bericht über das Inselreich fallen durch seine
oder seiner Gewährsleute Schuld übertrieben aus: »Es ist so
weit und groß, daß die erfahrensten Seeleute, die es befahren
haben und die Wahrheit kennen, der Meinung sind, es lägen
nicht weniger als 7440 Inseln darin, die alle bewohnt sind.«
Vielleicht darf hierin aber auch eine Ahnung von den Inselflu-
ren der Südsee gesehen werden. Der entsprechende Teil des

Globus von Martin Behaim zeigt Cipangu inmitten vieler kleinerer Inseln und mag von dieser Vorstellung beeinflußt sein. In seinem Bericht über China schildert Marco Polo eine Reihe von Begebenheiten, aus denen ersichtlich ist, daß Kublai Khan das Christentum nicht nur duldete, sondern in seinen Inhalten auch eine geistige Wirklichkeit sah. So soll er einmal geäußert haben:

»Es gibt vier Propheten, die von den vier verschiedenen Geschlechtern der Welt verehrt und angebetet werden. Die Christen betrachten Jesus Christus als ihren Gott, die Sarazenen Mohammed, die Juden Moses, und den Heiden ist Sogomombarkhan [Shakyamuni] der höchste ihrer Götter. Ich achte und verehre alle vier und bitte den, welcher in Wahrheit der Höchste unter ihnen ist, um seine Hilfe.«

Vielleicht waren Hoffnungen, daß Kublai sich taufen lassen würde, nicht trotz, sondern gerade wegen dieser offenen Haltung unbegründet. – Die drei Polos waren auf dem Rückweg nach Europa, als Kublai Khan im Februar 1294 achtzigjährig starb. 1288 hatte Papst Nikolaus IV. abermals einen Franziskaner mit einem Sendschreiben an den Herrscher der Mongolen abgesandt. Johannes von Montecorvino traf noch vor dem Tod des Khans in Peking ein und überbrachte ihm, wie er berichtet, »... den Brief meines Herrn, des Papstes, und forderte ihn auf, den katholischen Glauben unseres Herrn Jesus Christus anzunehmen. Doch war er schon zu alt in der Götzenverehrung geworden. Er erwies aber den Christen viele Freundlichkeiten, und ich verbrachte mit ihm abwartend zwei Jahre.«

Über den weiteren Verlauf des in der Missionsgeschichte einzigartigen Wirkens von Montecorvino wollen wir ihn selbst hören:

»Elf Jahre bin ich in meiner Mission allein und ohne Helfer geblieben. Jetzt vor zwei Jahren schloß sich mir aber Bruder Arnold an, ein Deutscher aus der Gegend von Köln. Ich habe in der Stadt Cambaliech, der Residenz des Herrschers, eine Kirche erbaut. Ich hielt mich dort sechs Jahre lang auf. Auch einen Glockenturm für sie habe ich erbaut und darin drei Glocken aufgehängt. Ich habe in dieser Zeit, soweit ich zu schätzen vermag, etwa 6 000 Menschen getauft. Wenn die besagten Umtriebe [der Nestorianer] gegen mich nicht stattgefunden hätten, hätte ich über 30 000 taufen können. Die Taufhandlungen dauern immer noch fort. Auch habe ich nach und nach 150 Knaben, Kinder heidnischer Eltern, gekauft, zwischen sieben und elf Jahre alt, die noch in keiner Religion unterwiesen waren. Diese Knaben habe ich getauft und sie nach unserer Sitte in Griechisch und Lateinisch unterrichtet. ... Elf von ihnen lernten unseren Gottesdienst kennen und wirken als Chorknaben. ... Seine Majestät der Kaiser ist sehr erfreut, wenn er sie singen hört. Zu allen kanonischen Stunden lasse ich die Glocke läuten und führe in Anwesenheit von Kindern und Säuglingen den Gottesdienst durch. Da ich über kein Notenbuch verfüge, müssen wir nach Gehör singen. ...

Ich selber bin alt und grau geworden, mehr durch Mühen und Bedrängnisse als durch Jahre, denn ich bin noch nicht älter als 58. Ich habe mir eine vollkommene Kenntnis der bei den Tataren geläufigen Sprache und Schrift erworben. In diese Sprache und Schrift habe ich das Neue Testament und den Psalter übersetzt und habe Sorge getragen, daß sie in der schönsten Schrift, die es hierzulande gibt, niedergeschrieben wurden.«

1308 empfing Johannes von Montecorvino die Nachricht, daß er vom Papst in Würdigung seines Missionswerks zum Erzbischof von ganz China ernannt worden war. 1310 gelang es ihm, den damaligen Großkhan Wu-tsung zu taufen; dieser starb aber, als einziger christlicher Kaiser Chinas, bald nach der Taufe. Montecorvino selbst war es vergönnt, bis ins hohe Alter in China zu wirken; er starb im Jahr 1328. In seinen letzten Lebensjahren wurde er von dem Franziskanerbruder Odorico von Pordenone unterstützt. Letzterer gelangte auf

seiner Heimreise als erster Europäer nach Tibet und besuchte
die heilige Stadt Lhasa.

Die letzte Reise eines Franziskaners nach Peking, von der
wir berichten wollen, ist die des Johannes von Marignola; sie
dauerte von 1338 bis 1353. Daß sie ohne Folgen blieb, lag
nicht nur an der weniger bedeutenden Persönlichkeit Mari-
gnolas. 1351 brach in China eine Erhebung gegen die deka-
dent gewordene mongolische Dynastie aus; der Führer der
Rebellion bestieg 1368 als Kaiser Tai-tsu den Thron in Peking
und begründete so die Ming-Dynastie, die bis 1644 herrschte.
Der von ihm eingeleiteten Verfolgung alles Ausländischen fiel
auch das Missionswerk der Franziskaner zum Opfer.

Das Krabbenwunder

Francisco de Jassu y Xavier (1506-1552) war wie Ignatius
von Loyola Navarrese; beide verließen ihre baskische Heimat
in den Jahren, als das unabhängige Königreich Navarra ge-
waltsam in eine spanische Provinz verwandelt wurde. Franz
Xaver gehörte zu dem Siebenerkreis von Freunden um Ignatius, der im August 1534 in der Marienkapelle auf dem
Montmartre jene Gelübde ablegte, die ihrem Weg die Richtung auf die 1540 vom Papst bestätigte Gründung der Gesellschaft Jesu geben sollten. 1537 empfing Franz zusammen mit
Ignatius in Venedig die Priesterweihe. 1540 trat Franz im
letzten Augenblick an die Stelle eines erkrankten Ordensbru-
ders und wurde so einer von den drei Jesuiten, die Papst Paul
III. auf Bitten Joãos III. für die Mission in Ostindien zur Verfügung stellte; die anderen beiden waren der ebenfalls zum
Gründerkreis des Ordens zählende Portugiese Simão Rodrigues und ein Italiener namens Paul Camarino. Rodrigues
wurde, wie es heißt, vom König in Portugal festgehalten und
begann dort unter dem hohen Adel und den einflußreichen
Kreisen des Landes eine Tätigkeit zu entfalten, deren Früchte

kaum eine Generation später im Schicksal des jungen Königs
Sebastião sichtbar werden sollten.

Im Juni 1542 kam Franz, ausgestattet mit der Vollmacht
eines päpstlichen Legaten, in Begleitung Camarinos in Goa
an. Zuerst wandte er sich der Seelsorge unter der Hafenbe-
völkerung zu, wobei er die in dem neuen Orden entbundene
Willenskraft und Geschicklichkeit voll zur Geltung brachte;
so unendlich langmütig, wie er im – vorläufigen – Dulden der
Laster und Schwächen seiner Herde war, so unerbittlich ver-
folgte er das ferne Ziel, sie schließlich im Handstreich zur
Zerknirschung und Umkehr zu bewegen. Bereits im Oktober
war er bereit, sich der Heidenmission zuzuwenden.

Sein erstes Ziel waren die Paraver, ein an der Koromandel-
Küste im Südosten Indiens lebendes tamilisches Fischervolk.
Eine größere Zahl dieser Menschen hatte die Taufe bereits
empfangen, aber nur, um sich die Hilfe der portugiesischen
Waffen im Kampf mit feindlichen Stämmen aus dem Norden
zu sichern. Xaver ließ die Kinder der Paraver im Chor den
tamilischen Text des Vaterunsers, des Credos und der Zehn
Gebote solange sprechen, bis sie alles auswendig konnten.
Hernach folgten sie bereitwillig der Aufforderung zur Zerstörung der Tempel und Götterbildnisse. Bei den Makua, einem
anderen Fischervolk, war die Aufgabe der Taufe noch zu bewältigen. Franz gab an, dort in einem Monat an die 10 000
Menschen getauft zu haben, so daß ihn schließlich sein Arm
schmerzte. Insgesamt gelang es ihm und seinen Helfern, an
die 100 000 Inder und Ceylonesen zu taufen. Dabei muß man
in Rechnung stellen, daß Xaver dabei nicht so sehr an die
Gründung dauerhafter Gemeinden dachte, sondern bestrebt
war, so viele Seelen als nur möglich vor der Verdammnis zu
retten.

Franz hielt es nicht lange an einem Ort: 1545 wirkte er
einige Monate in Malakka, dann begab er sich auf die Molukken, wo er bis 1547 wirkte. Dort soll sich die folgende
wunderbare Begebenheit zugetragen haben, die, wie man

leicht einsehen kann, später bei der Heiligsprechung Xavers gebührlich herausgestellt wurde; wir geben den Bericht aus dem »Oriente Conquistado des Francisco« de Sousa wieder:

»Als Xaver eines Tages von Amboina nach einer anderen Insel fuhr, wurde sein Schiff von heftigen Gegenwinden ergriffen. Er nahm sein etwa fingerlanges Kreuz von der Brust und hielt es an einer Schnur vom Schiff aus ins Meer. Aber die Schnur entglitt ihm, und die Wogen entführten das Kreuz. Er war sehr traurig über den Verlust und machte aus seinem Kummer keinen Hehl. Am nächsten Tag, vierundzwanzig Stunden nach dem Unglück mit dem Kreuz, erreichte er die Insel Ceram. Mit Fausto Rodrigues zusammen, der in Viana de Alvito geboren war, ging er ungefähr fünfhundert Schritt am Strand entlang zum Dorf Tamalo. Da sahen er und Rodrigues einen Krebs aus dem Meer kommen, der das Kreuz in seinen beiden Scheren hielt. Der neue Bannerträger Christi kroch auf den Heiligen zu, immer mit hochgerecktem göttlichen Zeichen. Xaver kniete sich hin, und der Krebs wartete, bis er das Kreuz genommen hatte. Dann kehrte er unverzüglich ins Meer zurück.«

Man hat diese Erzählung als Abwandlung einer japanischen Sage gedeutet, der zufolge ein Priester namens Jikaku einen Sturm stillte, indem er eine kultische Holzfigur ins Meer warf; nach drei Tagen trug ein Tintenfisch das im Dunkeln leuchtende Bild auf seinem Rücken ans Ufer. Auch eine Entlehnung aus indischen Volkserzählungen, in denen der Krebs eine bedeutende Rolle spielt, wurde in Erwägung gezogen.

1547 begab sich Franz nach Goa, um die Angelegenheiten seines Ordens in Asien wahrzunehmen. Der Weg führte ihn wieder nach Malakka. Dort hatte er eine Begegnung von großer Tragweite. Man stellte ihm einen jungen Japaner namens Anjiro vor, der seine Heimat wegen eines Totschlags verlassen hatte und – so wird es jedenfalls erzählt – auf einem portugiesischen Schiff von der Heiligkeit Xavers hatte erzäh-

len hören. Er hatte dann zweimal die weite Fahrt nach Malakka unternommen, um Rat und Beistand bei Xaver zu
suchen. Beim ersten Mal war dieser gerade auf den Gewürzinseln, doch beim zweiten Versuch kam es zu der ersehnten
Begegnung, die sich später in der Erinnerung Anjiros so aus-
nahm:

»Als ich dann nach Malakka kam, traf ich Jorge Álvares,
mit dem ich das erste Mal gekommen war. Der nahm mich
sofort zu P. Franciscus mit. Wir fanden ihn in der Kirche Unserer Lieben Frau vom Berg, wo er eine Ehe einsegnete. Ich fiel
sofort in seinen Bann und berichtete ihm ausführlich über
mich. Er war so erfreut, mich zu sehen und zu begrüßen, daß
es klar war, daß Gott unser Treffen zustande gebracht hatte.
Jedesmal, wenn ich ihn anschaute, fühlte ich eine Kraft in meiner Seele, und ich war überreich gestärkt und zufrieden, wenn
ich sein Antlitz sehen konnte.«

Auch Franz hat nicht daran gezweifelt, daß in dieser Begegnung göttliche Vorsehung waltete; allerdings dachte er ebensosehr an das unbekannte, für das Evangelium zu gewin-
nende Inselreich wie an das Seelenheil Anjiros. Er nahm die
drei Japaner mit nach Goa, wo sie gründlich darauf vorbereitet wurden, bei der Missionierung Japans zu helfen: Sie
vervollständigten ihre Kenntnisse des Portugiesischen, erste
Versuche der Übersetzung christlicher Texte ins Japanische
wurden unternommen, und soweit die Bildung der drei Japaner dies zuließ, wurden sie gründlich über Sitten, Verfassung
und Religion ihrer Heimat befragt. Die Taufe der ersten japanischen Christen wurde nicht mit der sonst herrschenden Eile
vorgenommen, sondern ihrer symbolischen und historischen
Bedeutung gemäß erst am Pfingstsonntag 1548 unter großer
Feierlichkeit in der Kathedrale von Goa vollzogen. Einen Monat lang machten die drei neugetauften Christen sogar unter
Anleitung eines erfahrenen Paters die geistlichen Übungen des
Ignatius.

Im August 1549 traf Franz in Begleitung der drei Japaner

und zweier Jesuiten in Kagoshima, der Heimatstadt Anjiros, ein. Seit tausend Jahren hatten die japanischen Buddhisten mit Verehrung und Sehnsucht nach dem von ihnen Tenjiku genannten Indien als dem Ursprungsland ihrer Religion geblickt. Verschiedene Versuche, dorthin zu gelangen, waren gescheitert. Nun traf der erste Japaner ein, der Tenjiku gesehen hatte! Daß Paul vom Heiligen Glauben, wie Anjiro jetzt hieß, als getaufter Christ und Absolvent der jesuitischen Exerzitien kam, trat demgegenüber in den Hintergrund. Es wurde bald deutlich, daß die Glaubensboten, die in Indien und Indonesien sozusagen mit dem Netz fischen konnten, es in Nippon mit der Angel tun mußten. Das gründliche Erlernen der japanischen Sprache erwies sich als ebenso notwendig wie schwierig. Ein Brief Xavers vom 5. November 1549 zeigt, daß er sich der neuen Lage bewußt war:

»Dieses Volk ist, soweit wir dies aus unserem bisherigen Verkehr ersehen konnten, weitaus das höchststehende in den neuentdeckten Ländern der Welt; und ich wüßte nicht, welches andere heidnische Volk sich mit den Japanern messen könnte. Sie sind im allgemeinen durchaus gut veranlagt, frei von Bosheit und sehr angenehm im Umgang; ihr Ehrbegriff ist besonders ausgeprägt, die Ehre geht ihnen über alles. Die Japaner sind meist wenig bemittelt, aber niemand betrachtet Armut als Schande, weder beim Adel noch beim Bürgerstand. Eine Eigenart zeichnet sie aus, durch die sie sich von jedem anderen, auch christlichen Volk, wie mir scheint, unterscheiden – das ist ihre ausgesprochen aristokratische Haltung. ... Untereinander verkehren die Japaner mit großer Höflichkeit; Beleidigungen und Schimpf dulden sie nicht. Die Waffen preisen sie hoch und vertrauen auf ihre Fechtkunst; vom vierzehnten Jahre an trägt jeder Japaner, Aristokrat und Bürger, Degen und Dolch.«

Eine besondere Schwierigkeit bestand darin, daß in der japanischen Sprache kein Wort für Gott gefunden werden konnte, das nicht zu Mißverständnissen und Verwechslun-

Ankunft der Portugiesen. Japanischer Wandschirm,
Ende des 16. Jahrhunderts

gen mit buddhistischen Vorstellungen Anlaß gegeben hätte,
so daß man schließlich dazu überging, einfach das lateinische
Deus zu gebrauchen. Auch der Weg über die Bekehrung des
Landesherrn erwies sich in Japan als nicht gangbar. Franz
mußte nämlich, als er unter großen Mühen an den Kaiser-
hof in Miako gewandert war, feststellen, daß der Kaiser
damals nicht die geringste politische Macht besaß. Da faßte er
einen kühnen Plan, der auf der Beobachtung fußte, daß Japan
nicht nur seine Schrift, sondern auch wesentliche Elemente

seines geistigen Lebens aus dem Reich der Mitte empfangen hatte:

»Ich glaube, daß ich noch in diesem Jahr nach der Residenz des Kaisers von China aufbrechen werde. Dies ist ein Land, wo sich der Glaube Jesu Christi weit ausbreiten kann. Wenn die Chinesen einmal das Christentum angenommen haben werden, wird dies auch für die Zerstörung der japanischen Sekten von großem Vorteil sein. ... China muß gewonnen werden, wie einst das Römische Reich: Mit der Bekehrung des Königs wird auch das Volk nachfolgen.«

Xaver richtete seine ganze Kraft auf dieses neue Unternehmen. Zunächst hatte er vor, von Malakka aus mit einer portugiesischen Gesandtschaft nach Peking zu reisen. Als dies an Rivalitäten zwischen den ehrgeizigen portugiesischen Machthabern scheiterte, fuhr er mit einem Handelsschiff zu der nahe der Hafenstadt Kanton gelegenen Insel Sanzian (Shang chwan), die damals eine Art inoffizieller Freihafen war, wo die Portugiesen über chinesische Piraten und Schmuggler die Geschäfte mit dem für alle Fremden verschlossenen China abwickelten. Franz hatte nun sein Ziel vor Augen. Die Aussicht, wie viele Portugiesen in den furchtbaren Verliesen von Kanton zu enden, konnte ihn nicht schrecken. Allein, sein von dem zwölfjährigen Wanderleben ausgezehrter Körper war den Unbilden des Winters nicht mehr gewachsen. Franz Xaver starb in Sichtweite Chinas am 3. Dezember 1552.

Wenige Wochen zuvor, am 6. Oktober, war in dem mittelitalienischen Städtchen Macerata ein Knabe namens Matteo Ricci geboren worden, dem es beschieden sein sollte, die Hoffnung, die Franz und sein Orden auf die Arbeit in China gesetzt hatten, zu einem beträchtlichen Teil zu verwirklichen.

Die Stunde der Jesuiten

Der erste Portugiese in China war Jorge Álvares, der 1515 in der Mündung des Kanton-Flusses ankerte. Noch im selben Jahr segelte der in portugiesischen Diensten stehende Italiener Raphael Perestrello nach Kanton und brachte sichere Nachricht über das Interesse Chinas am Handel mit Portugal. 1521 reiste eine von Thomé Pires angeführte Gesandtschaft nach Peking, die sich vergeblich um eine Audienz beim Kaiser bemühte. Die Portugiesen wurden schließlich gefangengenommen und in Kanton hingerichtet, mit Ausnahme von Pires, der ebendort nach qualvoller Gefangenschaft starb. 1543 wurden die Handelsbeziehungen allmählich wiederaufgenommen, was dazu führte, daß Sanzian mit Duldung der chinesischen Behörden die beschriebene Rolle erhielt. Fünf Jahre nach Xavers Tod gelang es den Portugiesen dann, sich auf der Halbinsel von *Macao* festzusetzen und schließlich als Gegenleistung für ihre Hilfe bei der Bekämpfung des Piratenwesens auch das offizielle Niederlassungs- und Handelsrecht zu erhalten.

Bei seiner Arbeit in Indien hatte Franz Xaver erkannt, daß der Stellung der Brahmanen zum Christentum ein entscheidender Einfluß auf das Verhalten der übrigen Kasten zukommen würde. Diese Einsicht machte sich der Jesuit Roberto de Nobili zunutze. Dank seiner außerordentlichen Intelligenz gelang es ihm, sich in kurzer Zeit so weit in Sprache und Denkweise der Brahmanen einzuleben, daß diese ihn, nachdem er auch noch ihre Kleidung und Lebensweise angenommen hatte, als ihresgleichen gelten ließen. Ein anderer Ordensbruder trat in gleicher Weise als Yogi auf. Bald war es ein Kennzeichen der jesuitischen Mission, daß die klugen Väter den Weg der Bekehrung über Kultur und Religiosität der von ihnen besuchten Völker gingen. So arbeiteten auch die Nachfolger Xavers in Japan mit großem Erfolg; Rodolfo Aquaviva gewann auf diese Weise beinahe den im Norden von Indien über ein *gewaltiges* Reich herrschenden Großmogul Akbar für das Christentum. Ein anderer Jesuit am Hofe Akbars, der von den Azoren stammende Laienbruder Bento de Goes, konnte diesen davon abhalten, mit seiner *gewaltigen* Heeresmacht die portugiesischen Stützpunkte anzugreifen.

Jesuiten waren es auch, die wiederum in den Himalaja vordrangen: António de Andrade reiste 1624 im Gefolge des Großmoguls bis Kaschmir, schloß sich dann mit zwei Dienern verkleidet einem Pilgerzug von Hindus an, die das Heiligtum von Badrinath aufsuchten. Von dort wandte sich Andrade nach Tibet. Unter unsäglichen Mühen überquerte der an das Meer und tropische Wärme gewöhnte Portugiese den 5600 Meter hohen Paß von Mana:

»Wir verzehrten Stücke von diesem Schnee, und manchmal, wenn die Sonne zu wärmen anhub, schmolzen wir ein wenig davon in einem Messingteller. So zogen wir bis zum Kamm jener Gebirge, wo der Fluß Ganga aus einem großen See entspringt; und hieraus entspringt auch noch ein anderer Fluß, der die tibetanischen Lande bewässert. Dazumal hatten wir die Sehkraft unserer Augen fast ganz verloren; ich hatte sie zwar später eingebüßt als die Jünglinge, wegen der großen Sorgfalt, die ich auf den Schutz meiner Augen verwandte; es reichte aber doch nicht aus, um zu verhindern, daß ich für fünfundzwanzig Tage nahezu erblindete, so daß ich weder die Messe lesen noch auch nur eine einzige Letter meines Breviers erkennen konnte. Sobald wir die Paßhöhe erreicht hatten, lagen die tibetanischen Lande als weite Hochflächen vor uns; da wir aber schon sehr schlecht sahen, nahmen wir vor lauter Weiß gar nichts wahr und vermochten auch nicht zu unterscheiden, wo wir weiterziehen konnten. Wir verloren so die Hoffnungen, dies zu vollbringen, fehlten uns doch Wegzeichen von der Art, wie sie uns bisher geleitet hatten. An diesem Ort befanden wir uns nicht weiter als fünf Léguas von der Königsstadt entfernt, aber es war uns unmöglich weiterzukommen, denn wir sahen nur Schneefelder vor uns und besaßen keinerlei Mundvorräte mehr. Es war notwendig, die drei Jünglinge zu betten, ihnen die Schuhe auszuziehen und sie zu füttern. Ich besprach mit ihnen, was zu tun bliebe, und wir kamen an diesem Abend überein, daß sie am nächsten Morgen zu dem Dorf zurückgehen sollten, wo der Bruder geblieben war. Nach sechs Tagesmärschen kamen wir wohlbehalten dort an, aber ich befand mich wiederum am Fuß jenes überaus hohen Gebirges ... Indessen verblieben mir Vorräte für acht oder neun Tage, während derer mir der Bruder weitere schicken konnte, wenn nicht Gott dafür sorgen würde, daß jemand erschiene, um mich auf dem verbleibenden Stück des Weges nach Tibet zu geleiten.«

Andrade gelangte nach Tibet und konnte schließlich den in Tsarapang residierenden Fürsten von Guge für das Christentum gewinnen sowie die Erlaubnis zur Gründung von Missionen erhalten, aber weitere von ihm angeregte Missionen scheiterten am Widerstand der Lamas. Erst 1661 wurde ein neuer Vorstoß unternommen, in dessen Verlauf die Patres Gruber und D'Orville bis nach Lhasa gelangten.

Die inzwischen entstandene portugiesische Enklave in *Macao* ließ es aussichtsreich scheinen, nochmals einen Versuch in China zu unternehmen. Diesmal wurde das Unternehmen mit Hilfe der neuen Methoden vorbereitet. Matteo Ricci kam 1583 nach *Macao*. Als erstes erlernte er die chinesische Sprache. Mit einer sorgfältig zusammengestellten Auswahl von Geschenken – Glasprismen, mechanische Uhren und Madonnenbilder gehörten dazu – sowie mit dauerndem finanziellen Rückhalt konnte Ricci es wagen, im Gewand eines buddhistischen Mönchs ins Land zu wandern.

Die Gönnerschaft eines lokalen Machthabers und damit die Erlaubnis zum Aufenthalt im Land war bald gewonnen. Das Weitere ergab sich für den geduldigen Ricci im Lauf der Zeit fast von selbst. Schließlich lebte er in der Hauptstadt, inzwischen als konfuzianischer Gelehrter auftretend.

Die Kenntnisse auf den Gebieten der Mathematik, Astronomie und Mechanik, die er bei seinem Studium in Rom als Schüler des Christoph Nagel erworben hatte, kamen ihm nun zustatten. Dem Kaiser war er als Reparateur der ihm zuvor mit Bedacht geschenkten Uhren, als Landkartenzeichner und als Hofastronom unentbehrlich. Ricci beherrschte das Chinesische inzwischen so gut, daß er als Autor von Büchern mit philosophischem oder mathematischem Inhalt allgemein Beachtung fand. Jeder Diskussion über weltanschauliche Fragen war er gewachsen. Nebenher konnte er in aller Stille seiner Aufgabe als Missionar nachgehen. Die Bekehrung des Kaisers gelang allerdings auch ihm nicht.

Eigenartigerweise war man sich damals noch nicht darüber im klaren, in welchem Verhältnis das von Marco Polo beschriebene Cathay mit seiner Hauptstadt Kambaluc zu China stand. Um dies zu klären, brach nach Absprache mit Ricci der bereits genannte Bento de Goes 1602 zu einem einzigartigen Unternehmen auf. Der des Persischen kundige Laienbruder schloß sich als Händler verkleidet mit seinem armenischen Diener Isaac einer Karawane an, die nach Kabul zog. Von dort ging es über Hindukusch und Pamir nach Jarkand am Rande des Tarim-Beckens. Nach einem erzwungenen Aufenthalt von einem Jahr glückte es ihm, sich einer Gesandtschaft nach China anzuschließen. So durchschritt er 1605 das Tor der Chinesischen Mauer und gelangte nach Sutschou, wo er abermals festgehalten wurde.

Zu diesem Zeitpunkt hatte Goes erkannt, daß Cathay und China dasselbe meinten. Er schrieb nach Peking an Ricci und bat um Hilfe für die Weiterreise dorthin und die Rückkehr nach Goa. Der von Ricci ausgesandte chinesische Diener kam aber nur noch zurecht, um dem durch Erschöpfung oder Gift bewirkten Tod von Goes beizuwohnen. Zusammen mit Isaac brachte er dann einige von ihm gerettete Seiten des bei einer Plünderung zerrissenen Tagebuchs von Goes nach Peking. Wären diese Aufzeichnungen als Ganzes erhalten geblieben,

so besäßen wir in ihnen eine der wissenschaftlich bedeutendsten und menschlich ergreifendsten Quellen der Entdek-
kungsgeschichte.

Das im Fernen Osten von den Portugiesen begonnene
Werk wurde durch die wagemutigen Reisen der Schüler des
Ignatius vollendet. Die Jesuitenmissionare schrieben in Asien
ein wichtiges Kapitel Missionsgeschichte. Sie haben durch
das geschickte Ausspielen ihrer weltlichen Kenntnisse den
asiatischen Völkern einen ersten Einblick in die intellektuelle
und materielle Kultur des Abendlands ermöglicht, zugleich
aber durch ihr gründliches Studium der Sprachen und Kulturen Asiens den Grund für die wissenschaftliche Orientali-
stik in Europa gelegt. Ihre Erfolge mußten in Japan und China
wie in Indien und Tibet zu Reaktionen führen, mit denen Verfolgung und Verbannung der Christengemeinden und ihrer
Hirten verbunden waren.

Der schwerste Rückschlag traf die Jesuiten jedoch durch
den Streit, der um ihre als »Akkomodationsmethode« bekannte Bereitschaft zur Duldung einheimischer Geistigkeit
entbrannte. So unternahmen sie z.B. nicht das geringste, um
die chinesischen Christen von der Ahnenverehrung abzubrin-
gen; sie behandelten diesen Kult einfach als eine weltliche
Zeremonie, die außerhalb ihres Verantwortungsbereichs lag.
In China ließen sie auch nur den innerlich fortgeschrittensten
Christen eine gründliche Unterweisung über den in diesem
Land als unerträglich schmachvoll geltenden Kreuzestod zuteil werden. Es konnte nicht ausbleiben, daß die Franziskaner
und Dominikaner, die zumal in China wegen ihres kompro-
mißlosen Auftretens wenig Erfolg hatten, an der Rechtgläu-
bigkeit solchen Vorgehens zu zweifeln begannen; so entbrannte ein regelrechter »Streit der Riten«, der nicht nur die
Inquisitionsgerichte in den asiatischen Kolonien, eine Reihe
von – recht verschieden Stellung nehmenden – Päpsten und
diverse Parteien des katholischen Europa, sondern auch die
regierenden Kreise in Portugal und Frankreich mehrere Jahr-

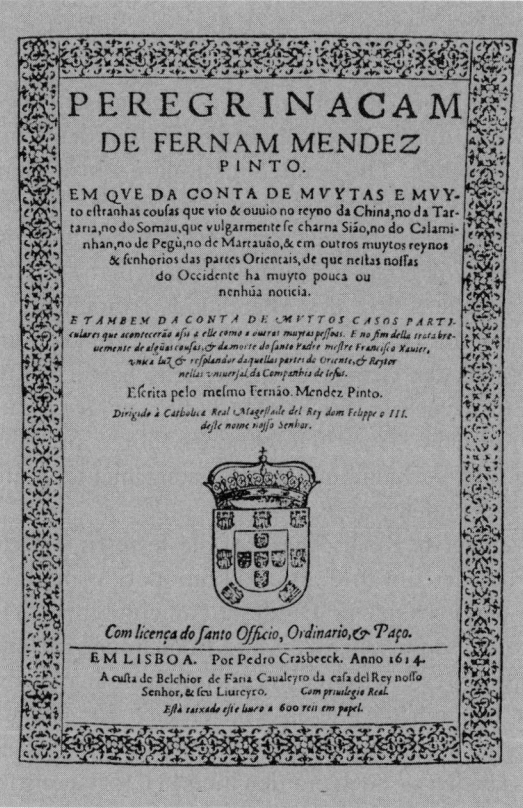

Frontispiz der portugiesischen Erstausgabe

zehnte lang in Atem hielt. Ohne diesen Streit wäre mit einiger Wahrscheinlichkeit ein euro-asiatisches Christentum entstanden, vergleichbar den katholisch tingierten afro-amerikanischen Kulten in Südamerika.

Wir wollen nicht entscheiden, ob die Jesuitenmissionare sich zu Recht darauf berufen durften, die Erben des Apostels Thomas zu sein. Durch sie kam es jedenfalls, wenn man so will, ein und ein halbes Jahrtausend nach dem gescheiterten

Versuch im ersten Jahrhundert n. Chr. schließlich doch noch
zu der Begegnung zwischen dem Reich der Mitte und Rom.

Der Schelm und der Heilige

Franz Xaver schrieb, er sei acht oder neun Jahre nach den
ersten Portugiesen in Japan gelandet. Die Chronisten António Galvão und Diogo do Couto bestätigen dies: Im Jahr
1542 seien António da Mota, António Peixoto und Francisco
Zeimoto durch einen Taifun auf die südlich vor Kiushu gelegene Insel Tanegashima verschlagen worden. Sie wurden
freundlich aufgenommen, erhielten Hilfe beim Ausbessern ihres Fahrzeugs und konnten ihre gesamte Ladung verkaufen.
Die Leute, die sie so freundlich aufnahmen, nannten ihre Heimat Nippon, Land des Sonnenursprungs. Es gibt nun aber
noch eine anderslautende Nachricht; sie findet sich in einem
Buch, das im Jahr 1614 in Lissabon erschien und auf dessen
Titelblatt wir lesen:

PEREGRINACAM
[Wanderfahrt]
von Fernam Mendez
Pinto.

in welcher kundgetan werden viele und überaus
seltsame Dinge, die er sah und hörte in den Reichen
von China, der Tartarei, von Sornau, welches gewöhnlich
Siam genannt wird, von Calaminhan, von Pegu, von
Martauao, & in vielen anderen Reichen & Herrschaften
der östlichen Gegenden, von welchen es in unseren
abendländischen Gebieten sehr wenig oder
gar keine Kunde gibt.
Ferner wird berichtet von vielen besonderen Vorfällen,
die ihn selbst

und viele andere Personen betrafen. Und an ihrem Ende
wird in Kürze von einigen
Angelegenheiten und vom Tode des hl. Franciscus Xavier
gehandelt,
dem einzigen Licht & Glanz jener Weltgegenden
& alldorten
allgemeiner Lenker der Gesellschaft Jesu.

Geschrieben von Fernão Mendez Pinto höchstselbst

Gewidmet der Katholischen und Königlichen Majestät
Philipp II.
unserem Herren

Mit Erlaubnis des Heiligen Offiziums, des Bischofs
& des Hofes

IN LISSABON. Bei Pedro Crasbeeck. Im Jahr 1614

Bevor wir berichten, was unter dieser vielversprechenden An-
kündigung über die Entdeckung Japans vermeldet ist, wird es
gut sein, einiges über ihren Verfasser mitzuteilen. Fernão
Mendez Pinto wurde zwischen 1510 und 1514 in Montemor-
o-Velho in ärmlichen Verhältnissen geboren. Vierzehnjährig
floh er aus Gründen, von denen er nur mitteilt, daß sie für ihn
lebensgefährlich waren, aus dem Dienst im Haus einer adligen Dame auf ein Schiff, das bald danach von französischen
Korsaren aufgebracht wurde. So begann, wie Pinto schreibt,
ein Schicksal, das »... offenbar eifrigst darauf bedacht war,
mich zu verfolgen und mich das Unerträglichste, das es nur
hat finden können, fühlen zu lassen. Es schien, als ob es mich
nur durch äußerste Strenge mir gegenüber zu Ruhm und Ehre
gelangen lassen wollte.«
    Pinto hat einundzwanzig Jahre auf den beschriebenen
Wanderfahrten im Osten verbracht, wurde dabei »dreizehn-

mal gefangengenommen und siebzehnmal als Sklave verkauft«, ganz zu schweigen von zahllosen Schiffbrüchen. Er
erzählt aus eigener Anschauung und nach von ihm vernom-
menen Berichten – die Grenze zwischen beiden ist kaum zu
ziehen – über Abenteuer in nahezu allen Orten und Meeren,
die damals im Osten von den Portugiesen aufgesucht worden.
Mit Schilderungen von grausamen Hinrichtungen, Kriegszü-
gen, jeglicher Art von Verbrechen und Bosheit, aber auch
edelmütigem Verhalten bei Portugiesen und Asiaten gleichermaßen, von exotischen Sitten und unerhörten religiösen
Praktiken wird nicht gegeizt. Da er viele eigene Erlebnisse
phantasievoll aufbereitete, aber auch fähig war, nur Vernom-
menes in anschaulichster Weise wiederzugeben, ist sein Werk
als historische Quelle so umstritten wie kaum ein anderes;
stets bleibt es in der Schwebe zwischen unbestreitbarer Sach-
kenntnis und souveräner Fabulierkunst.

Man wird Pinto nur gerecht, wenn man ihn, sein Schicksal und sein Buch als eine eigene Welt gelten läßt, die im
Grenzbereich von Geschichte und Dichtung liegt. Oft scheint
die Wirklichkeit gerade dort hindurch, wo er unüberhörbar
schweigt, etwa bezüglich der Gründe seiner Flucht aufs Meer
oder der Herkunft des von ihm zeitweilig besessenen Vermögens. Unbestritten ist, auch unter den seine Mitteilungen
grundsätzlich anzweifelnden Autoren der Gesellschaft Jesu,
daß er zu den Portugiesen gehörte, deren Schiffe 1551 im Hafen von Funai auf der Insel Kiushu vor Anker lagen und die
Franz Xaver bei dessen Auftritt vor dem dort residierenden
Herrscher des Reiches Bungo begleiteten; in jedem Fall enthält das betreffende Kapitel die anschaulichsten Schilderungen der ganzen »Peregrinação«.

Pintos tiefe Verehrung für Franz Xaver ist ohne Schaustel-
lung. Der Abenteurer war auch anwesend, als der exhumierte
Leichnam Xavers anderthalb Jahre nach dessen Tod in Goa
eintraf. Klerus und Bevölkerung waren sich schon damals
in der Empfindung einig, die Überreste eines Heiligen in der

Stadt zu empfangen. Es war die Woche vor dem Palmsonntag 1554. Alle Glocken der Stadt läuteten wie zum Empfang eines gekrönten Hauptes. Vier Tage lang strömten die Menschen in die Kirche, um die Füße des Verstorbenen zu küssen. Der den Leichnam untersuchende Arzt gab zu Protokoll, er sei so frisch gewesen, daß bei der Öffnung noch Blut geflossen und die Zunge noch feucht gewesen sei. Von dieser Hochstimmung wurde Pinto so ergriffen, daß er der Gesellschaft Jesu als Laienbruder beitrat und ihr nach und nach den größten Teil seines Vermögens überantwortete. Von den zuletzt genannten Begebenheiten und von den Umständen, die Pinto veranlaßten, nach zehn Jahren wieder aus der Gesellschaft auszutreten, findet sich in der »Peregrinação« allerdings nicht die Spur einer Andeutung.

So unzweifelhaft Pintos Begegnung mit Franz in Bungo ist, so eigenartig sind die weiteren Stellen des Buchs, die auf Japan und die Umstände seiner Missionierung Bezug nehmen. Da ist zunächst Pintos Behauptung, er selbst sei der erste Portugiese gewesen, der nach Japan kam, und zwar sei er mit seinen Gefährten Cristovão Borralho und Diogo Zeimoto 1541 auf Tanegashima – eine der Riukiu-Inseln – verschlagen worden und der dortige lokale Machthaber habe ihn für einen Besuch auf der Hauptinsel Kiushu ausersehen:

»Daher war es an Borralho oder mir, die Mühe der Fahrt nach Bungo auf sich zu nehmen. Der Fürst wählte schließlich mich dazu aus, weil ich, wie er sagte, ein humorvoller Mann sei. Der König hatte auch geschrieben, daß er leidend sei, und der Nautaquin hoffte, ihn durch mich zu erheitern. Die Japaner haben überhaupt eine große Vorliebe für Humor. Der Fürst rief hierauf den Gesandten zu sich und vertraute mich ihm an, so daß ich mich getrost auf die Reise machen konnte.«

Offenbar rechnete Pinto auch bei seinen Lesern mit Verständnis für humorvolle Darstellungen. Er behauptet dann weiter, daß er es später gewesen sei, der den wegen des Totschlags verfolgten Anjiro auf ein portugiesisches Schiff rettete und ihn nach Malakka zu Franz Xaver brachte. Pintos Bemühung, seine Teilhabe an diesen wichtigen Ereignissen ins rechte Licht zu rücken, ist ebenso offensichtlich wie die die gesamte Xaver-Forschung durchziehende Polemik der Jesuiten gegen die Unzuverlässigkeit des »Fabulierers«.

Wenn die »Peregrinação« Fiktion wäre, so würde niemand zögern, sie als einen Schelmenroman in der Tradition des Lazarillo von Tormes oder Guzman von Alfarache zu bezeichnen. Der Reiz des Buchs liegt gerade darin, daß Pinto seine pikaresken Manöver mitten zwischen den Klippen der historischen Wahrheit ausführt. Dabei kommt es nicht darauf an, wie dadurch die Sicht der Historie beeinflußt, hie und da vielleicht verändert wird, sondern daß in ihm bzw. in seinem Leser eine innere Distanz zu dem Geschehen entsteht, die äußerlich Fragen aufwirft, innerlich aber schöpferische Freiheit vermittelt.

Pinto schrieb die »Peregrinação« zwischen 1570 und 1578 nieder, wie er sagt, um seinen Töchtern ein Bild von den Taten und Fährnissen seines Lebens zu geben. Nach seinem Druck im Jahr 1614 fand das Werk rasche Verbreitung: 1620 wurde es ins Spanische übersetzt, 1628 ins Französische, 1652 ins Holländische, ein Jahr später ins Englische und 1674 ins Deutsche; es kann somit als der erste Beitrag Portugals zur europäischen Literatur gelten. Schon weil die »Peregrinação« in der gleichen Zeit wie die »Lusiaden« des Camões entstand, liegt es nahe zu fragen, wie sie sich zueinander verhalten. Wir werden sehen, daß sie sich gegenseitig erhellen. Sie wollen aber zusammen mit einer dritten literarischen Spiegelung der portugiesischen Seefahrten verstanden sein, von der noch zu sprechen sein wird.

VI. Humanitas – der achte Kontinent

Eine Weltkarte, die Utopia nicht zeigt,
ist keinen Blick wert, denn auf ihr fehlt jenes einzige Land,
an dem die Menschheit immer wieder vor Anker geht.

Oscar Wilde

Wir wollen das sanfte Gesetz zu erblicken suchen,
wodurch das menschliche Geschlecht geleitet wird.

Adalbert Stifter

Villegaignons Insel

Gaspar de Lemos, der im Jahr 1500 dem König von Portugal die Nachricht von dem Land des Wahren Kreuzes gebracht hatte, wurde bald danach zu einer zweiten Expedition ausgesandt. Am 1. Januar 1502 fuhr sein Schiff in eine weite Bucht ein, die er irrtümlicherweise für die Mündung eines großen Flusses hielt. Amerigo Vespucci, der sich in der Flotte befand, schrieb in sein Reisetagebuch: »Wenn das Paradies auf Erden existiert hat, dann muß es hier gewesen sein!« Der von der Natur mit einzigartiger *Schönheit* ausgestattete Ort erhielt den Namen Januarfluß: Rio de Janeiro.

Wer heute diese Stadt besucht, wird nicht darauf verzichten, den Corcovado zu besteigen, jenen 900 Meter hohen Granitgipfel, der mit dem weiß leuchtenden Standbild des Cristo Redentor zum Wahrzeichen Rios wurde. Von dort kann er den Blick über das Panorama der Millionenstadt gleiten lassen: Er sieht die langen Sandstrände und die Lagune, gesäumt von den in mehreren Reihen gestaffelten Hochhäusern; die vielen anderen Granitbuckel, welche ganze Stadtteile voneinander trennen, und überschaut das ruhige Wasser der Bucht von Guanabara, über deren Mündung sich der mächtige Bogen der Straßenbrücke nach Niteroi spannt, selbst den Riesen unter den Seeschiffen Durchlaß gewährend; er erkennt die Geschäfts- und Wohnviertel, und wenn sein Blick auf die ebenso deutlich sichtbaren Elendsviertel fällt, dann ahnt er, wie sich hier nicht nur Massen von Stahl und Beton zusammenballen, sondern auch ungezählte Menschenschicksale im Strombett des Großstadtlebens zusammenfließen. Im Dunst der Bucht zeigt ihm der ortskundige Begleiter schließlich eine kleine Insel, deren enger Raum ganz von Verwaltungsgebäuden der brasilianischen Marine eingenommen ist, und erzählt, wie sie zu dem Namen »Ilha de Villegaignon« kam.

Der französische Vizeadmiral Nicolas Durand de Villegaignon (1510-1571) war ein mutiger Mann, er war der verwegene Kavalier, der Maria Stuart zur Flucht nach Frankreich verhalf – und er war gebildet. Es ist daher unwahrscheinlich, daß ihm die damals gerade erschienene französische Übersetzung der »Utopia« von Thomas Morus unbekannt geblieben ist. Mit Sicherheit aber hatte er die denkwürdigen Worte vernommen, mit denen sein König, Franz I., die Linie von Tordesillas kommentierte:

»Die Sonne scheint gleich für mich wie für die anderen, und ich möchte, daß mir jemand die Klausel im Testament Adams zeigt, wo es hieße, ich sei bei der Verteilung der Erde ausgeschlossen.«

Der König von Frankreich ließ es nicht bei Worten bewenden, sondern stellte Kaperbriefe für alle Untertanen aus, die portugiesische Schiffe aufzubringen gedachten, und ermutigte sie, sich in Brasilien anzusiedeln. So sah er es gerne, daß Villegaignon den Plan faßte, in Amerika eine ideale Republik zu gründen. Dieser kam im Jahr 1555 in die Guanabara-Bucht und schuf auf der genannten Insel eine religiös-soziale Musterkolonie, ähnlich dem Genfer Kirchenregiment Calvins.

Als der hugenottische Reisende Jean de Léry die von dem selbsternannten »Rex Americae« beherrschte »France Antarctique« 1556 besuchte, fand er sie wenig einladend. In Lérys Reisebericht tritt Villegaignon als ein grausamer Despot des allzu kleinen Reiches auf und legt ein Maß an Wunderlichkeit an den Tag, das von krankhaften Zuständen nicht fern ist. Die religiöse Grundlage des Unternehmens war brüchig geworden, und zu allem Unglück war die Insel auch noch quellenlos, so daß man brackiges Regenwasser aus einer Zisterne benutzen mußte. Léry und seine Gefährten hatten Gelegenheit, die Gastfreundschaft ihres Landsmanns und Glaubensgenossen mit dem Verhalten der Indianer beim Tauschgeschäft zu vergleichen, und kamen zu dem Schluß,

letzteres sei bei weitem angenehmer gewesen. Im ganzen gesehen bot sich ein Bild, das eher dem fanatischen Wiedertäufer-
regiment von Münster glich als einer auf erneuertes Christentum und Vernunft gebauten Lebensgemeinschaft.

Französische Korsaren und Kaufleute begannen bald nach
den Portugiesen, die Küsten Brasiliens aufzusuchen; zusammen mit dem Umstand, daß das Land im Norden und Süden und – der Möglichkeit nach – auch im Westen, wo die
Tordesillas-Linie verlief, an das Gebiet der rührigen Spanier
grenzte, mag dies König João III. veranlaßt haben, eine über
den Unterhalt von Verproviantierungsstationen für die In-
dienfahrer hinausgehende Ordnung dieses Gebietes ins Auge
zu fassen. Auch die wirtschaftlichen Verhältnisse machten
hier andere Maßnahmen notwendig als in Asien, wo man wegen der Beschränkung auf den Handel mit den strategischen
Stützpunkten auskam, die dort gehalten werden konnten. Die
Edelhölzer Brasiliens, zu denen bald der Zucker und später
noch der Kaffee kamen, mußten von den Portugiesen selbst
gewonnen werden, und die Indianer kamen dabei nur als Ar-
beitskräfte, d.h. als Sklaven, in Betracht.

João III. gliederte den ihm zugefallenen Küstenstrich in
zwölf erbliche Lehen – »capitanias« genannt – und verlieh
diese 1532 an tüchtige und verdiente Männer. Nach Norden und Süden waren die Kapitanien jeweils durch parallel
verlaufende Breitengrade begrenzt, nach Westen war an ihre
Ausdehnung bis zum spanischen Machtbereich gedacht.
Noch vor Ablauf von zwei Jahrzehnten war deutlich, daß
die Lehnsherren bis auf drei gescheitert bzw. geneigt waren,
ihren eigenen wirtschaftlichen Vorteil über die Belange des
Mutterlandes zu stellen. Der König setzte daher 1549 Tomé
de Sousa als Generalgouverneur ein. Hauptstadt der Kolonie
wurde das von de Sousa gegründete Salvador da Bahia – und
blieb es bis zum Jahr 1763.

1564 vertrieb der Gouverneur Mem de Sá die Franzosen
aus der Guanabara-Bucht, und Villegaignon mußte nach fast

zwölf Jahren in seine Heimat zurückkehren. Gescheitert war damit nicht nur der Kolonisationsversuch eines europäischen Staates, sondern auch das damit verbundene soziale Ideal. Das Geschick des Eilands neben der Großstadt ist ein Gleichnis für das Los aller derartigen Versuche, die wir, nach dem Werk des Thomas Morus, utopisch nennen.

Die guten Wilden

Die Wechselwirkungen zwischen der Utopie und den Entdeckungsfahrten beschränkten sich nicht auf soziale Experimente in den Kolonien. Es lag nahe zu fragen: Sollte es nicht dort draußen, weitab von den europäischen Fürsten- und Königshöfen, tatsächlich ein Land geben, in dem die ideale Gemeinschaft längst verwirklicht ist? Der »edle Mestize« El Inca Garcilaso de la Vega, in dessen Adern sich Blut und Erbe der letzten Inka-Dynastie mit dem der spanischen Aristokratie mischten, übergab in seinen »Commentarios Reales« über den Ursprung und Aufbau des Inka-Imperiums den Europäern das Bild eines großartig organisierten archaischen Staatswesens, das eine Antwort auf diese Frage zu geben schien und deshalb hier und dort Einfluß auf das gesellschaftskritische und utopische Denken gewann, etwa bei Voltaire, der in seinem »Candide« im verborgenen überlebende Inkas als aufgeklärte, tolerante Theisten auftreten läßt, oder bei seiner Schülerin Madame Graffigny (Françoise d'Issembourg), die in ihren »Peruanischen Briefen« (1747) einer nach Europa verschleppten Inkaprinzessin ihre eigenen Anschauungen und Sehnsüchte in den Mund legt. Der Anklang des Titels an Montesquieus »Persische Briefe« ist zu offensichtlich, um ungewollt zu sein; er zeugt weniger von einem Mangel an Originalität als von der Beliebigkeit des exotischen Gewandes, in dem die ihrem Wesen nach rein europäische Kulturkritik auftrat.

Ganz in diesem Sinne ist auch die Fabel vom »Guten Wilden« einzuschätzen. Ihre Herkunft läßt sich bis in Vespuccis und Lérys Berichte über ihre Begegnungen mit den brasilianischen Küstenstämmen zurückverfolgen. Als Montaigne 1562 am Hofe Karls IX. Guaraní-Indianern aus Brasilien oder Paraguay begegnete, war es natürlich, daß er, durch solche Lektüre vorbereitet, in ihnen die verlorene Güte des Naturmenschen wiederfindet. Den rituellen Kannibalismus bei den brasilianischen Indianern relativierte er mit dem Hinweis, daß es weniger grausam sei, solches mit toten Menschen zu tun, als lebende Menschen einem peinlichen Verhör zu unterziehen oder sie so hinzumorden, wie es in der Bartholomäusnacht geschah. Ebenso konnte Voltaire von den Menschenopfern bei den Inkas absehen. Die Kolonisten in Südamerika hatten schwerlich Muße für solche Spitzfindigkeiten. Gerade deshalb kamen sie einem wirklichen Verständnis der Indianer oft viel näher, als deren schwärmerische Anbeter in der Alten Welt. Mit Händen zu greifen ist dies für den Leser des 1557 in Marburg unter folgendem Titel erschienenen Buches:

Wahrhaftige Historie und Beschreibung der
wilden, nackten, grimmigen Menschenfresser
in der Neuen Welt Amerika gelegen,
vor und nach Christi Geburt
im Lande Hessen unbekannt,
bis auf die zwei letztvergangenen Jahre, da sie
Hans Staden von Homberg aus Hessen
selbst kennengelernt hat und jetzt durch den Druck
bekannt macht.

Der reiselustige und weltoffene Hesse Hans Staden (1525-1576) war zum zweiten Mal in Brasilien, als er sich auf einem Fort bei São Vicente – nicht weit von dem heutigen Santos – als Kanonier verdingte. Dort geriet er in die Gefangenschaft der mit den Portugiesen kämpfenden Tupinambás. Die Indianer ließen ihn am Leben, um ihn bei geeigneter Gelegenheit zu essen. Er mußte miterleben, wie ihm andere Gefangene auf diesem Weg vorangingen. Verständlicherweise beanspruchen diese grausigen Vorgänge in dem Bericht einen großen Raum; dennoch ist er sachlich und aufschlußreich gehalten und wird sogar durch einen Anhang mit Schilderungen der Natur und der Lebensverhältnisse in Brasilien ergänzt.

Staden legte sein Schicksal, wie er immer wieder betont, ganz in Gottes Hand. Die Werkzeuge, mit denen die Vorsehung seine Rettung bewirkte, waren dann offensichtlich die Einfühlsamkeit, mit der er das Seelenleben seiner Herren beobachtete, und das Geschick, mit dem er in ihnen immer von neuem Zweifel daran weckte, ob es der Wille auch ihrer Götter sei, ihm das vorgesehene Ende zu bereiten. Entscheidend war auch, daß er sich ihre Sprache aneignen konnte. Schließlich gelang es Staden, einen französischen Kapitän, der die Tupinambás besuchte, um mit ihnen Handel zu treiben, davon zu überzeugen, daß er kein Portugiese ist, und zusammen fanden sie einen Weg zum Herzen des Häuptlings:

»Wir hatten vorher abgesprochen, daß sich etwa zehn Seeleute, die mir [wegen ihrer roten Bärte] einigermaßen ähnlich sahen, versammeln würden. Sie sollten vorgeben, sie seien meine Brüder und wollten mich zurückhaben ..., denn unser Vater wünsche noch einmal, mich zu sehen, bevor er sterbe. ... Und auch ich sprach zum Häuptling: Ich würde gern bei euch bleiben, aber du siehst ja, daß meine Brüder es nicht zulassen wollen. Da fing er auf dem Schiff zu schreien an und sagte, wenn sie mich unbedingt mitnehmen wollten, dann sollte ich wenigstens mit dem nächsten Schiff wiederkommen, denn er hätte mich wie einen Sohn behandelt und sei sehr zornig über die Leute von Ubatuba, die mich essen wollten. Auch eine seiner Frauen, die mit an Bord gekommen war, mußte mich nach ihrer Sitte laut beklagen, und auch ich klagte, wie es bei ihnen Gewohnheit war. Danach gab der Kapitän dem Häuptling ein paar Geschenke: Messer, Äxte, Spiegel und Kämme im Gesamtwert von etwa fünf Dukaten. Damit zogen sie wieder zurück in ihr Dorf. So half mir der Allmächtige Herr, der Gott Abrahams, Isaaks und Jakobs, aus der Gewalt der grausamen Wilden.«

Es stimmt nachdenklich, daß Staden trotz aller Grausamkeit, die er bei den Indianern erlebte, in seiner Schilderung nie über wirkliche Bosheit klagt und auch selbst keinerlei Haß ihnen gegenüber zum Ausdruck bringt.

Vom Tal des Teufels zur Serra das Esmeraldas

Was den Schutz der einheimischen Bevölkerung und die Einrichtung von Gemeinwesen in Südamerika anging, war dort auf seine Weise der Orden am erfolgreichsten, der auch in Asien alle anderen überflügelte. Die ersten fünf Jesuiten waren im Gefolge des Tomé de Sousa nach Brasilien gekommen. Bereits 1553 folgte eine zweite Gruppe, zu welcher der einundzwanzigjährige José de Anchieta (1534-1597) gehörte. Anchieta war auf Teneriffa als Sohn einer spanischen Mutter und eines baskischen Vaters geboren und hatte das Kolleg der Gesellschaft Jesu in Coimbra besucht. Am 23. Januar 1534 gründete er im Innern der Kapitanie São Vicente, unweit einer Bachniederung, die von den Indianern mit dem Namen des bösen Geistes Anhangá »Anhangabaú« – »Teufelstal« – genannt wurde, ein dem Völkerapostel Paulus gewidmetes Kolleg. Anchietas damals ausgesprochene Prophezeiung, daß an diesem Ort eine große Stadt emporwachsen würde, hat sich erfüllt. Das Anhangabaú ist heute das Verkehrszentrum der Zwanzig-Millionen-Stadt São Paulo.

Die Mysterienspiele, mit denen Anchieta die Indios in die Bilderwelt des Christentums einführte, und die von ihm verfaßten geistlichen Gedichte können als Beginn der brasilianischen Literatur gelten. Er erreichte eine außergewöhnliche Beherrschung der Indianersprache in Wort und Schrift, und seine 1595 in Coimbra gedruckte Grammatik des Tupí-Idioms war jahrzehntelang ein unentbehrliches Hilfsmittel bei der Arbeit der Missionare. Anchietas Einfluß auf die einheimischen Stämme wurde für die Entwicklung der Kolonie deshalb so wichtig, weil ihm dadurch möglich wurde, das Bündnis, welches die Franzosen mit den Indianern gegen Portugal eingegangen waren, zu untergraben. Auch wenn die Heiligsprechung dieses ungewöhnlichen Mannes noch aussteht, kann man verstehen, daß er von der katholischen Bevölkerung Brasiliens schon als Volkspatron betrachtet wird.

In einem Raum, der neben Paraguay auch Gebiete der heutigen Staaten Argentinien, Uruguay und Bolivien sowie des brasilianischen Bundesstaates Rio Grande do Sul umfaßt, gelang es der Gesellschaft Jesu, weite Landstriche von den umliegenden Kolonien Spaniens und Portugals zu isolieren. Ein Teil der in diesem Land lebenden Guaraní-Indios wurde in Dorfgemeinschaften zusammengefaßt, den sogenannten Reduktionen. Die Kontrolle über das straff organisierte rechtliche, wirtschaftliche, religiöse und kulturelle Leben, einschließlich der Schulung und des Unterhalts einer Armee, lag in den Händen der weltklugen und menschenkundigen Väter. Der Erfolg des Systems war so außerordentlich, daß man es in Europa zumindest dort, wo die Jesuiten in Ansehen standen, für ein leuchtendes Beispiel der Verwirklichung Utopias hielt.

Aber im Willen der Jünger des Ignatius, die, aus Spanien, Portugal, Italien, Frankreich, Deutschland, Irland, Holland oder Ungarn kommend, dem Beruf zur Mission gefolgt waren, den Franz Xaver seinen Ordensbrüdern vorlebte, wirkte nicht das freie Ideal Utopia, sondern ein anderes, den antiken Theokratien verwandtes Prinzip. Vielleicht wären die Reduktionen heute noch intakt, wenn nicht Portugal unter dem Marquis von Pombal und der spanische König 1767 die Gesellschaft Jesu aus allen Ländern der beiden Weltreiche verbannt hätten. Die Ruinen der Kollegien und Missionskirchen sind noch zu sehen, und in den Nachkommen der von den patres angeleiteten Indianer lebt deren Erbe auf verborgene Weise fort; nicht nur in Paraguay, sondern auch in anderen Regionen. So schreibt der brasilianische Historiker Pedro Calmon von den berittenen Milizen, welche die Jesuiten unter den Guaraní-Indios ausbildeten:

»Da sie die Armbrust handhaben, die Reihen schlossen, treu zu den patres standen, waren sie nicht mehr die armen Katechumenen von zuvor. Sie griffen an mit mannhafter Wucht. Als sie sich in raschen und tödlichen Guerrillas, die sie in der Pampa austrugen, an das Pferd und die Führung der Lanze gewöhnt hatten, verschwand der fatalistische Indio, der zwischen dem Gehorsam gegen den Pfarrer und der Angst vor den Bandeirantes aus São Paulo schwankte, und zum Vorschein kam ... der Vorfahre des Gaucho.«

Die Zukunft Brasiliens sollte den Bandeirantes gehören, jenen Einwanderern aus Portugal und ihren von indianischen und afrikanischen Müttern geborenen Söhnen, die von São Paulo ausgehend die allmähliche Erschließung des Landes ins Werk setzten. Als »bandeiras« – Fähnlein – bezeichnete man die Gruppen, die bis ins 18. Jahrhundert hinein auf der Suche nach Edelsteinen, Gold und Sklaven, aber auch aus Liebe zum Abenteuer und zu der ungeheuren Weite des vor ihnen liegenden Landes bis an den Fuß der Anden vorstießen. Diese bewaffneten Züge, die einschließlich des Trosses aus Frauen und Kindern mehrere tausend Menschen umfassen konnten, wurden von Männern geführt, deren Namen einen heroischen, legendären Klang behielten: António Raposo Tavares, Manuel Borba Gato, Fernão Dias Pais Leme, Bartolomeu Bueno da Silva.

Der Trieb, der die großen Bandeirantes beseelte, kommt in der Sage von der Serra das Esmeraldas zum Ausdruck, einem an Smaragden überreichen Gebirge, das man im Westen suchte. Als der alte Fernão Dias tief im Innern des Landes im Fieberwahn starb, hielt er ein Säckchen mit grünen Steinen in den Händen. Sein Schwiegersohn Borba Gato kam mit seiner Bandeira noch rechtzeitig hinzu, um sich von dem Sterbenden zu verabschieden und den Schatz an sich zu nehmen. Als man die Steine später in Lissabon genau untersuchte, erwiesen sie sich als Turmaline von vergleichsweise geringem Wert. Borba Gato war dann einer der ersten, die im Gebiet des heutigen Bundesstaates Minas Gerais jene Goldvorkommen fanden, deren Ausbeutung die finanziellen Voraussetzungen für die einmalige wirtschaftlich-kulturelle Hochblüte des brasilianischen Barock schufen. Die Sehnsucht nach der Serra das Esmeraldas aber blieb ungestillt und wurde, wie jeder unerfüllte Traum es werden kann, zu einer bewußtseinserweiternden Kraft; ihre Spur kann noch in der geistigen Weite und reifen Weisheit gefunden werden, zu der João Guimarães Rosa (1908-1967) auf seinen Ritten durch den »Großen Sertão« gelangte, jene unendliche Landschaft, die einst die Bandeirantes durchstreiften und von der er in seinen Erzählungen und Romanen Zeugnis ablegt.

El Comunero

Der Staatsroman von Thomas Morus regte den spanischen Prälaten Vasco de Quiroga (1479-1565), Bischof zu Michoacan in Mexiko, an, einige utopisch konzipierte Dörfer zu gründen, von denen jedes ein bestimmtes Handwerk auszuüben hatte. Denkbar ist eine Kenntnis der lateinischen Urfassung der »Utopia« auch bei dem Dominikaner Bartolomé de las Casas. Dieser hatte bereits 1521 mit ausdrücklicher Erlaubnis Karls V. in dem venezolanischen Distrikt Cumaná eine ähnliche Kolonie eingerichtet, die laut Vertrag kein spanischer Untertan in Waffen betreten durfte. Auch dieses Experiment erlag dem Druck seiner gewalttätigen Umwelt.

Las Casas hat später sein Ideal mit den Waffen des Schriftstellers verteidigt, indem er unermüdlich gegen die Ausrottung der Indios schrieb. Seine Schilderungen der Greueltaten, deren Zeuge er wurde, und sein persönliches Eintreten bewirkten immerhin, daß ein umfassendes Gesetz zum Schutz der Indios in Kraft trat, das aber nicht viel änderte und bereits nach vier Jahren widerrufen wurde. In der Audienz bei dem Kaiser soll las Casas erstmals vorgeschlagen haben, die für die harte Arbeit in den Plantagen und Gruben weniger geeigneten Indianer durch kräftige Afrikaner zu ersetzen. Er erfuhr noch zu seinen Lebzeiten, daß er damit in die Anfänge einer weiteren Unmenschlichkeit verstrickt worden war, und bereute seinen Rat bitter. Auch als Geschichtsschreiber der Entdeckung und Eroberung Amerikas ist las Casas bedeutend, und nicht zuletzt hat er die Schiffstagebücher des Kolumbus für die Nachwelt gerettet. Er wurde Bischof von Chiapas in Mexiko, und als er 1566 im Alter von 92 Jahren starb, fand man auf seinem Schreibtisch ein Manuskript über »Die sechzehn Heilmittel wider die Pest, welche die Indianer ausgerottet hat«.

Ein Geistesverwandter des las Casas war Álvar Núñez Cabeza de Vaca (1490-1559). Unter den spanischen Konquistadoren nimmt dieser Mann in vieler Hinsicht eine herausragende Stellung ein: Seine unerschütterliche Lauterkeit und Menschenliebe, der Mut und die Geduld, die ihn befähigten, ganz auf sich gestellt mehrere Jahre unter den verschiedensten Indianerstämmen zu leben, die Ausdauer und Kraft, mit der er zu Fuß das südliche Nordamerika und den Landweg von der brasilianischen Küste nach Paraguay erkundete, suchen ihresgleichen.

Seine erste Reise unternahm Cabeza de Vaca als Schatzmeister der unseligen Expedition des Pánfilo de Narváez nach Florida und an die Nordküste des Golfs von Mexiko, deren letzte Überlebende im November 1528 an die texanische Küste gespült wurden:

»Gott, unsern Herren, um Erbarmen und Gnade bittend

für unsere Sünden, viele Tränen vergießend, voll Mitleid jeder nicht nur mit sich, sondern mit allen anderen, die er in gleicher Lage sah, kauerten wir nackt um ein Feuer. ... Als die Indios kamen und das Unheil sahen, das über uns gekommen war, und die Ausweglosigkeit, in der wir durch so viel Unglück und Elend waren, setzten sie sich unter uns, und vor lauter Schmerz und Mitleid, das sie fühlten, begannen alle heftig und so echt zu weinen, daß man es weit hören konnte. So verharrten sie über eine halbe Stunde, und fürwahr: Daß ich diese unverständigen und fast tierisch rohen Menschen unsretwegen so jammern sah, bewirkte, daß mir und den andern der Gruppe noch mehr das Leid und die Erkenntnis unsres Unheils bewußt wurde. ... Ich bat die Indios, uns zu ihren Wohnungen zu führen. ... Sie ließen erkennen, daß sie dies gern täten. ... So gingen wir zu ihren Hütten. Wegen der herrschenden starken Kälte oder aus Sorge, es könne jemand unterwegs sterben oder schwach werden, achteten sie darauf, daß in Abständen vier oder fünf sehr große Feuer gemacht wurden, und an jedem von ihnen wärmten wir uns.«

Nach wechselvollen Geschicken blieb Cabeza de Vaca schließlich allein mit zwei Spaniern und Estebanico, einem Schwarzen. Zunächst wurden sie von den Indianern wie Gefangene gehalten und zu allerlei Sklavendiensten herangezogen. Endlich glückte die Flucht mit dem Ziel, sich zu den in Mexiko lebenden Landsleuten durchzuschlagen. Die nun folgende Odyssee durch das Gebiet der heutigen Staaten Texas und New Mexico dauerte bis zum Jahr 1536. Cabeza de Vaca war der Führer der kleinen Gruppe; seinem Geschick im liebevollen Umgang mit den Eingeborenen und dem Umstand, daß man sie bald für heilkundige Gesandte des Himmels hielt, war es zu verdanken, daß sie allerorts mit Verehrung empfangen wurden.

In welchem Verhältnis bei den zahllosen, meist mit Gebeten und Kreuzeszeichen bewirkten Heilungen medizinische Kenntnisse der Spanier, seelische Bereitschaft der Patienten und wirkliche Wunder standen, lassen wir offen. Jedenfalls waren die vier schließlich stets von einer riesigen Schar Gläubiger begleitet, deren Zusammensetzung an den jeweiligen Stammesgrenzen wechselte, die sich aber nie ganz auflöste. Als man an der Pazifik-Küste endlich auf die Spanier stieß, hatte Cabeza de Vaca einige Mühe, diese treuen Begleiter vor den Sklavenfängern zu schützen.

Seine zwei weißen Gefährten heirateten in Mexiko reiche Witwen, Estebanico unternahm von ebendort weitere Erkundungsfahrten in den Norden, und Cabeza de Vaca selbst begab sich nach Spanien, wo er einen Reisebericht verfaßte, der zu den Perlen der Entdeckungsliteratur gehört. 1540 wurde ihm von Karl V. die Statthalterschaft von Paraguay übertragen. Von der brasilianischen Insel Santa Catharina aus führte Cabeza de Vaca seine 400 Begleiter auf dem Landweg nach Asunción, wo er als Gouverneur residieren sollte. Auf diesem Marsch bewährte sich abermals seine liebevolle Haltung im Umgang mit den Indianern: Die Guaraní-Stämme, deren Gebiet durchquert wurde, sahen nicht nur von Angriffen ab, sondern stellten sogar hilfsbereit Kanus und Lebensmittel zur Verfügung. Da man dem Rio Iguaçu stromabwärts folgte, wurden auf diesem Zug die gewaltigen Wasserfälle gleichen Namens entdeckt.

Cabeza de Vacas strenges Vorgehen gegen die Sittenlosigkeit in der Kolonie und seine Güte im Umgang mit den Indianern führten zu einem Aufstand; 1545 wurde der Gouverneur abgesetzt und in Ketten nach Spanien verbracht, wo er dann, mehr schlecht als recht von den Anschuldigungen seiner Feinde freigesprochen, verstarb. Das Schiff, auf dem Cabeza de Vaca Paraguay verlassen hatte, hieß El Comunero. »Comuneros«, so hatten sich in Kastilien erstmals die Anhänger eines Volksaufstands gegen Karl V. genannt. Das Wort hat seither einen kollektiven, rebellischen Nebensinn, der halbwegs zwischen Bundschuh und Fronde angesiedelt ist. Diese Bedeutung bezogen im Lauf der Jahrhunderte eine Reihe von

Parteien in Spanien und in Paraguay auf sich selbst, und so war auch der Name des Schiffes gemeint. Wir nehmen uns die Freiheit, es hier wörtlich als Ehrentitel der dem Gemeinwohl ergebenen Individualität zu verstehen.

Die vom Mittelalter überlieferten Ordnungen waren brüchig geworden, neue soziale Hoffnungen und Tugenden erwachten und wurden von den Möglichkeiten beflügelt, die die entdeckten Regionen boten. Ins Gewebe der Einzelereignisse dieser turbulenten Zeit flicht sich ein Lebensweg wie der des Cabeza de Vaca als ein goldener Faden. Im Bild des Ganzen mag dieser Faden zunächst verschwinden, er wird aber einst übrigbleiben, wenn alle anderen Fäden sich aufgelöst haben.

Der Horizont der ethnischen, wirtschaftlichen und politischen Kräfte, die von den Umwälzungen der Entdeckungszeit und der Konquista entbunden wurden, ging erstmals als Ganzes in das Bild von Utopia ein. So regte die Welt der Entdecker und Konquistadoren, lange vor der Entstehung der Soziologie, die Begründer des utopischen Denkens zu den ersten großen gesellschaftlichen Entwürfen der Neuzeit an. Und Thomas Morus, Tommaso Campanella und Francis Bacon konnten nicht umhin, ihre idealen Staaten als Entdeckungen iberischer Seefahrer zu präsentieren.

Die Reise des Raphael Hythlodeus

Der Titel des ersten unter den drei Werken, die wir diesen Männern verdanken, lautet: »Über das beste Staatswesen, zugleich über die neue Insel Utopia«. Morus kannte die Mißstände seiner Zeit und ihre Verflechtung mit der herrschenden Staatsordnung aus nächster Erfahrung. Als Gelehrter stand er im Austausch mit den bedeutendsten Vertretern des Humanismus – allen voran Erasmus von Rotterdam, mit dem ihn eine lebenslange Freundschaft verband. In Gesprächen,

Briefen und einander gewidmeten Schriften tauschte man frei seine Ansichten über Gott und Welt, über Mensch und Staat aus, wobei es nicht immer nur ernst zuging. Man kann die »Utopia« daher mit gleichem Recht als intellektuelles »Gesellschaftsspiel, hervorgegangen aus Gesprächen am Kamin«, verstehen wie auch als ersten Beitrag zur sozialistischen Gesellschaftskritik.

Als Entdecker Utopias tritt Raphael Hythlodeus auf, dessen Nachname ein humanistisches Kunstwort ist, das der griechischen Wurzel nach sowohl »der Possen-Kundige« wie auch »der Possen-Feind« bedeuten kann. Er ist ein weitgereister Portugiese, der Amerigo Vespucci auf dessen dritter Reise begleitet haben will. Mit einigen Gefährten habe er sich selbständig gemacht und sei schließlich nach Utopia gelangt, das auf der Südhalbkugel liege – nach unseren heutigen geographischen Vorstellungen irgendwo zwischen Südamerika und Ceylon.

Utopia – zu deutsch etwa: Land ohne Ort – ist eine Insel, die künstlich vom Land getrennt wurde. Das Erstaunliche an den Utopiern, die nach Raphaels Schilderung jedem gesitteten Europäer ebenbürtig sind, ist die Ordnung ihres Gemeinwesens, das vierundfünfzig blühende Städte umfaßt. Von der demokratischen Verfassung mit geheimer Wahl und einer umfassenden städtebaulichen Planung bis hin zur haltbaren Einheitstracht aus naturbelassenem Gewebe, gemeinsamen Mahlzeiten und ausgewogenen Großfamilien ist alles bestens geordnet. Niemand arbeitet mehr als sechs Stunden täglich. Besitz, insbesondere der von Edelmetallen, genießt gar keine Achtung, Bildung und Wissenschaft dagegen sind höchst anerkannt. Manches mutet allerdings auch beklemmend an, so etwa die angedeutete Möglichkeit der Euthanasie und die durchtriebene und zum Teil rücksichtslose Außenpolitik der Utopier. Spätestens hier stellt sich die Frage, was Morus mit dem Ganzen eigentlich sagen wollte.

Die Antwort liegt im Menschen Thomas Morus: Er meinte

es ernst und scherzhaft zugleich. Thomas hat sich, außer in Stunden der Entscheidung und in religiösen Fragen, nie festgelegt. Immer sprach er so, daß der andere ihn nicht verstehen konnte, ohne selbst nachzudenken. Und wenn er eine Seite einer Sache aufzeigte, tat er es stets liebenswürdig, wo nicht gar liebevoll. »Der Mann, der die zwei Seiten aller Dinge sieht« – so ist Thomas Morus zu Recht genannt worden. 1532 verfaßte er in lateinischer Sprache seine eigene Grabinschrift, durch die er hier – mit einigen Kürzungen – selbst sprechen möge:

»Thomas More wurde [1478] in London geboren und war von angesehener, wenngleich nicht adliger Herkunft. Er beschäftigte sich in gewissem Maße mit literarischen Dingen, und nachdem er einige Jahre seiner Jugend als Verteidiger bei Gericht tätig war, dann das Amt eines Richters, eines Unter-Sheriffs in seiner Geburtsstadt bekleidet hatte, wurde er von dem unbesiegbaren Heinrich VIII. an den Hof gezogen ... Er wurde bei Hof empfangen, zum Mitglied des königlichen Rats bestellt, geadelt, zum Unterschatzkanzler, dann zum Kanzler des Herzogtums Lancaster und schließlich, durch besondere Güte seines Herrschers, zum Kanzler von England ernannt. Inzwischen wurde er zum Sprecher des House of Commons gewählt. Außerdem diente er als Gesandter des Königs bei verschiedenen Missionen. ... [Er] war zu Lebzeiten seines Vaters immer mit ihm verglichen und als der ›junge More‹ bezeichnet worden; und so betrachtete er auch sich selbst. Nun aber [da der Vater gestorben war] verspürte er den Verlust des Vaters, und als er auf die vier Kinder, die er aufgezogen hatte, und auf die elf Enkel blickte, da fing er in seinen eigenen Augen an, alt zu werden. ... Von den vergänglichen Dingen des Lebens gesättigt, legte er sein Amt nieder. Durch die unvergleichliche Gunst seines überaus gütigen Herrschers gelangte er endlich an das Ziel, nach dem er sich seit seiner Knabenzeit gesehnt hatte: Die letzten Lebensjahre ganz für sich zu haben, sich nach und nach von den Angelegenheiten dieser Welt zurückzuziehen und über das ewige Leben in der kommenden nachzusinnen.«

Das Studium der Rechte hatte Thomas auf Geheiß seines Vaters aufgenommen, obwohl ihn Neigung und Begabung zur Philosophie und zum Griechischen zogen. Dennoch zeigte er sich in jeder Phase seiner Laufbahn als ein Meister gerade dieses Fachs. Stets unbestechlich, bestach er jedermann mit seiner Gerechtigkeit und gewann dabei Achtung und Liebe von allen Seiten. Den humanistischen Neigungen blieb er treu, indem er ausgezeichnete Kenntnisse der antiken Sprachen und Literaturen erwarb. Er schrieb später eine Reihe von Büchern meist religiösen Inhalts, die ihn als humanistischen Gelehrten, Laientheologen und streitbaren Verteidiger der katholischen Lehre gegen die Reformatoren ausweisen.

In den Studienjahren weilte er einige Zeit als Gast in der Londoner Kartause und trug sich mit dem Gedanken, Franziskaner zu werden. Er erkannte jedoch, wieviel ihm Ehe und Familie bedeuten würden, und verzichtete auf den äußersten Ausdruck seiner Frömmigkeit. Dafür wurde sein Haus in Chelsea für seine Kinder, Enkel, Pflegekinder und eine große Schar von Bediensteten und Gästen durch seine Güte und Menschenkenntnis zu einer Heimstätte, deren Wohlergehen ihm, wie es gleich auf den ersten Seiten der »Utopia« heißt, ebensosehr angelegen war wie alle anderen Pflichten und deren Wärme und Lebendigkeit weit mehr als »Utopia« unsere Sehnsucht weckt. Zu den Gästen gehörte auch Hans Holbein d. J., der die ganze Hausgemeinschaft zeichnete und dem wir auch das Ölgemälde verdanken, das More als Kanzler zeigt.

Mores Schicksal erfüllte sich in unlösbarer Verquickung mit demjenigen seines Königs, Heinrich VIII. Dieser hatte sich selbst zum Oberhaupt der englischen Kirche ernannt, um seine vom Papst mißbilligten Scheidungs- und Heiratsabsichten durchzusetzen. Alle Untertanen sollten sich unter Androhung der Todesstrafe eidlich zur königlichen Suprematie über die Kirche bekennen. Morus bekundete seine Haltung hierzu mit seinem Rücktritt. Er leistete den Eid nicht und verteidigte sich unter alleiniger Berufung auf sein Gewissen. Vergeblich, denn 1535 wurde er nach fünfzehnmonatiger Haft im Tower enthauptet. 1935 hat die katholische Kirche ihn und einige seiner Mitmärtyrer heiliggesprochen.

Die 1516 erschienene »Utopia« gehörte zu den meistgelesenen Büchern ihrer Zeit. Sie regte nicht nur die Erneuerer des sozialen Lebens zu Experimenten an, sondern auch Denker und Literaten, die den Traum vom besten Staat weiter- und anders träumen wollten. Bei kaum einem Vertreter des schnell aufblühenden utopischen Genres kann eine Anregung durch Morus ausgeschlossen werden. Alle lasen ihn, aber jeder verstand ihn anders. Dabei zeigte sich, daß der fortgeführte utopische Traum – wie jeder Traum – vom Wesen des Träumenden mitgefärbt wird.

In der glühenden Seele des Dominikaners Tommaso Campanella (1568-1639), der ihn während seiner 27jährigen neapolitanischen Kerkerhaft geträumt hat, wurde er zu einer Vision – denn dies ist Campanellas auf Ceylon angesiedelter »Sonnenstaat« weit mehr als ein soziales Programm. Die Rolle, die Religion, Astrologie und eine noch vom Hauch der Ketzerei umgebene Naturwissenschaft in diesem Stadtstaat spielen, der von einem Hohepriester der Metaphysik, Sol genannt, und seinen drei Gehilfen Sin (Weisheit), Pon (Macht) und Mor (Liebe) gelenkt wird, zeugt von ganz anderem Geist als die tiefgründig-schelmische »Utopia«.

Francis Bacon von Verulam (1561-1626) war ebenfalls Kanzler des Königs von England, der nun Jakob I. hieß, und verlor dieses Amt unter Umständen, die weniger unangenehm, aber auch weniger heiligmäßig waren als der Rücktritt Mores. Die Liebhaber der utopischen Literatur sind sich einig in dem Bedauern, daß Bacon seine »Nova Atlantis« nicht abgeschlossen hat. In diesem Buch wird mit faszinierendem Realismus und schriftstellerisch vollendet eine geheimnisvolle

Thomas Morus als Lordkanzler.
Gemälde von Hans Holbein d. J., 1527

Insel im Pazifik geschildert, die natürlich von spanischen Seefahrern entdeckt wird. Die wunderbar gesitteten Lebensverhältnisse, die dort herrschen, sind ganz von einer in dem
»Hause Salomons« zusammengefaßten wissenschaftlichen
Elite bestimmt. Ihre technischen Fertigkeiten, die an den ok-
kulten Bereich grenzen, haben wir im 20. Jahrhundert annä-
hernd erreicht. Die Abgesandten dieses Wunderlandes leben
unerkannt in allen Ländern der Erde, um dort Wissen und
Nachrichten zu sammeln. Auf mysteriöse Weise ist das Chri-

stentum in früher Zeit auf die Insel gelangt und tritt in einer eigentümlich glatten, konstruiert-perfekten Gestalt auf, die dennoch von okkulter Schwüle durchzogen ist. Mit diesem Werk ist die Utopie zu einer Kunstgattung geworden, die auch ohne soziale Intentionen besteht. Am Ende dieser Entwicklung stehen, neben der Flut an Science-fiction-Literatur, die zum sozialen Ernst zurückgekehrten Gegenutopien des 20. Jahrhunderts.

Die »Utopia« stellt, wie manche ähnliche Entwürfe, keine realisierbare Lösung dar, sondern gibt ein Bild der im sozialen Wandel wirksamen Sehnsüchte. Verhalten deutet auch Thomas Morus im Schlußsatz seines Werks darauf hin: »Jedoch gestehe ich gerne ein, daß es im Staate der Utopier sehr vieles gibt, was ich unseren Staaten eher wünschen möchte als erhoffen kann.« Er blickte über den Horizont der Entdeckungsfahrten hinaus und wußte, daß der Weg zur wahren Gemeinschaft weder über Ozeane noch über literarische Programme führt, sondern durch den Menschen geht: »Denn nichts wird gut, nichts vollkommen, bevor es nicht die Menschen selbst sind, und bis dahin hat es noch eine gute Weile.« Das ist die humanistische Auflösung des utopischen Rätsels – aus dem Munde des lächelnden Thomas Morus!

In der Vision von »Utopia« fehlte das Christentum, weil sie von einer nur halb bewußten Berührung mit einer seelischen Region angeregt wurde, in die Thomas sein christliches Bewußtsein nicht gleichermaßen einzuführen vermochte wie in seine Erdentaten; dies erklärt auch jene Züge des Werks, die uns bedenklich anmuten. Zwei Generationen später sollte sich auf einer Insel im Pazifik vor einem Portugiesen, der Thomas in vieler Hinsicht verwandt und ebenbürtig war, für eine kurze Weile die Pforte zu jenem einsamen, mühevollen Weg auftun, der über die Verwandlung des Menschen zur Verwandlung der Gemeinschaft führt; zugleich leuchtete hier das Bild einer Staatsordnung auf, in der das Christentum nicht fehlt.

Terra Australis

Die Annahme eines mächtigen, um den südlichen Pol der Erde gelagerten Kontinents geht bereits auf die antiken Kosmographen zurück. Weltkarten des 16. und 17. Jahrhunderts zeigen ihn mit phantasievoll ausgeführten Umrissen als eine gewaltige Landmasse, die in etwa den Raum um die Antarktis und das australische Festland einnimmt. Auf manchen Karten finden sich in unmittelbarer Nähe der portugiesischen Besitzungen auf Timor die nicht vollständig ausgeführten Umrisse eines großen, südwestlich gelegenen Landes, was darauf hindeuten könnte, daß dieses Festland von Portugiesen bereits im 16. Jahrhundert aufgesucht wurde. Der australische Historiker Kenneth Gordon McIntyre hat alle diesbezüglichen Hinweise zusammengetragen, welche die Geschichte der Kartographie und die junge australische Archäologie bieten, und kommt zu dem Ergebnis, daß Reisen von den portugiesischen Siedlungen auf Timor zu den nahen australischen Küsten schon zu einem sehr frühen Zeitpunkt stattgefunden haben müssen, sich aber nicht zwingend belegen lassen.

Auch Francis Drake, der 1577 bis 1580 die zweite Weltumsegelung durchführte, hatte von seiner Königin Elisabeth I. den Auftrag erhalten, die *terra australis* zu suchen. Er zog es jedoch vor, nach der Durchquerung der Magellan-Straße gen Norden zu segeln, um dort spanische Kauffahrer zu kapern, was er so erfolgreich betrieb, daß er den Beinamen »orbis archipirata« erhielt.

Eine neue Phase der Suche nach dem Südland begann mit der Erforschung des Pazifiks durch die Spanier. 1567 brach eine von Álvaro de Mendaña geführte Expedition von Callao in Peru auf, um den Südkontinent zu finden. Die Schiffe fuhren auf einem leicht nordwestlichen Kurs, so daß man die Neuguinea vorgelagerten Salomonen entdeckte. Nach seiner Heimkehr konnte Mendaña die Salomonen nicht vergessen, und es kostete ihn mehr als ein Vierteljahrhundert, um seine zweite Reise dorthin beim König in Madrid und beim Vizekönig durchzusetzen. Am 9. April 1595 verließen vier Schiffe den Hafen von Callao, um Mendaña nun endlich die Kolonisation »seiner« Salomonen zu ermöglichen. Unter den 378 Menschen, die sie trugen – fünfunddreißig Frauen mit ihren Kindern eingerechnet –, war als Pilot des Flaggschiffs San Jerónimo auch der dreißigjährige Portugiese Pêro Fernandes de Queirós oder Pedro Fernandez de Quirós, wie die hispanisierte Form des Namens lautet.

Queirós wurde 1565 im Herzen Portugals, in Évora geboren. Man weiß, daß er als junger Mann auf Handelsschiffen das Amt des »Supercargo« versah, d.h. die kaufmännische Leitung von überseeischen Geschäftsreisen innehatte, die ihn nach Ostindien ebensogut wie nach Südamerika geführt haben können. Bald sehen wir ihn im Besitz eines spanischen Kapitänspatents. Seit der Annexion Portugals im Jahr 1580 waren Portugiesen in spanischen Diensten nichts Ungewöhnliches. In der peruanischen Hauptstadt Lima hatte ihn Don Álvaro de Mendaña für seine Fahrt nach den Salomonen als Piloten gewonnen.

Am 21. Juli, nach fünfwöchiger Fahrt und bei bester Gesundheit der Besatzung, erschallt erstmals der Ruf »Tierra, tierra!«. Es sind die heute Marquesas genannten Inseln, die aus dem Unbekannten auftauchen. Die Spanier können sich nicht genug tun am Staunen über die natürliche Schönheit der Inseln und ihrer bronzehäutigen polynesischen Bewohner. Queirós zählt zu denen, die am gründlichsten diese anmutige Welt wahrnehmen und beobachten. Auch beweist er Geschick im friedlichen Verkehr mit den Eingeborenen. Als schließlich doch Blut fließt, ist niemand zorniger als er.

Nach diesem ersten Zwischenfall geht es weiter nach Westen. Am 8. September ist angesichts einer hohen Vulkaninsel eines der Schiffe mit 182 Menschen ohne Wiederkehr im Nebel verschwunden – war es ein Riff, eine Strömung oder einfach Meuterei? Durch einen Ausbruch des Vulkans wird die Stimmung noch gedrückter. Die Insel erweist sich als weniger paradiesisch denn die bezaubernden Marquesas. Unbemerkt war man in den Bereich der melanesischen Kultur eingetreten – »schwarz war die Erde und schwarz das Volk«. Gleich zu Anfang kommt es zu blutigen Mißverständnissen mit den Insulanern. Dennoch entschließt man sich, zu landen und mit der Kolonisation zu beginnen. Das Eiland erhält den Namen »Santa Cruz«, und ohne die Eingeborenen zu fragen, wird eine befestigte Siedlung errichtet.

Nun aber flammen lange schon schwelende Unstimmigkeiten zwischen den Spaniern selbst zum offenen Konflikt auf. Drei Parteien stehen sich gegenüber: die Soldaten, die Seeleute mit den Kolonisten und daneben die Insulaner. Unaufhaltsam läuft das blutige Drama ab. Der Feldmeister der Soldaten wird getötet; der mit den Spaniern verbündete Häuptling wird feige ermordet, und schließlich stirbt auch Mendaña, allerdings auf dem Krankenlager und nicht, ohne zuvor seine Gattin Isabel de Barreto als seine Universalerbin und Nachfolgerin in der Leitung der Expedition eingesetzt zu haben. Am 7. November entschließt man sich zur Abfahrt von dem Unglücksort. Kurz zuvor stirbt der einzige noch verbliebene Priester mitten im Gebet an einem Schlaganfall.

Die »Admiralin« besaß nicht die geringsten seemännischen Kenntnisse, und ebenso fehlte es ihr an der Kraft, ihren eigensüchtigen, maßlosen und keiner Vernunft zugänglichen Charakter zu zügeln. Der Befehl lag in ihrer Hand – die wirkliche Verantwortung und Leitung des Unternehmens aber bei dem Piloten Queirós, der sich stillschweigend dieser Anforderung stellte. Hitze, Windstille, Durst und Nahrungsmangel machten die Fahrt bald zu einem Leidensweg ohnegleichen. Um zu verdeutlichen, womit es Queirós täglich außer dem Navigieren in unbekannten Gewässern und der Not seiner Mannschaften zu tun hatte, sei erwähnt, daß die Admiralin, als jedermann dem Verdursten nahe war, ihre herrschaftlichen Kleider noch in Eimern von gehortetem Trinkwasser waschen ließ. Zwei weitere Schiffe mit ihrer Besatzung gingen verloren. Eine lange dichtbewaldete Insel war übrigens kurz nach der Abfahrt berührt worden; Queirós hielt sie für Neuguinea – in Wirklichkeit hatte man nun die zuvor vergeblich gesuchten Salomonen erreicht! Der Tod hielt furchtbare Ernte auf dem Schiff, raffte schließlich auch Pêros einzige Stütze dahin, einen alten Krankenpfleger aus einem Indianerhospital in Lima. Queirós vollbrachte das Wunder, das schwer angeschlagene Schiff zu den Philippinen zu führen. Niemand dankte ihm; er mußte sich glücklich schätzen, daß Dona Isabel ihm nun, da sie ihn nicht mehr brauchte, nicht den Garaus machte.

Die Dokumente dieser denkwürdigen Fahrt zeugen vom edlen Charakter des Pêro de Queirós. Nie erwiderte er die ihm von allen Seiten entgegengebrachte Niedertracht und Gewalttätigkeit. Stets war er um Frieden unter den Spaniern und um Schonung der Eingeborenen bemüht. Dona Isabel behandelte er immer als Dame und wehrte ihr nur im äußersten Notfall, was sie ihm übel genug vermerkte. Von denen, die ihm nahe waren, verlor er einen nach dem anderen. Nichts spricht deutlicher von dem, was in seiner Seele vorging, als die Gestalt, in der er die Gottesmutter am liebsten verehrte: Nuestra Senõra de la Soledad – Unsere liebe Frau von der Einsamkeit.

Das Pfingstreich unter dem Kreuz des Südens

Queirós brachte es auch noch über sich, die San Jerónimo samt ihrer Besitzerin und deren in dem frauenarmen Manila schnell gefundenen neuen Ehemann zurück über den Stillen Ozean nach Acapulco zu steuern. Von dort begab er sich allein nach Peru. In ihm lebte die Sehnsucht des Mendaña fort, nur war sie in seiner Seele weiter und tiefer geworden: Hinter den Salomonen mußte das geheimnisvolle riesenhafte Land der terra australis liegen! Der Vizekönig verwies ihn an den König in Madrid, und über Panama und Kuba erreichte Pêro am 25. Februar 1600 Spanien.

Papst Clemens VIII. hatte zur Jahrhundertwende ein Heiliges Jahr ausgerufen. Queirós folgte dem Ruf zur Pilgerschaft in die Heilige Stadt; er wollte dort den Papst selbst für seinen großen Plan gewinnen – und hernach den König von Spanien um so leichter. Im Sommer betrat er Rom als einfacher, armer Pilger. Aus Manila waren günstige Berichte über Pêro eingetroffen, und so war der Herzog von Sesa, spanischer Botschafter beim Heiligen Stuhl und Komtur des Ritterordens von Calatrava, gern bereit, dem Pilger, der, um sich zu ernähren, vor den Toren der Stadt nach Früchten und wildem Fenchel suchen mußte, den Zugang zum Papst zu eröffnen.

Ein gelehrtes Gremium wurde vom Herzog bestellt, das die Thesen des Kapitäns prüfen sollte; dazu gehörte unter anderem der Jesuit Christoph Nagel oder Clavius aus Bamberg, der für Gregor III. die berühmte Kalenderreform ausarbeitete und bei dem Matteo Ricci die für seine chinesische Mission so nützlichen mathematischen und astronomischen Kenntnisse erworben hatte. Wohlbegründet wußte Queirós von dem Südkontinent zu sprechen. Kein Gebiet, auf dem die Gelehrten nicht einen Kundigen in ihm fanden: Astronomie, Entdeckungsgeschichte, Kartographie, nautische Theorie und Praxis. Auch seine Überlegungen zu dem damals noch ungelösten Problem der geographischen Längenbestimmung fanden Beachtung. Vielleicht gehörten zum Horizont dieser Gespräche auch schon die konkreten Neuerungen, die er später auf seiner großen Pazifikfahrt in die Tat umsetzte: die Destillation von Süßwasser aus Meerwasser oder auch die Verbindung von christlicher Mission und ärztlicher Hilfe.

Schließlich wurde Queirós auch von Papst Clemens VIII. empfangen – jenem Papst, unter dem im selben Jahr 1600 Giordano Bruno den Scheiterhaufen bestiegen hatte. Daß bei den römischen Klerikern ein Interesse vorlag, das über den akademisch-wissenschaftlichen Bereich und das Wohlwollen für den frommen und liebenswerten Portugiesen hinausging, ist anzunehmen. Aus einer Bemerkung, die Queirós über diese römischen Gespräche machte, hört man die spirituellen Obertöne heraus, die sie hatten:

»In Rom fragte mich Kardinal Pedro Aldobrandini, was ich vorhätte. Ich antwortete: Eine Welt entdecken, die in allem neu sei! Und Monsignore Penã, Auditor der Rota, sagte zu mir, in welcher Sprache ich mich mit jenen Menschen verständigen wolle. Ich erwiderte ihm: ›In der, die man überall versteht: ihnen immer nur wohltun und niemals weh!‹«

Queirós verließ Rom in der Karwoche 1602 mit einem Brief des Papstes an Philipp III. von Spanien. Auch der König empfing ihn mit Wohlwollen. Bis er die Order in Händen hielt, die den Vizekönig von Peru anwies, aus königlichen Einkünften zwei Schiffe auszurüsten, verging allerdings ein Jahr. Zwei weitere verstrichen über der Reise nach Peru.

Am 21. Dezember 1605 ist es soweit: Drei unter der Aufsicht von Queirós ausgerüstete Schiffe verlassen den Hafen von Callao. Unter den 300 Seeleuten und Soldaten ist diesmal keine Frau; dafür befinden sich außer sechs Franziskanerpatern ein Chirurg und Hospitalbrüder aus dem Lazarettorden des San Juan de Diós an Bord. In einer kurz nach der Abreise niedergelegten Dienstanweisung versucht der Admiral, das Leben auf den Schiffen auf die Ebene seiner sozialen Ideale zu heben: Flüche, Würfel und Karten sind verboten; die Offiziere sollen die Langeweile durch Erteilen von Bordunterricht bekämpfen. Bis ins Detail ist ausgeführt, was zu tun ist, um Auseinandersetzungen mit Eingeborenen zu vermeiden. Trotz eines schweren Nervenfiebers, das ihn immer wieder ans Bett fesselt, ist Pêro bei allen fröhlichen und ernsten Anlässen immer mitten unter seinen Leuten. Sein größter Wunsch ist es, alle von dem Geist beseelt zu sehen, der auch ihn erfüllt. Aber er nötigt niemanden.

Er weiß auch, daß vom ersten Tag an Männer da sind, bei

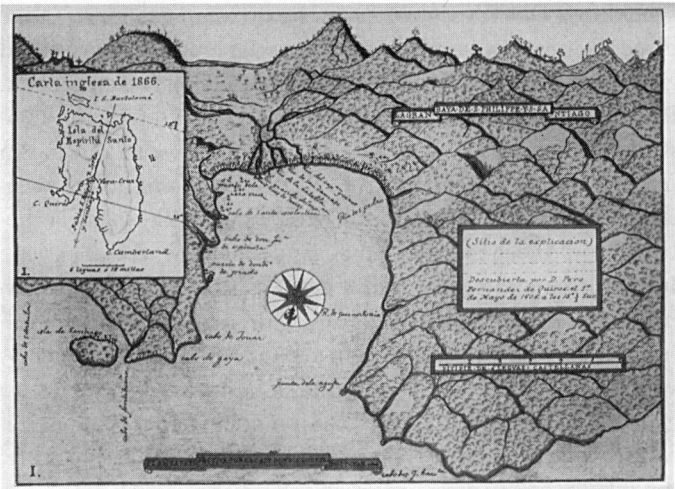

Espíritu Santo. Karte von Diego de Prado y Tovar, 1606

denen ihm dies alles nicht gelingen wird. Ihre Anwesenheit
hat der Vizekönig zu verantworten. Sie sind seine Feinde, weil
sie als Spanier den Portugiesen verachten oder als Adlige den
Mann von niederer Geburt; auch hoffen sie, eines Tages den
vom Vizekönig beglaubigten Anspruch auf die Nachfolge im
Falle von Queirós' Tod geltend machen zu können.

Der Dichter Luis de Belmonte Bermúdez hat die Rolle inne,
die der Rhodosritter Antonio Pigafetta bei der Weltumsegelung spielte: Er ist Sekretär und Chronist des Unternehmens
und außerdem seinem Kommandanten in liebender Verehrung verbunden. Zu dem Nervenfieber, das so schwer ist, daß
Pêro unbedeckten Hauptes keinen Sonnenschein verträgt und
des öfteren ohnmächtig aufs Krankenlager geworfen wird,
bemerkt er: »Aber nichts von dieser Art konnte ihn je ganz
bezwingen. Denn wer Gott liebt, wird immer Kräfte des Lebens besitzen.«

Nordwestlich der unerkannt hinter dem Horizont liegenden Oster-Insel erzwingt ein starker Südwind die erste Ent-

scheidung: Der Kurs wird nach Nordwesten geändert. Ohne diese Wendung wäre man über kurz oder lang auf Neuseeland gestoßen. Aufkommender Wassermangel bietet Gelegenheit, Pêros Verfahren zur Seewasserdestillation erfolgreich anzuwenden. Nach der Entdeckung von einigen kleineren Inseln und mancherlei Abenteuern gelangt man vor eine hohe bewaldete Küste, hinter der sich von Wolken umhüllte Gipfel erheben – endlos scheint sie sich auszudehnen. Man war in jene Inselgruppe geraten, die später den Namen Neue Hebriden erhielt. Aus der Ferne sieht die Inselflur, zu einer einzigen Silhouette verschmelzend, wie ein großes Festland aus. Queirós wird in diesem Irrtum noch dadurch bestärkt, daß er vor der großen Hauptinsel ankert: Nicht irgendein neues Land ist gefunden, sondern die ersehnte *terra australis* selbst liegt vor ihnen!

Nach Norden zu erstreckt sich eine weite Bucht, die einen hervorragend sicheren Hafen abgibt. Wasserreiche Bäche und Flüsse münden hier, durch leichtgewelltes Hügelland von den Bergen her fließend. Mit einem Blick überschaut Queirós die idealen Bedingungen für eine Stadtgründung. Die Kontakte mit der zahlreichen melanesischen Bevölkerung lassen sich zunächst gut an, gehen aber bald durch eine Unbeherrschtheit von Luis Vaz de Torres, der sonst Pêros treuester und zuverlässigster Offizier ist, in Feindseligkeiten über.

Am 1. Mai hatte man das Land gesichert, am 12., zwei Tage vor Pfingsten, gibt Queirós seine Pläne bekannt: Den Mannschaften soll eine Zeit der Ruhe gegönnt sein, damit man nachher mit frischen Kräften das Land »bis zu seinem Pol« erforschen könne. Seine Erschließung und spätere Verwaltung soll den »Caballeros del Espíritu Santo«, den »Rittern vom Heiligen Geist« obliegen. Er gedenkt, diesen Orden am Pfingsttag zu gründen. Seine Insignien sollen sein: das Zeichen des Heiligen Geistes über einem blauen Kreuz, auf der Brust zu tragen.

Und so geschieht es. Am Pfingstmorgen betritt Queirós das

Land und pflanzt in einem aus belaubten Zweigen errichteten Kirchenraum ein hohes Holzkreuz auf. Mit feierlichen Worten nimmt er die neue Erde für die Christenheit und Spanien in Besitz. Er gibt ihr den Namen »Austrialia del Espíritu Santo« – denn sein König entstammt dem über Austria herrschenden Haus Habsburg, was in der Änderung des eigentlichen Namens »australia« gewürdigt werden soll. Der in die Bucht mündende Fluß soll Jordan heißen, und an seinen Ufern wird ein Neues Jerusalem liegen.

Es folgen ein feierliches Hochamt und die Fahnenweihe. Danach ernennt Pêro die Beamten und Räte der neuen Stadt. Sklaven werden an diesem Tag freigelassen und die Körperstrafen samt dem zur Fesselung dienenden Block abgeschafft – man werde dergleichen unter Menschen, die sich einer so hohen Aufgabe widmen, nicht mehr benötigen. Der Meuterer und Intrigant Juan Ochoa bleibt jedoch in Haft. Er hat sich später an einem großangelegten Verleumdungsfeldzug gegen Pêro beteiligt.

Elf Tage später, am 25. Mai, wird in der gleichen begeisterten Stimmung das Fronleichnamsfest begangen. Die Prozession zieht am Strand entlang und durch den grünen Dom des Urwalds, und zum ersten Mal mischt sich hier in den Gesang der Urwaldvögel der Klang der Fronleichnamssequenz des Thomas von Aquin:

> Lauda, Sion, salvatorem,
> Lauda ducem et pastorem
> In hymnis et canticis ...
> Tu, qui cuncta scis et vales,
> Qui nos pascis hic mortales,
> Tuos ibi commensales
> *Coheredes et sodales*
> *Fac sanctorum civium.*

Deinen Heiland, Zion, preise,
Lobe ihn in Wort und Weise,
Der dein Hirt und Führer ist ...
Du, der alles weiß und leitet,
Hier als Sterbliche uns weidet,
Deine Tischgenossen laß uns dorten,
Laß uns Erben sein und Bürger
Deiner Heiligen Gemeinschaft.

Neu-Holland und Antarktis

Am 27. Mai ist alles zur Abfahrt bereit. Queirós will die weiteren Gefilde seines Landes erkunden. Einige Männer aber bitten um einen Tag Aufschub – sie haben nicht zu den Glücklichen gehört, denen es oblag, den nötigen Fischvorrat herbeizuschaffen, und möchten sich nun auch noch beim Fischen in der Bucht vergnügen. Queirós stimmt wohlwollend zu und besiegelt damit, ohne es zu wollen, ein verhängnisvolles Schicksal. Denn unter der Beute sind giftige Fische, die sogleich in großer Zahl verzehrt werden. Als man am nächsten Tag ausfahren will, leidet die Mehrzahl der Männer unter schwersten Vergiftungserscheinungen: Krämpfe, Ohnmacht, Erschöpfung, Lähmung der Stoffwechselfunktionen zwingen Pêro, den Befehl zur Umkehr zu geben.

Es vergehen neun Tage, bis sie wieder die Ausfahrt wagen können. Nun aber springt plötzlich der Wind von Ost auf Süd-Südost um und verstärkt sich sturmartig. Um nicht ganz nach Norden abgetrieben zu werden, befiehlt er noch einmal die Umkehr. Den beiden anderen Schiffen gelingt es, den sicheren Ankergrund in der Bai zu erreichen. Das Flaggschiff bleibt zurück, wohl auch deshalb, weil Pêro wieder an seinem Nervenfieber darniederliegt und die schwierige Navigation weniger Erfahrenen überlassen muß. Als es in die Bucht einfährt, ist es Nacht, die vereinbarten Fackelsignale der kleinen

Schiffe sind nicht auszumachen, weil die Insulaner gleichzeitig mit unzähligen Lichtern die Fische zum nächtlichen Fang anlocken. Um nicht an eine Klippe getrieben zu werden, muß man gewonnenen Raum aufgeben, und als Pêro morgens auf seinem Krankenlager erwacht, ist man auf hoher See. Vergeblich wird versucht, mit allen Mitteln gegen den Wind anzukreuzen – nach drei Tagen ist das Land der Verheißung hinter dem Horizont verschwunden.

Das eine der zurückgebliebenen Schiffe wurde von dem loyalen Torres befehligt, das andere von Diego de Prado y Tovar, einem spanischen Aristokraten, der Pêro von Anfang an verachtet hatte und ihn noch zu Lebzeiten so verunglimpfen sollte, wie es de Elcano mit dem toten Magalhães getan hatte. Torres und Prado warteten zwei Wochen vergeblich und verließen dann die Insel mit Westkurs. Erst 1768 wurde das Eiland von Louis Antoine de Bougainville wiederentdeckt.

Sechs Jahre später ankerte James Cook auf seiner zweiten Weltreise in Pêros Bucht. Der in seiner Begleitung befindliche Georg Forster schildert in seinem Reisebericht eindrucksvoll die Symptome der Fischvergiftung, die er in unmittelbarer Nachbarschaft von Espíritu Santo ebenfalls kennenlernte.

Torres umfuhr Neuguinea von Süden und durchquerte dabei die heute nach ihm benannte Torres-Straße – eine seemännische Meisterleistung, denn diese Meerenge ist ihrer zahllosen Korallenriffe wegen einer der gefährlichsten Wasserwege der Welt. Dabei sichtete er Kap York, den nördlichsten Ausläufer von Australien. Er hielt den Kontinent aber für eine Insel, so wie Queirós die Insel für einen Kontinent gehalten hatte. Kurz zuvor war der Holländer Willem Janszoon mit seinem Schiff Duyfhen – Taube – hier gewesen und hatte dasselbe Land gesehen. Torres führte den Rest von Pêros Expedition wohlbehalten nach Manila.

1616 landete ein anderer Holländer, Dirk Hartog, in Westaustralien, 1623 Jan Carstensz im Norden und 1627 Peter

Nuyts im Süden. Den größten Ruhm unter den holländischen Entdeckern Australiens erntete 1642 bis 1643 Abel Tasman, der den Erdteil im Süden umsegelte, auf Tasmanien landete, dann Neuseeland entdeckte und über Neuguinea nach Batavia zurückkehrte. Damit war nachgewiesen, daß Neu-Holland, wie Australien damals genannt wurde, nicht mit dem Südpol zusammenhängt. Tasman hielt Neuseeland für die Nordküste des Landes um den Pol.

James Cook überfuhr auf seiner zweiten Reise 1773 erstmals den südlichen Polarkreis. 1774 drang er bis zum 71. Breitengrad vor und näherte sich dem Südkontinent, ohne es zu wissen, bis auf 200 Kilometer. Er hielt es für menschenunmöglich, weiter nach Süden zu fahren. Ohne antarktisches Land zu sichten, führte er eine südliche Weltumsegelung durch, die den Raum absteckte, in dem der letzte Kontinent gesucht sein wollte. Cooks Bericht über den Reichtum der Gewässer an Seehunden um die südatlantischen Inseln lockte eine große Zahl britischer, aber auch amerikanischer Seehundjäger in die Nähe des südlichen Polarkreises. Unter ihnen war der amerikanische Walfänger Nathaniel Palmer, der 1820 erstmals ein Stück der antarktischen Halbinsel unter Feuerland sichtete. Im selben Jahr umrundete eine russische Expedition unter Fabian von Bellingshausen den Südkontinent und überquerte dabei an mehreren Stellen den Polarkreis, allerdings wohl ohne das Festland zu Gesicht zu bekommen. 1823 segelte der britische Seehundjäger James Weddell in dem seither nach ihm benannten Meerbusen bis über den 74. Breitengrad hinaus und überbot dabei den südlichsten Punkt Cooks um 214 Seemeilen.

In den Jahren 1837 bis 1843 brachen mehrere konkurrierende Expeditionen auf, um die genaue Lage des magnetischen Südpols zu ermitteln: Der König von Frankreich entsandte Jules Dumont D'Urville, die Vereinigten Staaten Charles Wilkes; beide Expeditionen wurden etwas überstürzt durchgeführt, weil man England, von dem der Plan ausgegangen war, aus dem Feld schlagen wollte. Dennoch kehrten sie wohlbehalten aus den südlichen Gewässern zurück. Der britische Kapitän James Clark Ross, der unter seinem Oheim John Ross bereits an der erfolgreichen Expedition zum nördlichen Magnetpol teilgenommen hatte, brach zwar als letzter auf, konnte aber die bedeutendsten Ergebnisse verzeichnen. 1841 steuerte er seine ausgezeichneten Schiffe Erebus und Terror durch das Packeis bis zum 78. Breitengrad. Am Rand des gewaltigen nach ihm benannten Schelfeises sichtete er die zwei fast 4000 Meter hohen antarktischen Vulkane, die heute die Namen seiner Schiffe tragen.

Die von Ross erreichte Breite wurde erst 1895 von dem norwegischen Forscher Carsten Egeberg Borchgrevink überboten, dem am Eingang des Ross-Meeres erstmals eine Landung auf antarktischem Festland gelang. Die erste Überwinterung führte notgedrungen der Belgier Adrien de Gerlache 1898 durch, als sein Schiff Belgica auf dem 70. Breitengrad im Packeis gefangen wurde. Der furchtbare Kampf der nicht für den Winter ausgerüsteten Männer gegen Kälte, Skorbut und Wahnsinn dauerte ein Jahr – berichtet wird insbesondere von der willensstarken, stoischen Haltung eines norwegischen Teilnehmers: Roald Amundsen.

Soy solo

Dies alles lag, ebenso wie die nicht minder mühevolle Erschließung Australiens, noch in ferner Zukunft, als Pêro von seiner Insel auf die hohe See getrieben wurde. Die Sehnsucht nach dem anderen Land, das er an jenem Pfingstmorgen zu betreten hoffte, mußte er im Innern weitertragen. Noch einmal kehrte er auf der nordpazifischen Route nach Acapulco zurück. Auf dem Landweg erreichte er Mexiko. Hier, im Land der Azteken, traf ihn ein schwerer Schlag: Seine beiden melanesischen Knaben, die er von Espíritu Santo entführt

hatte, starben. Während eines schrecklichen Sturms hatten sie
auf der Überfahrt die Taufe angenommen und trugen seitdem
die Namen Pedro und Pablo. Was Queirós von ihnen erfuhr,
war Grundlage für ein ethnologisches Verständnis ihrer Heimat durch den weißen Mann. Aber die aufrichtige Liebe, die
ihr weißer Schüler, Meister und Herr zu ihnen hegte, vermochte nicht die Wunde des Heimwehs zu heilen, die der
gewaltsame Raub geschlagen hatte. An ihr starben sie, der
eine zum Palmsonntag, der andere zu Himmelfahrt 1607.

Als Pêro im Oktober 1607 in Madrid eintraf, besaß er
nichts als die Kleider auf seinem Leib. Treue Freunde, unter
ihnen der gute Belmonte, verschafften ihm das Nötigste, vor
allem: Papier und Schreibgerät. Denn nun galt es, den König
und seine allmächtigen Beamten mit Eingaben zum Ausrüsten einer neuen Expedition zu bewegen. Sieben Jahre widmete Pêro diesem Bemühen. Von Anfang an war er zwischen
die Mühlsteine zweier rivalisierender Körperschaften geraten: Der Staatsrat und der Indienrat sahen ihre Interessen
gleichermaßen durch die Pläne des portugiesischen Kapitäns
berührt. Keine der beiden mächtigen Behörden wollte ihn der
anderen überlassen, aber sie wollten ihn auch nicht recht fördern. Sie waren sich nur in dem Punkt einig: Queirós sollte
daran gehindert werden, sein Wissen einer anderen Nation
anzubieten – woran dieser niemals gedacht hatte. Um ihn
aus der Hauptstadt zu entfernen, teilte man ihn schließlich
dem Gefolge eines neuen Vizekönigs für Peru zu und gab ihm
vage Zusagen, während gleichzeitig die peruanischen Behörden angewiesen wurden, ihn ebenfalls hinzuhalten. Queirós
schiffte sich 1615 ein. Im selben Jahr starb er, noch auf der
Reise, in Panama.

Die Bittschriften, mit denen Pêro die Archive füllte, enthalten sein Vermächtnis und zeugen von Wandlungen, die sich in
ihm selbst vollzogen. Seine Ausdauer entsprang nicht einem
Pochen auf Recht oder Rechthaben, auch nicht daraus, daß er
etwa, alternd, den Sinn für das Mögliche und Wirkliche verlo-

ren hätte. Sein irrtümlicher Glaube, einen Erdteil gefunden zu haben, der auf seine Erschließung durch Spanien warte, verwandelte sich mehr und mehr in das Bewußtsein einer ungeheuren Verantwortung gegenüber der Neuen Welt, die er an jenem Pfingsttag geschaut hatte. Die menschliche Umwelt wurde für das, was in seiner Seele lebte, so eng, daß diese von der Kraft der Ideale in Regionen gedrängt wurde, die jenen benachbart sind, aus denen Thomas Morus seine »Utopia« gewann. Was sich da als scheinbarer Wust von Eingaben auf den Schreibtischen des Königs und der Staatsbeamten sammelte, war der großartige Entwurf einer »Welt, die in allem neu sei« und die Pêro auf Espíritu Santo begründen wollte.

Nach Maßgabe seines Menschenbildes, durchdrungen von seiner Religion und mit dem Gewicht seiner reichen Lebenserfahrung versehen, bildet Pêro die Einzelheiten des Gemeinwesens in Gedanken aus. Kein Bereich, der nicht durchdacht und zugleich belebt ist von seinen Idealen: Rechtsprechung, Verwaltung, geistliche Ordnung, Paßwesen, Gesetze zur Verhinderung von Bummelei in Amtsstuben, genossenschaftliches Wirtschaften, Erziehungswesen, Verbot der Spekulation mit Grund und Boden, Recht und Menschlichkeit im Umgang mit den Eingeborenen, um nur auf weniges zu deuten. »Kenntnis Gottes – freie Gesellschaft – Wohlfahrt aller« sind die Fundamente dieses Reichs. Sein Bild folgt dem des Himmlischen Jerusalem der Apokalypse, ohne es nachzuahmen: Kreuzförmig breitet sich die Stadt aus, von zwölf sternförmig geordneten Straßen durchzogen. Dennoch ist alles so konkret gedacht, daß auch die landschaftlichen Gegebenheiten der Südseeinsel ganz mit einbezogen sind. Pêro wirkte immerhin so handfest, daß eine große Schar von Laien und Ordensleuten den Behörden Sorgen machten, indem sie drängten, endlich mit ihm aufbrechen zu dürfen.

Queirós wollte seine Neue Welt genau in der südlichen Region gründen, in der wir auch die Insel des Thomas Morus suchen müßten. Wie wir sahen, ist die Utopie kein realisierbarer Plan, sondern Zielpunkt einer seelischen Bewegung. Ist das Neue Jerusalem des Queirós eine Utopie in diesem Sinne? Es ist mehr als das, denn es entspringt nicht einer bloßen Sehnsucht nach wahrer Gemeinschaft, sondern der Gewißheit, daß diese Sehnsucht Erfüllung finden kann. Thomas Morus starb für seinen Christenglauben, aber er vermochte ihn nicht mit seiner »Utopia« zu verschmelzen. Queirós gelang es, und er war bereit, sich für die Verheißung seines Neuen Jerusalem zu opfern:

»Eure Majestät geruhe doch, mich nicht zu verschmähen, nicht, was ich aufs neue anbiete. Es ist nichts Geringeres als die Schutzherrschaft über eine Neue Welt, als die Sicherheit all Eurer anderen Reiche. Mein Fleiß aber, mein Eifer, meine Gedanken, die nicht kurz oder unbegründet sind, und obendrein mein Leben selbst – das ist, was ich dazugeben kann. Und wenn das wenig erscheint, so will ich noch mehr geben, die Hälfte, nein, alles, was mir von Gott je noch zufallen mag. Auch mich selbst will ich noch verkaufen, damit man mit diesem letzten Geld von mir ein wenig Lehm kaufe für einen Ziegel, für einen Backstein in jenem frommen Gebäude. Majestät, ich flehe Euch an ...!«

Der unermüdliche einsame Bittsteller begann zu ahnen, daß er scheitern würde. Er verlor dennoch nichts von seinem Glauben an das in seinen Mitmenschen, was er der Sprache des »immer nur Wohltuns« zugeneigt wähnte. Mit erschütternder Offenheit legte er in den Briefen an den König nicht nur seine Erkenntnisse und Pläne, sondern auch die Leiden seines Herzens bloß:

»Majestät, der geballten Gewalten, der Entbehrungen, der Bürden und Überbürden, mir schon so lange auferlegt, können so viele werden, daß mein ganzer guter Wille nicht mehr zureicht, um das geringste Steinchen in den großen Bau einzusetzen, daß ich keinen Schritt mehr vorwärts zu tun vermag, daß sie mich vollends ganz zu Boden drücken ... Ich biete an, mich mit meiner Unterschrift aller meiner Rechte zu begeben und mich ohne irgendwelchen Anspruch jeder würdigen und pflichtbewußten Persönlichkeit unterzuordnen, die Eure Majestät ernennen mag, um dieses Werk fortzusetzten. Und wenn ich auch zu diesem Dienst nicht mehr zugelassen werde, so will ich selbst dann nicht mehr fragen, was mir für all das wird, was ich dahingab. Vielmehr werde ich dann jener erwählten Person alle meine Papiere zur Verfügung stellen, alle meine Berichte, alle meine Karten, Notizen, Entwürfe und Nachrichten, dazu meine ganze Erfahrung, die ich als Augenzeuge, als Anführer und Sachwalter dieses Unternehmens für mich buchen darf. Ich bin nun einmal der Sklave dieses Werkes, das nicht ruhen darf, weil ich es bin, weil ich es vielleicht nicht verdiene, oder mein eigenes Interesse daran als Hindernis gilt.«

Für Queirós waren Vasco da Gama, Kolumbus und Magalhães »die größten Entdecker, die es in der Welt gab«. Aber er weiß auch, daß er auf seinen Fahrten 16 000 Seemeilen mehr gesegelt ist als diese drei zusammen. Und er fügt hinzu: »An Opfern, an Arbeit und Treue stehe ich nicht zurück.« Das ist so ernst und aufrichtig gemeint wie das Bekenntnis, er sei »nur eine Ameise, an ein Rohr geklammert und ganz allein auf Gott gestellt«. Das Bewußtsein seines Wertes und das seiner Schwäche wurzeln beide in der Verantwortung für das Schicksal der Neuen Welt, die schon deshalb keine Utopie ist, weil sie in der *terra australis* bereits ihren Ort gefunden hat. Tolstoj, Ghandi, Martin Luther King waren groß im gewaltlosen Widerstehen, Queirós war groß im gewaltlosen Verwandeln oder, besser gesagt: im Heilen. Unter den großen Geistern, den Mahatmas der Menschheit, ist er ein Meister des »Sanften Gesetzes«, wie auch die folgenden Sätze aus seinen Eingaben bezeugen:

»Bewahren, nicht zerstören! ... Es gehört mehr Tapferkeit dazu, Macht zu besitzen, sie nicht zu gebrauchen und so sich selbst zu besiegen. ... Der weiß wenig, der nicht viel zu leiden weiß, und der weiß viel, der seine Leidenschaft zu beherr-

schen weiß, der seine Pflichten erkennt und tut. ... Wer viel
lieben will, muß viel leiden können. ... Soy solo – ich bin allein ...«

Norwegisches Amen

»Kein Seufzer, kein Tropfen am Eimer fällt ins Bodenlose
hinab. Sie alle werden gehoben und beigelegt und zeugen als
Keim für künftige Tat. So hat Queirós nicht vergeblich gewirkt. Undeutsam wirkte auch er hinein in den verdeckten
Quellgrund der Dinge. Wie er sich entschied, schuf er wellend
mit an lautlos sich erfüllender Entscheidung, jenseits und
diesseits des schwebenden Schleiers. Auch wer nach ihm sein
entdeckendes Tagewerk vollendet, ist befruchtet von Pêros
magischer Fracht, und wenn er nie eine Silbe von ihm vernommen. ... Vom Glanze des Morgens überhaucht geschieht
gar das stillste der Wunder, daß sein Bettelgewand von fern
her zu leuchten beginnt und sich zu einem Königsmantel rö-
tet, der heimlich die wunden Schultern deckt, welche die
Bürde unsagbarer Sehnsucht getragen. So bleibt sein Name
zum Rande gefüllt mit dem tiefsten Verlangen der Menschen-
brust. Wie aber jeder heilige Ruf die Vollendung mehrt und sie
näher und inniger herbeizieht, so steht auch sein Name wie
eine hohe Gewähr, wie Labe und Trost über verlorenem Weg,
auch über jenen südlichen Breiten, von ihm geliebt in Ewigkeit. Darum fiel seine Schnuppe ins Leere nicht. Sie fiel zu dem
wissenden Angesicht, in das Sternbild der Geister des guten
Willens, die die gleiche Mitte meinen und *minnen*, die es un-
beirrt miteinander zu tun haben, in einer Front quer durch die
Nacht, immer und überall, und die so an der unsichtbaren
Kirche bauen, durch keine Zeiten und Grenzen getrennt.«

Diese Worte Otto Kübler-Sütterlins vom Fortwirken der
Entdeckerziele Pêros gelten auch für dessen Streben nach je-
ner »Welt, die in allem neu sei«. Nicht zufällig führte das
Schiff, mit dem Robert Falcon Scott zur Antarktis segelte, den

Namen Terra Nova. Und wir können sogar auf einen Mann deuten, in dem sich Pêros Hoffnung auf einen würdigen Nachfolger erfüllte, weil er genau dort fortwirkte, wo Queirós den zweiten Teil seines Werks kaum beginnen konnte.

Im Lebensweg von Fridtjof Nansen (1861-1930) offenbart sich noch einmal die Nähe von Entdeckergeist und Humanität. Er war mit ungewöhnlicher körperlicher und geistiger Kraft ausgestattet. Ein englischer Politiker sagte von ihm: »Ich bin mir nicht sicher, ob er intellektuell das war, was man ein Genie nennt ... Aber ich glaube, daß er etwas war, was noch seltener vorkommt – ein Held.« Von Haus aus war er Naturwissenschaftler, Zoologe, aber bald, auf einer Fahrt mit einem Robbenjäger nach Grönland, entdeckte er, was in den unerforschten Weiten als Herausforderung seiner Kräfte lag. 1888 durchquerte er als erster das grönländische Binneneis. 1893 brach er mit seinem Schiff Fram – Vorwärts – zu einem Unternehmen auf, das viele Arktisforscher für tollkühn hielten. Er führte das Schiff durch die Sibirische See bis zum Kap Tscheljuschkin, wo er es im Packeis einfrieren ließ, in der Hoffnung, die Eisdrift würde es über den Pol treiben, ein Vorhaben, das auf Jahre angelegt war. Als sich im März 1895 zeigte, daß die Treibfahrt nicht zum Pol führen würde, unternahm er mit Leutnant Hjalmar Johansen auf Hundeschlitten den Versuch, dorthin vorzustoßen. 224 Seemeilen vom Ziel entfernt mußten sie kehrtmachen. Der Rückweg bis Franz-Josephs-Land war eine unerhörte Leistung an Ausdauer, Mut und Zusammenarbeit; sie trafen dort eine englische Expedition, die sie nach Norwegen brachte; im selben Jahr 1886 kehrte auch die Fram wohlbehalten zurück.

Jetzt nahm Nansens Lebensweg eine neue Richtung. Die Bücher und Vorträge, in denen er über seine Reisen berichtete, machten ihn zu einer in ganz Europa angesehenen Persönlichkeit. 1905 wurde die Union von Norwegen und Schweden aufgelöst. Die daraus entstehende politische Krise schloß die Möglichkeit eines Kriegs zwischen beiden Ländern

ein. Nansens Wort zählte in der Öffentlichkeit, und er setzte
es für den Frieden ein. Es blieb nicht bei journalistischen Bei-
trägen. Nansen wurde gebeten, als Botschafter seines Landes
nach England zu gehen. In diesen Jahren leistete der Entdek-
ker in ihm seinen großen Verzicht: Er überließ seine Fram
Roald Amundsen – eigentlich hatte Nansen selbst mit diesem
Schiff zum Südpolarland fahren wollen.

Nach dem Weltkrieg wurde er norwegischer Delegierter
beim Völkerbund. Es oblag ihm, humanitäre Projekte zu verwirklichen. Seine Einsätze für die Kriegsgefangenen in Sibirien, die russischen Flüchtlinge der Oktoberrevolution, gegen
den Hunger in Rußland, für die griechischen und armenischen Flüchtlinge aus Kleinasien waren großangelegte Aktio-
nen auf politischer, wirtschaftlicher und menschlicher Ebene,
die Millionen von Menschen das Leben retteten und ihnen
halfen, es neu zu gestalten. Viele von ihnen besaßen den Nan-
sen-Paß für Flüchtlinge.

Nansens Wikingergestalt paßte nicht immer auf das diplomatische Parkett, dafür war er oft genug selbst dort, wo
das Elend am größten war. So sah er die Flüchtlingslager von
Konstantinopel, Berge von Hungertoten in Rußland, und
eines Nachts, als er durch ein Barackenlager ging, in dem 800
griechische Kinder nach langer Flucht endlich friedlich schlafen konnten, ging ihm ein Wort durch den Sinn, das er einmal
in sein Tagebuch geschrieben hatte und nun erst verstand:
»Ich blicke tiefer in eine neue Welt, die gebaut werden soll,
und ich will sie bauen!« Das Ideal der *Terra nova*, das sich in
der Seele des Portugiesen Queirós unter der Sonne des Äquators erhoben hatte und mit dem der wahren Gemeinschaft
verschmolzen war, kam Nansen nun millionenfach in Gestalt
leidender Menschen entgegen; das Schicksal ließ ihn den Weg
zu einer Schicht des Daseins finden, darin die Kräfte, die den
Traum von Utopia bestimmt hatten, für das Hier und Jetzt
fruchtbar werden konnten.

VII. Schwanengesänge

Mit dem andern dieser Arme
Hielt ich über Tod und Abgrund
In des Sonnengottes Strahlen
Mein Gedicht, die Lusiaden,
Bis sie wurden, was sie bleiben.

Conrad Ferdinand Meyer,
Camoëns

VII. Schwanengesang

»História Trágico-Marítima«

So lautet der Titel einer 1736 von Bernardo Gomes de Brito herausgegebenen Sammlung mit Augenzeugenberichten von Schiffbrüchen, die portugiesischen Seefahrern zwischen 1550 und 1650 zustießen. Die achtzehn Berichte geben die Entwicklung in diesem Zeitraum unter vielfältigen Gesichtswinkeln wieder. Zunächst entfalten sie die Spannbreite menschlicher Verhaltensweisen von niederträchtiger Selbstsucht bis hin zu einmütigem Zusammenstehen in größter Not. Auch der Verlauf der Schiffbrüche hing nicht nur von äußeren Umständen ab, sondern ebensosehr vom Verhalten der einzelnen und Gruppen. Eine solche Schicksalsgemeinschaft waren Besatzung und Passagiere der 1552 vor der Küste von Natal gescheiterten Galeone São João; nachdem sie mit knapper Not das Land erreichten, standen ihnen bis zu ihrem Tod ein qualvoller Marsch durch die Urwälder des Küstenlands und Mißhandlungen durch die Eingeborenen bevor. Camões läßt im V. Gesang der »Lusiaden« Adamastor auch diese Tragödie prophezeien und erzählt voller Mitgefühl vom qualvollen Ende, das der Kommandant Manoel de Sousa Sepúlveda mit seiner Familie fand:

46. Noch einen andern Helden werd' ich sehen,
    Von Lieb erglüht und Drang nach Rittertum,
    Und ihm zur Seit' wird die Erwählte stehen,
    Sie, deren Liebe mehr ihm galt als Ruhm;
    Oh bittres Los, dem sie entgegengehen,
    Wie hart gehst du mit diesen beiden um:
    Der jähe Schiffbruch schonet nur ihr Leben,
    Um schwerstem Leide sie anheimzugeben.

47. Sie sehn den Hunger ihre Kinder töten,
    Des Herzens und des Auges süße Lust,
    Sie müssen wehrlos dulden, wie die Wilden
    Der Frau das Kleid vom Leibe reißen;
    Und auch dem weichen Fuße drohen Nöte,
    Der nie, was unbeschuht heißt, hat gewußt:
    Oh Schicksal! Auf ihre weißen, wehen Glieder
    Stürmen Hitze, Kälte, Wetter jetzt hernieder.

48. Nie wird ihr Aug' ein rettend Schiff erblicken,
    Das sie zur Heimat aus dem Elend trägt,
    Kein Trost wird je die Liebenden erquicken,
    Um welche rings der Wüste Gluthauch schlägt;
    Erst, wenn die Leiden so sie niederdrücken,
    Daß ihre Klage Felsen selbst bewegt,
    Zersprengen ihres dumpfen Kerkers Riegel
    Der beiden Seelen festverschlungne Flügel.

Zu dieser Zeit reichten die Umrisse des portugiesischen Imperiums von Brasilien bis China. Seiner Ausdehnung nach war
es eines der größten staatlich-nationalen Gebilde, die je existiert haben, seiner Substanz nach nur ein weitmaschiges Netz
von Faktoreien und Militärstützpunkten. Das Kraftzentrum
dieser Thalassokratie lag auf dem Meer, und zur Glanzzeit
des Imperiums beherrschten die Karavellen Portugals durch
ihre überlegenen Segeleigenschaften und die Feuerkraft ihrer
Artillerie den Atlantik, den Indik und das Chinesische Meer.
In dieser Vormachtstellung kommt eine innere Überlegenheit
zum Ausdruck, die sich bis Bartolomeu Diaz in unbezwingba-
rem Entdeckermut äußert, von Vasco da Gama, Cabral und
den großen Vizekönigen an aber zunehmend im Willen zur
imperialen Machtentfaltung; für den Wendepunkt zwischen
beiden Phasen steht das Kap der Guten Hoffnung.
    Ohne das unwägbare Zusammenwirken günstiger Um-
stände wie die Rivalitäten der lokalen Machthaber in Ost-

afrika oder Indien und ohne die Duldung der territorialen Großmächte hätten die Häfen mit den Festungen und Faktoreien allerdings nicht gehalten werden können, denn zu Land hätte Portugal gegen die chinesische Militärmacht oder die des zur Zeit der Vizekönige über Nordindien herrschenden Großmoguls Akbar nicht bestehen können.

Das Leben, von dem das Imperium erfüllt war, bestand zum einen in den wirtschaftlichen Beziehungen zwischen dem Mutterland und seinen europäischen Handelspartnern sowie dem Umland der überseeischen Niederlassungen. Zugleich schuf die portugiesische Expansion die Voraussetzungen sowohl für ein globales Bewußtsein als auch für ein gemeinsames Schicksal von Völkern und Kulturkreisen, die bis dahin keinerlei Verbindung miteinander gehabt hatten.

Am Umfeld der »História Trágico-Marítima« sind die Kräfte ablesbar, die das Imperium bedrohten. Durch die Menge der eingeführten Gewürze war deren Preis auf dem europäischen Markt gefallen; man versuchte dies auszugleichen, indem man die Tonnage der nach Indien segelnden Frachtschiffe so erhöhte, daß sie die der seetüchtigen Karavellen um ein vielfaches übertraf. Diese »schwimmenden Babylons« wurden dann noch so überladen, daß die Fahrt nach Indien ein Spiel um alles oder nichts wurde, zu dem man oft nur gepreßte Besatzungen an Bord holen konnte, die wiederum auf ihre Kosten zu kommen suchten, indem sie die Schiffe durch auf eigene Rechnung gekaufte Waren noch weiter überluden. So konnte es nicht ausbleiben, daß die Zahl der Schiffbrüche in einem Ausmaß zunahm, das die gesamte Volkswirtschaft in Mitleidenschaft zog.

Gleichzeitig war Portugal immer mehr auf die Gewinne aus dem Gewürzhandel angewiesen, um sich selbst mit Grundnahrungsmitteln versorgen zu können. Die Landbevölkerung hatte nämlich den Getreideanbau im Mutterland zugunsten des Weinbaus völlig vernachlässigt, weil ihr die Versorgung der überseeischen Provinzen mit Wein gewinnbringender

schien. Schon zwanzig Jahre vor der 1580 erfolgten politischen Liquidierung des Imperiums der Entdecker durch Philipp II. von Spanien war der portugiesische Staat wirtschaft-
lich bankrott. Nach der Verschmelzung mit Spanien hatte
Portugal es dann auch noch mit dessen mächtigen Feinden
England und Holland zu tun. So wurde beim Untergang der
spanischen Armada im Jahr 1588 von den Engländern auch
der größte Teil der portugiesischen Kriegsflotte vernichtet.

Die nun anbrechende Zeit britischer und holländischer
Vorherrschaft auf den Meeren und im Ostasienhandel wurde
bald nach 1600 durch die Gründung von Handelskompanien
konsolidiert; außerdem hatte man in diesen Ländern mit Erfolg daran gearbeitet, nicht die Größe, sondern die Seetüch-
tigkeit und Kampfkraft der Schiffe zu verbessern; dies ist
nicht nur am Ende der Armada ablesbar, sondern auch an den
Berichten der »História Trágico-Marítima« über die aus-
sichtslose Position portugiesischer Schiffe in Seegefechten mit
holländischen und englischen Korsaren.

Ritter und Seefahrer

Luís Vaz de Camões wurde 1524 oder 1525 als Abkömmling
eines verarmten Adelsgeschlechts geboren. Über seine Kindheit wissen wir wenig mehr als das in den ersten Versen seines
als »Schicksalskanzone« bekannten Gedichtes angedeutete:

Als ich entstieg dem mütterlichen Grabe,
Von neuem [sic!] kam zur Welt, nahm alsogleich das Walten
Unsel'ger Sterne mich in Fron und Zwang.

Der Jüngling konnte sich an der Universität von Coimbra eine
umfassende klassisch-humanistische Bildung aneignen, die
ihn später dazu befähigte, in Afrika und Asien, weitab von
den Archiven und Bibliotheken Europas, Dichtungen zu

schaffen, die in bezug auf die Fülle ihrer historischen und mythologischen Anspielungen nur mit Dantes »Divina Commedia« verglichen werden können. Es mögen erste dichterische Erfolge gewesen sein, die dem begabten jungen Fidalgo den Zugang zum königlichen Hof in Lissabon eröffneten. Das höfische Leben brachte ihn bald in die Bahnen, in denen sein tragisches Leben verlaufen sollte: Zum einen begegnete er dort Catharina de Athaide, die fortan als der aus der Ferne leuchtende Stern am Himmel seines schweren Schicksals stehen sollte. Zum anderen war er schnell der Mittelpunkt von Händeln und Intrigen, zu denen seine neiderregenden Talente, seine spitze Feder, sein heftiges Temperament und seine großzügige Art im Umgang mit dem Geld wohl zu gleichen Teilen der Anlaß waren. Wegen der Kabale mit Dona Catharina, die Palastdame der Königin war, wurde er vom Hof verbannt. Nach anderer Auffassung war der Anlaß der Emigration weniger romantisch: König João III. sei über die Ähnlichkeit von Camões' Lustspiel »König Seleucus« mit einem aktuellen Hofskandal verärgert gewesen.

Camões wandte sich nach Nordafrika, wo er im Kampf mit den Mauren sein rechtes Auge verlor. Als die Zeit der Verbannung abgelaufen war, kehrte er an den Hof in Lissabon zurück – um zu erfahren, daß man sich dort über das sichtbare Zeichen seines Kampfesmutes lustig machte. Aus dem Plan, Portugal den Rücken zu kehren, wurde bald auf unliebsame Weise Wirklichkeit: Ein tätlicher Angriff auf einen Hofbeamten brachte ihm eine einjährige Kerkerhaft ein, aus der er sich nur durch das Versprechen befreien konnte, als Soldat nach Indien zu gehen. 1553 verließ er seine Heimat und kehrte erst 17 Jahre später wieder zurück.

Das Leben in Goa, dem »Grab eines jeden ehrlichen Mannes«, wie Camões die indische Kolonie wegen der dort herrschenden Korruption und Gewinnsucht nannte, brachte die Fortsetzung der Mißgeschicke in der Hauptstadt. Zeugnis der bitteren Armut, in der Camões seine Zeit in Indien zubrachte, ist der als »Gastmahl« bekannte Gedichtzyklus, in dem jedem der Geladenen als einzige Speise ein Sonett dargereicht wird. Eine Satire auf die Mißstände in Indien brachte Camões abermals Verbannung ein. 1556 wurde er nach Macao geschickt, wo er als Gutsverwalter wirkte und in einer Felsengrotte, die noch heute gezeigt wird, die »Lusiaden«, an denen er seit seiner Verwundung in Afrika gearbeitet hatte, vollendete.

Nach zwei Jahren konnte er nach Goa zurückkehren. Auf der Fahrt ereignete sich jener denkwürdige Schiffbruch, der auch Conrad Ferdinand Meyer bewegt hat: Das Schiff versank in den Fluten des Mekong-Deltas, und Camões rettete nichts als das Leben und das Manuskript der »Lusiaden«, das er in der linken Hand über das Wasser hielt, während er die rechte zum Schwimmen benutzte.

In Goa erwartete ihn neues, gesteigertes Unglück: Von Gläubigern und Neidern in die Enge getrieben, wurde er zweimal vor Gericht gestellt und zu Kerkerhaft verurteilt. Im Gefängnis erreichte ihn die Nachricht vom zwei Jahre zuvor erfolgten Tod der immer noch aus der Ferne geliebten Catharina de Athaide. Man hat sich daran gewöhnt, das folgende Sonett mit diesem Todesfall in Verbindung zu bringen. Der mit Camões persönlich bekannte Chronist Diogo de Couto berichtet dagegen, es sei im Gedenken an den Schiffbruch am Mekong entstanden und einer chinesischen Frau gewidmet, die von Camões hingebungsvoll geliebt wurde und deren Tod in den Wellen er mit ansehen mußte. In jedem Fall ist es ein Zeugnis für die Frömmigkeit, in der Camões' Liebe ruhte:

Du meiner Seele Edelstes, das schon sich schied
So früh von diesem Leben ungestillten Sehnens,
Dir ward zu ruhen dort in Himmelshöh'n auf ewig
Und mir zu trauern hier auf Erden immerfort.

Wenn dort, wohin du gingst, in Äthers hohem Wohnsitz,
Erinnrung noch an dieses Leben wird empfunden,
Ach, so vergiß ihrer nicht, der glühenden Liebe, die du
In meinen Augen schon so reinlich leuchtend sahst.

Und siehst du je auch nur von dem, was dir nun wert,
Ein Fünkchen glühen in dem Schmerz, der mir geblieben
Von jener Wunde, die nicht heilt, seitdem du gingst –

So fleh zu Dem, der deiner Jahre Maß verkürzte,
Daß er so früh von hier zu deinem Schaun mich hebe,
Wie er einst früh dich meinem Blick entrückte.

Durch die Gunst des Vizekönigs wurde Camões aus dem
Schuldturm befreit und konnte bald die Reise von Goa nach
Sofala in Moçambique antreten, wo er der Heimat, nach
der er sich sehnte, schon näher war. Der Gönner, der ihm die
Fahrt nach Afrika ermöglicht hatte, verwandelte sich nun
plötzlich in einen wütenden Gläubiger und suchte ihn an der
Weiterreise zu hindern. Zu allem Unglück wurde ihm während dieses erzwungenen Aufenthalts auch noch das Manuskript eines von ihm »Parnaß« genannten Werks gestohlen.
Treue Freunde waren es schließlich, die ihm nicht nur das Nötigste für die Bedürfnisse des Leibes schenkten, sondern auch
die Fahrt nach Lissabon.

Wie aber fand der Dichter seine Heimat vor! Eine Pestepidemie hatte im Land gewütet; der Klerus ängstigte das Volk
mit Prophezeiungen weiteren Unheils, und der knabenhafte
König Sebastião hing seinen Kreuzzugsträumen nach, die
ihn und das Land in den Untergang stürzen sollten. Von den
Günstlingen, die ihn umgaben und die zum Teil der Gesellschaft Jesu angehörten, war keiner willens, etwas für das
bedrohte Land zu tun.

Es war Camões vergönnt, 1572 den Druck seiner »Lusiaden« und ihren Erfolg beim Publikum zu erleben. Auch die

Die Schlacht von Alcacer Kibir. Aus den
»Miscelânea« des Miguel Leitão de Andrade, 1629

Anerkennung des Königs blieb nicht aus und äußerte sich – in
bescheidenstem Maße – sogar finanziell. Das Gedicht erwies
sich aber nicht nur seinem Inhalt, sondern auch dem Zeitpunkt des Erscheinens nach als der Schwanengesang des
Portugals der Entdecker: 1578 fiel Sebastião, der letzte königliche Sproß des Hauses von Aviz, in der Schlacht von Alcacer
Kibir und riß das ganze portugiesische Heer mit in den Untergang. Vorgeschichte und Folgen dieser Katastrophe offenbar-
ten den inneren und äußeren Verfall des Landes in vollem
Umfang. Mit der Übernahme des verwaisten Thrones durch
den spanischen Philipp II., der es verstanden hatte, alle anderen Bewerber aus dem Feld zu schlagen, endet dieses Kapitel
der portugiesischen Geschichte. Am 10. Juni 1580, wenige
Tage vor der Proklamation der spanischen Herrschaft, starb
Camões, wahrscheinlich an der Pest. Von dem Barfüßer-
mönch, der ihm in der Todesstunde beistand, sind die Worte
überliefert:

»Traurigeres kann es nicht geben, als einen so großen Genius im Elend zu sehen. Ich sah ihn sterben in einem Hospital zu Lissabon. Er hatte kein Leichentuch, um sich zu bedecken, und hatte doch in Ostindien siegreich gekämpft und war 5500 Meilen weit auf See gewesen.«

Dichter und Christ

Camões' Leben ist ein tragisches Gedicht, das mit den Tönen seiner Kunst wie eine dunkle Baßmelodie zusammenklingt. Neben den »Lusiaden« steht ein mehrere Bände füllendes lyrisches Werk mit einer Reihe von großen Elegien und über dreihundert formvollendeten Sonetten, darunter solche in kastilischer und galizischer Sprache; ferner besitzen wir drei Lustspiele und einige Briefe. Seine Religion hat sich neben der Fülle von Gedichten, die dem Weltschmerz, der Liebesklage, dem Schäferspiel, der Satire oder einzelnen Personen gewidmet sind, eine kleine, aber unendlich tiefe Welt geschaffen, welche nicht die der heiligen Messe, des Klosters oder der theologischen Kollegien ist, sondern die des Evangeliums selbst, dessen Bilder plastisch vor seiner Seele standen und dessen Gestalten ihm lebendiges Gegenüber waren.

Eine der Grundstimmungen von Camões' Fühlen und Dichten ist eine Sehnsucht, in der sich die portugiesische »saudade«, die als ein Ineinanderweben von Heimweh und Fernweh im weitesten Sinne beschrieben werden kann, mit einem zunächst fast orientalisch wirkenden Verlangen nach der geistigen Heimat des Menschen verbindet.

Du jedoch, aller Herrlichkeit Land,
Wie geht es zu, daß du als nie geschautes,
Weltenfern verborgnes, mich deiner gemahnst?
Nicht durch der Erinnrung Wissen mahnst du,
Nein, wie der Gegenwart Anklang an ehmals vertrautes.

Des Menschen Seele gleicht einem leeren Blatte,
Das sich beim Lesen der himmlischen Schrift
Mit solch ungeahnten, herrlichen Bildern erfüllt,
Daß bald aus dem eigenen Hause empor
Sie den Flug zu dem Göttlichen Vaterland lenkt.

Und so schweift mächtig das Sehnen
Von der Stätte, die den Leib einst gebar,
Empor zu der heiligen Stadt,
Empor zu dem himmlischen Ort,
Dem die Seele als Seele entstammt. ...

Selig, wer den Pfad zu beschreiten vermag,
Der zu dir, gelobtes Land, ihn leitet,
Daß geläutert und in neuem Schmucke
Er durch deine hohe Pforte tritt
Und in dir die ew'ge Ruhe findet.

Ein genaues Hinhören erkennt als Ursprung dieses Sehnens
die Weite des Bewußtseins, die in der Seele des Dichters durch
das Vertrautsein des Seefahrers mit Ort und Bewegung der
Gestirne entstand:

Wenn wir im Geist betrachten die geheimen
Ursachen, draus der Fortbestand der Welt
Und die Bewegung der Gestirne keimen;
Und wenn Berechnung uns vor Augen stellt
Der Sonne Gang, die im bemessnen Kreise
Sich nie verlangsamt, noch sich überschnellt;
Des Mondes spät erkanntes Bahngeleise,
Der sich beständig zeigt im Unbestand,
Abnehmend bald, bald wachsend auf der Reise;
Der Sterne Lauf, ungleich und doch verwandt,
Die immer gehn auf vorgeschriebnen Stegen,
Daß keine Stockung je sich darin fand;

Und nach Gesetz und Regel ihr Bewegen,
Das nimmer trügt und Tag und Jahr bedingt
Und unsrer Erde gibt Gedeihn und Segen;
    Kurz, wenn sich aufwärts unser Geist erschwingt
Und alles, was er um sich sieht gebreitet,
Sinnig erforschend nach Erkenntnis ringt;
    Dann schaut er, wenn Vernunft ihn nur begleitet,
Ein höchstes Wesen göttlich hehr und rein,
Das alles schafft, erhält, beherrscht und leitet;
    Ohn End und anfangslos ein ewges Sein,
Allmächtig, allerbarmend, allgestaltend,
Im Wandel rings unwandelbar allein;
    Die tiefste Weisheit, unbegreiflich waltend,
Die Wesenheit, drin jeglich Ding beruht,
Was sichtbar und was unsichtbar erhaltend.
    Und dieser Gott, der alles weiß und tut,
Urheber alles Seins, erscheint zum Knechte
Erniedrigt in der Menschen Fleisch und Blut. . . .
    Verdunkelt ward der lichte Sonnenwagen,
Nicht, weil ihm ein Planet entgegenstund;
Sein Glanz entschwand ihm unter Angst und Zagen.
    Und siehst du nicht, wie all das Weltenrund
Unruhig schwankt und sich zerlöst vor Trauer,
Nicht aus natürlichem geheimen Grund;
    Wie alles rings zergeht vor Schreck und Schauer;
Die Luft sich trübt; das Meer erbrausend flieht,
Und selbst der Fels verliert Gestalt und Dauer;
    Wie durch den Erdengrund ein Beben zieht? . . .
    Die Hände, die gebaut den Weltensaal,
Die Füße, die von Stern zu Sterne gehen,
Durchbohren muß sie nun der spitze Stahl.

Diese Terzinen aus der VI. Elegie offenbaren eine Dimension,
von der man denken möchte, daß sie sich Camões durch
den allnächtlichen Aufblick zum Kreuz des Südens erschloß.

Nicht umsonst würdigt ihn Alexander von Humboldt als einen Meister der Naturschilderung und bezeichnet ihn als »großen Seemaler«. Die begeisterten Worte, die er dabei findet, lassen verstehen, warum er die »Lusiaden« den »Gesang des Meeres« nannte:

»Es weht wie ein indischer Blütenduft durch das ganze unter dem Tropenhimmel – in der Felsgrotte bei Macao und in den Molukken – geschriebene Gedicht. ... Unnachahmlich sind die Schilderungen des ewigen Verkehrs zwischen Luft und Meer, zwischen der vielfach gestalteten Wolkendecke, ihren meteorologischen Prozessen und den verschiedenen Zuständen der Oberfläche des Ozeans. Er zeigt uns diese Oberfläche bald, wenn milde Winde sie kräuseln, und die kurzen Wellen im Spiel des zurückgeworfenen Lichtstrahls funkelnd leuchten, bald wenn Coelhos und Paulo da Gamas Schiffe in einem furchtbaren Sturm gegen die tief aufgeregten Elemente ankämpfen. ... Er beschreibt das elektrische St. Elmsfeuer, ›das lebendige Licht, dem Seevolk heilig‹; er beschreibt die gefahrdrohende Trombe [Windhose] in der allmählichen Entwicklung: ›wie der Dunst, aus einem Duft gewoben, sich im Kreise dreht, ein dünnes Rohr herabläßt und die Flut dürstend aufpumpt, wie er, wenn das schwarze Gewölk sich satt gesogen, den Fuß des Trichters zurückzieht und zum Himmel fliegend auf der Flucht als süßes Wasser den Wogen wiedergibt, was die Trombe ihnen brausend entzogen.‹«

Das Geheimnis der Lusiaden

Die »Lusiaden«, ihr geschichtliches Umfeld und das Leben ihres Dichters bilden zusammen ein Kunstwerk höherer Ordnung; jedes dieser drei Elemente enthält auf seine Weise die beiden anderen und das ihnen gemeinsame Ganze – eine Beziehung, für die es kaum ein besseres Bild geben dürfte als das der Selbstähnlichkeit in den Gebilden der fraktalen Geometrie. So ist es natürlich, daß Camões in der Schlußvision der »Lusiaden« Thetys auch sein eigenes Schicksal vorhersehen läßt (X. Gesang):

127. Sieh durch Kambaja ziehn des Mecom Wellen,
       Des Name, wisse, »Fürst der Ströme« heißt. ...

128. Derselbe Strom trägt einst auf sanften Wellen,
       Vom Schiffbruch naß, liebend den Heldensang,
       Den Sang, dem es dem Harm, den Klippenschwellen
       Und ihren Strudeln zu entgehn gelang,
       Nachdem der Sänger vor den Wechselfällen
       Des Daseins floh, vor Haft und Kerkerzwang,
       Er, dem der goldnen Leier Liedergabe
       Mehr Ruhm einst bringt als Erdenglück und Habe.

Die »Lusiaden« erhöhten das Portugal der Entdeckungen im Augenblick, als es für immer unterging, und bewahrten es dem Gedächtnis – so wie der Dichter sein Manuskript aus dem Schiffbruch rettete. Camões war die Einheit zwischen dem eigenen Werk und Leben und der Geschichte seines Volkes wohl bewußt, wie ein Brief bezeugt, den er in der letzten Lebenszeit an einen Freund schrieb:

»Wer hat jemals sagen hören, daß auf einem kleinen Bette das Schicksal so viele Mißgeschicke habe vorführen wollen? Und ich – als wenn ihrer noch nicht genug wären – stelle mich obendrein auf seine Seite, denn der Versuch, so vielen Leiden zu widerstehen, würde als eine Art von Unverschämtheit erscheinen. Und so werde ich das Leben beschließen, und alle werden anerkennen, wie ich meinem Vaterlande so anhing, daß ich mich nicht begnügte, in ihm zu sterben, sondern zu sterben mit ihm ...«

Bei genauerer Betrachtung erweist sich, daß der kanonische Charakter von Camões' Lebensweg nicht nur aus der

Gleichzeitigkeit mit dem nationalen Niedergang, sondern ebensosehr auch aus einer wesentlichen Beziehung mit Vergangenheit und Zukunft erwächst.

Der Infant *Heinrich* steht in seiner Zeit als Planer und Impulsgeber der Entdeckungsfahrten. Er bewirkt, aber nimmt das Bewirkte nur mit den Augen anderer wahr. Er stellt seinen Willen in den Dienst des Zeitgeistes, aber sein eigenes Schicksal bleibt gegenüber dem, was er bewirkt, keimhaft. *Vasco da Gama* handelt und schaut. Er vollstreckt, was der Wille des Infanten veranlagte und was andere vorbereiteten; die Verschlingung seiner Tat mit der des Bartolomeu Diaz stellt das Bindeglied zur Tradition von Sagres dar. Da Gama tritt dann schweigend hinter seinem Werk zurück, dessen Zukunftsperspektiven er noch aufgehen sieht. *Camões* macht schließlich die Tat des Indienfahrers zum Mythos seines Volkes. Er nimmt beides wahr: die von Portugal erschlossenen Weiten und den tragischen Weg seines Heimatlandes, bis dahin, daß er »nicht nur in ihm, sondern mit ihm stirbt«. Er bewirkt nichts, aber er schafft in den »Lusiaden« das Bild des von anderen Gewirkten. Alle drei ergänzen sich, indem der eine anregt, der andere erlebt und der letzte schließlich die Bilder wahrnimmt, die aus dem Zerfall des Geschaffenen aufsteigen.

Camões läßt in seinem aus dem Atem der Jahrhunderte strömenden Epos sichtbar werden, wie aus Vergehen zeitlose Dauer, ja Ewigkeit hervorgeht. So jedenfalls hat Jorge Luis Borges es verstanden:

An Camões

Erbarmungslos und zornlos stumpft die Zeit
Die Heldenschwerter. Arm und traurig
Kehrtest du in dein Heimwehvaterland zurück,
O Kapitän, den Tod zu leiden in ihm
Und mit ihm. In der zauberischen Wüste

Hatte sich die Blüte Portugals verloren.
Der rauhe Spanier, ehedem besiegt,
Bedrohte deine offene Flanke.
Ich möchte wissen, ob von jenem Ufer,
Dem letzten her, du demütig begriffest,
Daß das Verlorene alles: Okzident
Und Orient, die Waffen und das Banner
Fortdauern werde – menschlicher Veränderung
Entrückt – in deiner lusitanischen Aeneis.

Die »Lusiaden«, die »Peregrinação« und die »História Trágico-Marítima« gehören zusammen, sie bilden die epische Tri-
logie der portugiesischen Seefahrten. Das Werk Pintos ist
dabei mehr als nur Satyrspiel. Die Ansicht, daß sein pikares-
ker Charakter darzustellen erlaubte, was in der erhabenen
Sphäre der »Lusiaden« unausgesprochen bleiben mußte, ist
gewiß zutreffend; sie muß aber dahingehend ergänzt werden, daß Pinto durch das Panorama menschlicher Kleinheit
und Verwerflichkeit, scheinbarer Sinnlosigkeit nicht nur seiner Bemühungen, sondern des Weltlaufs überhaupt die Möglichkeit gewann, den Keim der Sinngebung und der moralischen Kraft im Menschen um so voraussetzungsloser aus dem
Wust des Zeitlichen herauslösen zu können. Er tut dies durch
die Sphäre des Schweigens, in die er den zarten Hinweis auf
Franz Xaver hüllt, wobei wir offenlassen können, wieweit
ihm dies selbst bewußt wurde. Der künstlerische Vorgang ist
dabei kein anderer als etwa der viel später von Alain René
Lesage im letzten Kapitel der Geschichte des »Gil Blas von
Santillana« vollzogene: Die Ahnung – und nicht mehr als
sie – geistiger Wesenhaftigkeit wächst gerade aus dem Verlö-
schen des Treibens der Welt, nachdem der Schelm zur Ruhe
findet.

Auf verborgene Art geschieht eine solche Erhöhung auch in
der scheinbar so prosaischen »História Trágico-Marítima«.
Diese ist ihrem Anspruch nach ein Volksbuch, und unter den

Lesern der in ihr gesammelten Unglücksberichte waren gewiß
manche, die das klassische Gewand der »Lusiaden« überfor-
dert hätte. Das in allen seinen Spielarten dargebotene Scheitern der portugiesischen Schiffe brachte diesem Publikum den
für das Bewußtsein des Volkes so schwer faßbaren geschichtlichen Umschwung in eindrücklichen und überschaubaren
Bildern nahe, die zugleich symbolischer und erklärender Natur waren.

Man beachte auch, wie teilnahmsvoll die »História Trágico-Marítima« den Zusammenhang zwischen der Seefahrt
und der sozialen Frage behandelt, und zwar auf der Ebene des
gemeinsamen Schicksals der auf einem Schiff oder in einem
Flottenverband zusammengeführten Menschen mit ihren
Möglichkeiten oder Grenzen, die entscheidenden Einfluß auf
den Verlauf einer Reise hatten, wie dies auch bei den wohlge-
lungenen Fahrten von Bartolomeu Diaz, Magalhães oder
Queirós der Fall war. Die Gemeinschaft der Schiffbrüchigen
wird so zum Gleichnis für die mit den Entdeckungen auf die
Menschheit zukommende neue Gestalt der sozialen Frage.

Die drei Werke beginnen, jedes auf seine Art, aus Episoden
und Bildern der Geschichte zeitlosen und allseits gültigen Inhalt zu lösen. In ihnen nimmt der Mythos der Entdeckungen
seinen Anfang.

Der Ersehnte

Der Weg von Portugals überragendem Sieg bei Aljubarrota
bis zu der demütigenden Unterwerfung unter Philipp II. hat
seine Marksteine in den Königen der Dynastie von Aviz:

1385-1433 João I., der König guten Angedenkens
1433-1438 Duarte, der Beredte
1438-1481 Affonso V., der Afrikaner
1481-1495 João II., der vollkommene Fürst
1495-1521 Manuel I., der Glückliche

1521-1557 João III., der Fromme
1557-1578 Sebastião, der Ersehnte

Dem letzten Sproß dieser Reihe widmete Camões seine »Lusiaden«. Daß der König dem ihm zugeeigneten Werk die Druckerlaubnis erteilte, darf nicht überbewertet werden. Sebastião hat, wenn überhaupt, nur flüchtigen Einblick in das Epos genommen; und die kümmerliche Pension, die er dem Verfasser gewährte, sollte nicht den Dichter ehren, sondern den glücklosen Kolonialsoldaten entschädigen. Als Philipp II. in Lissabon einzog, hatte er dagegen die »Lusiaden« nicht nur selbst gelesen, sondern sogar mit schriftlichen Glossen versehen; beachtenswert ist auch, daß er während seines zweijährigen Aufenthalts in Lissabon niemand anderen als Fernão Mendes Pinto mehrmals einlud, um sich Erzählungen aus dessen Leben anzuhören.

Schon durch die Umstände seiner Geburt erwarb Sebastião Anspruch auf den Beinamen »der Ersehnte«: Sebastiãos Großvater, König Manuel I., heiratet Maria, eine Tochter Johannas der Wahnsinnigen von Kastilien, die ihrerseits Tochter Kaiser Karls V. war; dieser Ehe entstammt João III. von Portugal, der abermals eine Tochter Johannas zur Frau nimmt, Katharina. Von den neun Kindern dieser Ehe sterben sieben in frühestem Alter. Die zwei überlebenden Kinder heiraten jeweils wieder Enkel Johannas: Maria wird Gattin Philipps II. von Spanien, und der Infant João heiratet Juana von Spanien. Achtzehn Tage vor der Geburt des Kindes der Juana stirbt dessen Vater. Man verheimlicht der werdenden Mutter den Tod ihres jungen Gatten, um die Geburt des Kindes nicht zu gefährden, denn der Tod des Thronfolgers würde, angesichts der gegebenen Rechts- und Machtverhältnisse, die Gefahr heraufbeschwören, daß der portugiesische Thron dem spanischen Königshaus zufällt.

Zwei Jahrhunderte zuvor hatte João von Aviz ohne Rücksicht auf den auch damals geltend gemachten Thronfolgean-

spruch Spaniens aus eigenem Entschluß und durch eigene
Kraft den Thron bestiegen; in der gleichen entschlossenen Art
war er zur Heirat mit Philippa von Lancaster geschritten, und
seine Söhne wurden unter dem Einfluß der geistlichen Ritterorden auf ihre Aufgabe vorbereitet. Wie anders Sebastião: Die
Erben der Sieger von Aljubarrota blicken ängstlich auf das
Wochenbett seiner jugendlichen Mutter und später auf die
vergebliche Suche seiner Großmutter nach einer Braut, die
den Fortbestand der Dynastie sichern sollte, und der Orden,
welcher nun über die Erziehung des Thronfolgers wacht, ist
ganz anderer Art: Es sind die Brüder der Gesellschaft Jesu,
deren Interessen mit denen Spaniens zusammenfallen. Sebastiãos Misogynie und sein verhängnisvoller Kreuzzugswahn
sind der Spiegel dessen, was seine Lehrer und Beichtväter
wollen konnten.

Sollte Camões nicht an die seelische Wehrlosigkeit seines
unreifen Königs gedacht haben, als er seine Widmung an ihn
im X. Gesang der »Lusiaden« schrieb:

149. Und die Erfahrensten wollt zu euch setzen,
     Falls Güte ihnen die Erfahrung weiht,
     In euren Rat, da sie am besten sehen,
     Das Wie, Wo und Wann an jeglichem Geschehen.

150. Schenkt allen Gunst, die eines Amtes walten,
     Nach ihren Gaben und nach ihrer Kunst;
     Die Mönche laßt nach ihrer Regel schalten,
     Für euch entflammen des Gebetes Brunst,
     Für allgemeine Sünden Fasten halten,
     Die Ehrsucht achtend als geringen Dunst;
     Denn gute, echte Mönche, sie begehren
     Nach Gelde nicht und nicht nach eitlem Dunst ...

153. Wer Kriegskunst wirksam zu erlernen trachtet,
     Lernt sie niemals, Herr, durch Phantasie,

Noch durch Träume, Einbildung oder Bücher,
Sondern allein durch Sehen, Handeln, Fechten.

Die leise Mahnung des lebenserfahrenen Dichters blieb ungehört; am 4. August 1578 machten vor Alcacer Kibir die maurischen Waffen dem Traum des Königs ein Ende – und entbanden den neuen Traum seines Volkes, denn unter den wenigen, die von dem sinnlosen Feldzug heimkehrten, war Sebastião nicht zu finden, aber auch keiner, der Sicheres über seinen Tod und den Verbleib seines Leichnams hätte berichten können. Die Hoffnung auf Wiederkehr des Verschollenen blieb auch bestehen, als man 1582 seine angeblichen Gebeine im Hieronymus-Kloster in Belém beisetzte.

Der Thron war allerdings nicht ganz verwaist, denn er fiel für zwei Jahre dem Bruder Joãos III. zu, dem greisen Kardinal-Großinquisitor Henrique, der so altersschwach war, daß es heißt, er sei buchstäblich von einer Amme ernährt worden. Wie Hohn klingt seine Namensgleichheit mit den mittelalterlichen Gründern des portugiesischen Königtums und dem Seefahrer; Hohn liegt auch darin, daß er geduldig auf die Erlaubnis des Papstes wartete, ein vierzehnjähriges Edelfräulein heiraten zu dürfen, um mit ihr einen Thronerben zu zeugen, und der Gipfel des Hohns scheint darin zu liegen, daß die Erwählte ausgerechnet aus dem Hause Bragança stammte, das zwei Generationen später aus eigener Kraft in den Besitz des Throns gelangen sollte.

Der Verhüllte

Über den Hohn aber triumphierte die Hoffnung des Volkes auf die Wiederkehr des Ersehnten. Sie nahm in den folgenden Jahrzehnten und Jahrhunderten die verschiedensten Gestalten an, wurde mißdeutet, mißbraucht und selbst wieder zum Gegenstand des Hohns; im Kern aber blieb sie sich immer

gleich. In Sebastiãos Schicksal wurde die symbolische Beziehung zwischen Individuum und Zeitalter in tragischer Form
gesteigert. Was ihm widerfuhr, lag nicht nur jenseits seines
wachen Bewußtseins, sondern auch jenseits dessen, was sein
Volk klar erfassen konnte. Camões erlitt sich die klare Rück-
schau auf das Verlorene – um das Verständnis Sebastiãos
ringt Portugal bis auf den heutigen Tag. Denn er war es, der
seinem Volk einen Traum höherer Ordnung eingab, in dem
der Glaube an den Fortbestand des Verlorenen unversehens
zur kühnen Prophezeiung einer ungeahnten Zukunft wurde;
hören wir wiederum Fernando Pessoa:

Das letzte Schiff

Seine Planken entführten El-Rei Dom Sebastião;
Hoch am Mast bezeugt den Namen das Banner
Des Imperiums.
So trieb das letzte Schiff der fahlen Sonne entgegen,
Allein. Und aus Klage, Entbehrung und Ahnung wuchs
Das Mysterium.

Es ist verschollen. Welcher verborgenen Insel
Fuhr es entgegen, welchem ungewissen Los?
Kehrt es wieder?
Gott bewahrt der Zukunft Leib und Gestalt,
Sein Licht aber wirft ihren dunklen Schatten uns zu,
Als flüchtigen Traum.

Ach, je mehr das Volk seine Seele verliert,
Desto höher wird meine atlantische Seele erhoben,
Und tiefer gebeugt.
Jedoch in mir wogt schon zeit- und raumloses Meer,
Und im Dunst seh ich verschwommen deine Gestalt,
Wiederkehrender.

Ich weiß die Stunde nicht, aber ich weiß, daß sie kommt;
Gott hält sie zurück, entrückt die Seele; uns aber bleibt
Das Mysterium.
Du kommst mit der Sonne in mir; der Nebel weicht
Vor dem Zeichen, das du trägst, dem Banner, das heißt:
Imperium.

Am 15. Dezember 1640 endete die spanische Herrschaft über
Portugal; denn an diesem Tag wurde der Herzog von Bragança als João IV. in Lissabon zum König gekrönt. Man darf
sagen, daß bei der Wiederherstellung des Königtums und der
Unabhängigkeit all jene Weltklugheit waltete, die Sebastião
gefehlt hatte. Der neue König war nach vorsichtiger Einschät-
zung der Lage dem Wunsch von Volk, Adel und Klerus gefolgt. Die Kräfte des inzwischen ebenfalls geschwächten
Spanien waren innen- und außenpolitisch gerade weitgehend
gebunden. Mit Umsicht und Geschick wurden die wirtschaftlichen und diplomatischen Maßnahmen ins Werk gesetzt, die
nötig waren, um den dauernden Erfolg des Staatsstreiches si-
cherzustellen. Daß das Haus Bragança der Verbindung eines
illegitimen Sohnes von João I. mit einer Tochter des Nun' Álvares Pereira entstammte, kam der Unternehmung zugute.

Aus der Wiederherstellung der Monarchie erstand ein anderes Portugal, das im Gewand der weltpolitisch zurückhal-
tenden Kolonialmacht noch zum Bild des 20. Jahrhunderts
gehörte. Es hatte nichts von seinen überseeischen Besitzungen
an Spanien verloren und konnte die wichtigsten Stützpunkte
auch gegen Holland und England halten. Allmählich erschloß
es das Hinterland seiner Besitzungen, ein Prozeß, der in Brasilien rasch und ins Weite führend vonstatten ging; in Afrika
war er noch im Gang, als die nationalen Befreiungsbewegun-
gen die Kolonien vom Mutterland lösten, und in Indien und
China kam er nie zum Tragen.

Unter der bei der Restauration vorherrschenden Rationali-
tät wirkte das Bild des Ersehnten an den Ereignissen mit, und

zwar in Verbindung mit anderen prophetischen Strömungen. Am Anfang des 16. Jahrhunderts war in Kastilien die Vorstellung von der bevorstehenden Ankunft eines »verhüllten« Königs entstanden. Dieser Glaube hatte zwei Wurzeln: Einerseits stand er im Zusammenhang mit dem Messianismus der iberischen Juden, andererseits wurde er von verschiedenen messianischen Gestalten genährt, die in jenen Jahren auftraten, als die Völker Spaniens ihre nationale Identität durch den ihnen völlig fremden Habsburger König Karl I. – des späteren Kaisers Karl V. – gefährdet glaubten. In Portugal beeinflußte diese Tradition den um 1500 in dem Flecken Trancoso geborenen Schuster Gonçalo Anes Bandarra. Dieser verfaßte in einfacher Sprache weissagende Vierzeiler und Strophen, die unter anderem auch von dem »Verhüllten« handeln:

> Schon hat der Löwe Kunde,
> Ist schon wachen Sinnes.
> Er ist erwacht und geht seines Wegs.
> Bald treibt er aus dem Nest
> Das Schwein, und das ist wahr.
> Es wird in die Wüste fliehen,
> Vor dem Löwen und seinem Brüllen,
> Man sieht, es ist schon verwundet,
> Von diesem verhüllten König.
> ...
> Dieser König von großem Vorzug
> Wird voller Zorn
> Das salzige Meer überqueren,
> Auf gezäumten Rossen,
> Aber ohne Sattel,
> Mit vieledlem Gefolge.

Bandarras Prophezeiungen beschäftigten zu ihrer Zeit die Inquisitionsbehörden, aber trotz Verbots von seiten des Heiligen Offiziums lebten sie weiter, und es war nur ein kleiner

Dom Sebastião. Gemälde von Cristovão de Morais, 1571

Schritt, den »Verhüllten König« mit Dom Sebastião gleichzu-
setzen, dessen Gestalt dadurch wiederum allgemein-messi-
anische Züge gewann. Der nächste Schritt, die Annahme
einer Art »Reinkarnation« des Mythos in später lebenden historischen Persönlichkeiten, konnte nicht ausbleiben. So war
in der Kathedrale von Lissabon, wo der Herzog von Bragança
zum König ausgerufen wurde, mit Bedacht ein Standbild des
Bandarra aufgestellt worden.

Das Fünfte Reich

In der Umgebung Joãos IV. war ein Mann, dessen Bedeutung weit über sein Jahrhundert hinausreicht: Antônio Vieira wurde 1608 in Lissabon geboren, verbrachte aber seine Kindheit und Jugend in Bahia, im Norden Brasiliens. Im Alter von 15 Jahren floh er aus dem Elternhaus, um im Jesuitenkolleg zu leben. Vieira wurde zu einem der wirkungsvollsten Kanzelredner, die dieser Orden je besaß, aber auch sein diplomatisches Geschick war bedeutend. 1640 wurde er nach Lissabon gesandt, um dem neuen König die Huldigung Brasiliens zu überbringen. Auch die Hauptstadt des Mutterlandes riß er durch seine flammenden Homilien hin. Vor allem aber wurde er schnell zu einem der wichtigsten Ratgeber und Helfer des Königs, der ihn mit diplomatischen Missionen in die wichtigsten Hauptstädte Europas sandte.

1652 kehrte Vieira nach Brasilien zurück und widmete seine ganze Kraft den Indianern, ihrem Schutz vor den Grausamkeiten der Sklavenhändler und ihrer Bekehrung; er bewerkstelligte sogar die Gründung einer Reihe von den paraguayischen Reduktionen nachgebildeten indianischen Dorfgemeinschaften. In dieser Zeit verfaßte Vieira ein Manifest mit dem vielsagenden Titel:

> Hoffnungen Portugals; das Fünfte Reich der Welt;
> den wahren Portugiesen, welche dem Verhüllten ergeben
> sind; in verschiedenen Strophen, die da geschrieben sind
> durch Gonçalo Anes Bandarra ...,
> gerichtet an den Bischof von Japan, André Fernandes,
> und datiert vom Fluß der Amazonen
> am 29. April des Jahres 1659.

Von 1661 an wirkte er wieder als Kanzelredner in Lissabon. Sein Eintreten für die Lehre von der Ankunft des »Verhüllten«, in deren Zusammenhang er es überraschenderweise auch nicht an Hinweisen auf auf ein »Wiedererstehen« oder ein »zweites Leben« des zu diesem Zeitpunkt bereits verstorbenen João IV. fehlen ließ, führte zu einem Prozeß bei der Inquisition und zu einer mehr als zweijährigen Haft. Als Pedro II., der sein Schüler gewesen war, den Thron bestieg, wurde Vieira befreit und rehabilitiert. Er erreichte dann in Rom nicht nur die Anerkennung seiner Unschuld durch den Papst, sondern sogar die Suspendierung der Inquisition in Portugal. Von 1681 bis zu seinem Tod 1689 wirkte er wieder in Brasilien. Seine gesammelten Predigten werden noch heute als unerreichte Meisterwerke der portugiesischen Sprache betrachtet.

Was Vieira wirklich veranlaßte, dem »Verhüllten« zu huldigen und ihn öffentlich zu vertreten, und zwar genau in den Jahren, in denen unter den Juden Osteuropas die messianische Bewegung des Sabbatai Zwi ausbrach, bleibt ein Rätsel. Er hat jedenfalls dazu beigetragen, daß der Glaube an den Ersehnten, weit über das mit ihm verbundene politische Anliegen hinaus, eine noch allgemeinere Gestalt annahm. Vor allem aber verband er ihn mit der Lehre von der Herabkunft eines »Fünften Reiches«. Er konnte sich dabei auf das Buch Daniel berufen, wo im 2. Kapitel fünf Reiche prophezeit werden – ein goldenes, ein silbernes, ein erzenes, ein aus Ton und Eisen gemischtes – und schließlich eines, das »Gott in den Tagen des Himmels errichten wird und das in Ewigkeit nicht zerstört wird«. Vieira verstand dies als Hinweis auf die aufeinanderfolgenden Reiche der Assyrer, Perser, Griechen und Römer, denen, wie er als Portugiese sagt, das »unsere« als fünftes folgen wird. Er dachte an ein Reich, in dem das Christentum triumphiert, in dem sich Zeitlichkeit und Ewigkeit untrennbar verbinden:

»Mit Recht sagt der Hl. Augustinus, daß kein Ding groß ist, welches kurz währt. Gemäß dieser Regel hängen alle Großartigkeiten des Fünften Reiches, die wir bislang betrach-

Padre António Vieira.
Kupferstich von Arnold van Westerhout

tet haben, so sie denn als wahre Größe gelten sollen, davon
ab, ob wir wissen, wie lange und bis wann sie währen. Mit
letzterem beginnend, sage ich: Das Fünfte Reich muß bis zum
Ende der Welt andauern. So wie die Enden der Welt die Grenzen seiner Ausdehnung sein werden, so wird auch das Ende
der Welt die Grenze seiner Fortdauer sein.«

Im Streit um das Für und Wider dieses in jeder Hinsicht
einzigartigen Glaubens spielten die der Inquisition zum Trotz
immer wieder neu aufgelegten Prophezeiungen des Bandarra
eine wichtige Rolle. Es war unvermeidlich, daß diese Neuauf-

lagen auch um »neu aufgefundene« Strophen erweitert wurden, die sich stets genau auf die jeweilige politische Situation
beziehen ließen – bis hin zu Versen, die auf Napoleon deu-
teten. Eine Ausgabe von 1809, mit Erweiterungen, die angeblich 1729 in der Kirche von Trancoso nahe beim Grab
Bandarras gefunden wurden, lesen wir:

> Dieser Traum, der mir träumte,
> Ist ganz gewißlich wahr.
> Die Verhüllte Insel ist der Ort
> Von wannen euch der König kommt.

Dieser Vers scheint von einem anonymen Text aus dem
18. Jahrhundert beeinflußt zu sein, der überschrieben ist:
»Antwort, die 1714 denen gegeben wurde, welche die folgende Frage stellen – Müssen wir noch heute auf den Herren
und König Dom Sebastião warten?«

Diese sebastianistische Apologie zitiert ihrerseits einen Kapitän Tavares, der 1710 verstorben sein soll und der erzählt,
er sei mit seinem Schiff in der Nähe der Kapverdischen Inseln
vom Sturm in einen großen Nebel getrieben worden. Nach
geraumer Zeit tauchte eine schöne Insel auf, wo die Mannschaft des angeschlagenen Schiffes einen Anachoreten fand,
der sich als Dom Sebastião zu erkennen gab – er sah aus,
als sei er 25 oder 30 Jahre alt, obwohl er in Wirklichkeit 153
Jahre zählte. Hier verband sich die Sage vom Verhüllten
König mit der noch älteren von den Glückseligen Inseln.

Das Mythologem des Sebastianismus hat dergestalt Portugal auf seinem Weg durch die verschiedenen Abschnitte
seiner Geschichte begleitet; es wurde dabei immer reicher,
vieldeutiger und bildsamer. Noch 1995 behauptete ein gewisser Victor Mendanha, in einem Lissabonner Antiquariat ein
Kassenbuch mit einer Sammlung von 1113 prophetischen
Vierzeilern gefunden zu haben, unter ihnen ganz neue, bisher
unbekannte, denen etwa zu entnehmen sei, daß Dom Seba-

stião in naher Zukunft am Kai von Belém in Begleitung von dreißigtausend Meerdrachen landen wird. Das folgende Bekenntnis eines portugiesischen Intellektuellen unseres Jahrhunderts zeigt, wie der Sebastianismus aus jener Sphäre reiner Inhaltlichkeit lebt, die ihm António Vieira erschlossen hat:

»Mit Dom Sebastião ist die Größe des Vaterlandes gestorben. Wenn das Vaterland seine Größe zurückgewinnt, so wird ipso facto Dom Sebastião zurückkehren, nicht nur symbolisch gesprochen, sondern als Wirklichkeit. ... In seinem symbolischen Sinne ist Dom Sebastião Portugal: Portugal, das seine Größe mit Dom Sebastião verloren hat und sie nur bei seiner Rückkehr wiedererlangen kann, einer symbolischen Rückkehr – so wie einem schrecklichen göttlichen Ratschluß zufolge sein Leben selber symbolisch gewesen war –, auf die zu vertrauen jedoch nicht unsinnig ist. Dom Sebastião, so sagt die Legende, wird an einem Nebelmorgen auf seinem Schimmel wiederkehren, von der fernen Insel kommend, wo er die Stunde seiner Wiederkehr erwartet hat. ...

Die Hoffnung auf das Fünfte Reich, so wie wir sie in Portugal erträumen und hegen, paßt ihrer Natur nach nicht zu dem, was traditionsgemäß als Sinn der Deutung überliefert wird, die Daniel dem Traum des Nebukadnezar gegeben hat. In dieser traditionellen Gestalt ist die Abfolge der Reiche folgende: das erste Reich ist das babylonische, das zweite das der Meder und Perser, das dritte das griechische und das vierte das römische, während das fünfte wie immer zweifelhaft bleibt. Nach diesem Modell jedoch, das mit materiellen Zeichen rechnet, erscheint das letzte glaubhafterweise als das Reich Englands. Auf diese Weise legt man es aus; und ich glaube, daß man es auf diesem Niveau richtig auslegt. – Nicht so nach dem portugiesischen Modell. Dieses ist geistig und nimmt, anstatt wie in jener Überlieferung vom materiellen Reich Babyloniens auszugehen, mit der Zivilisation, in der wir leben, mit dem geistigen Reich Griechenlands seinen Anfang, dem Ursprung all dessen, was wir geistig sind. Und wenn dies das erste Reich ist, so ist das zweite das römische, das dritte das christliche und das vierte das europäische, d.h. das Reich des laizistischen Europa nach der Renaissance. Für uns muß das Fünfte Reich ein anderes sein als das englische, weil es einer anderen Ordnung angehören wird. Wir schreiben es Portugal zu, für das wir es erwarten ...«

Die Botschaft

Fernando Pessoa, von dem diese Worte stammen, wurde 1888 in Lissabon geboren. Die für seine Bildung prägenden Kindheits- und Jugendjahre verlebte er jedoch im südafrikanischen Durban, wo ihm außer der Vertrautheit mit der englischen Sprache und Literatur eine klassische Bildung vermittelt wurde, die ihm in seiner Heimat so nicht zugänglich geworden wäre. Das »Kap«, man kann auch sagen: die Schwelle, blieb eine Signatur seines Lebens, die ihn, gleichsam als einen Bartolomeu Diaz des 20. Jahrhunderts, an Grenzen führte, von deren Jenseits er Gewißheit errang, die er aber nicht zu überschreiten vermochte. Die drei Heteronyme Alberto Caeiro, Ricardo Reis und Álvaro de Campos, unter denen Fernando Pessoa einen gewichtigen Teil seines lyrischen Werks veröffentlichte, sind mehr als eine poetische Fiktion; er lebte im Bewußtsein, unter einer Maske zu wandeln – das lateinische persona (Maske) wurde im Portugiesischen zu pessoa, dem Familiennamen des Dichters –, und den Heteronymen stand er wie realen Persönlichkeiten gegenüber.

Als Übersetzer und aufmerksamer Leser der theosophischen Schriften H.P. Blavatskys mußte Pessoa Indien als geistigen Kontinent ins Auge fassen. Er ahnte, daß darin mehr verborgen war als ein bloßes Aufleben asiatischer Geistigkeit: »Die Möglichkeit, daß hier, in der Theosophie, die wirkliche

Wahrheit stecken könnte, geht mir nach«, so schrieb er an einen Freund. In einem anderen Brief steht: »Dieser Marsch in mir selbst [ist] nicht einer Evolution, wohl aber einer Reise vergleichbar; ich bin nicht von einem Stockwerk ins andere gestiegen, ich bin auf der Ebene von einem zum anderen Ort weitergezogen.«

Der Weg führte durch recht verschiedene Gefilde: Okkultistische Literatur, vor allem aus England, die Tradition portugiesischer Geheimgesellschaften, Astrologie, Spiritismus, eigene Erfahrungen mit spontanen Visionen, aber auch politische Agitation, futuristische Provokation in Literaturzeitschriften und manche andere Modeerscheinung des Literaturbetriebs waren ihm gleichermaßen vertraut. Wer sein Verhältnis zu all diesen Dingen überblickt, kommt nicht umhin, dem Wort von der Reise in der Ebene zuzustimmen – Entwicklung als Durchbruch zu einer neuen Ebene war Pessoa nicht gegeben. Es nimmt vielmehr wunder, daß dies alles, zusammen mit der von ihm kultivierten Dreispaltung seiner dichterischen Persönlichkeit, ihn nicht sich selbst verlieren ließ.

Nicht minder verwunderlich ist, daß Pessoa in seinen letzten Lebensjahren der Abschluß eines Werkes gelang, das die reifste Frucht des verinnerlichten Entwicklungsprinzips ist und mit dem er die schon 1915 geäußerte Absicht verwirklichte: »Ich denke nicht daran, Kunstwerke zu schaffen, ohne daß ich zugleich daran dächte, den Namen Portugals zu erhöhen ...« Die 44 Gedichte der »Botschaft« entstanden in den einundzwanzig Jahren zwischen 1913 und 1934. Pessoa hat sie als einzigen seiner orthonymen Zyklen selbst herausgegeben, und zwar bewarb er sich damit 1934, im Jahr vor seinem Tod, um einen vom Propagandaministerium ausgeschriebenen Preis für vaterländische Dichtung. Daß er nicht den ersten, sondern nun einen speziell für ihn geschaffenen Sonderpreis »zweiter Kategorie« gewann, entsprach nicht seinem – aus der Jahrhundertperspektive der Literaturgeschichte inzwischen bestätigten – Selbstverständnis. Ur-

Fernando Pessoa, 1914

sprünglich sollte das kleine Werk einfach »Portugal« heißen, der Dichter wählte aber dann den jetzigen Titel, weil er es als »nicht auf der Höhe des Vaterlandes stehend« empfand, und weil »Botschaft« mehr »in der Wesensart der Arbeit begründet sei, ferner (im Portugiesischen) ebenfalls acht Buchstaben besitze«. In seinen Aufzeichnungen hat sich übrigens auch ein Beleg dafür gefunden, daß er »Mensagem« auf eine originelle Art jeweils von Anfang und Ende des Wortes zur Mitte hin las, wobei sich das griechisch-lateinische Kunstwort megamens ergibt.

Die Komposition des Zyklus ist überaus aussagekräftig, sowohl im ganzen als jeweils am inneren Ort des einzelnen Gedichts. Der erste der drei Teile umfaßt neunzehn Gedichte, die den heraldischen Elementen des portugiesischen Staatswappens zugeordnet sind. Er reicht in großem Bogen von Europa, Ulysses als sagenhaftem Gründer Lissabons und dem im Kampf gegen die Römer gefallenen antiken Freiheitshelden Viriatus über die Geschichte des mittelalterlichen, von der burgundischen Dynastie geprägten Portugal bis zu João von Aviz und seinen Söhnen. Der zweite Teil bringt zwölf Gedichte, die Gestalten und Motiven der Entdeckungsgeschichte gewidmet sind, und umfaßt genau den charakteristischen Zeitraum vom Auftreten des Infanten Henrique bis zum Tod Dom Sebastiãos. Der dritte Teil behandelt die »Symbole« und »Ankündigungen« des Sebastianismus und schließt mit einem aus den Tageszeiten und Wetterstimmungen des Meeres entwickelten Einblick in die Seele des heutigen Portugal.

Jeder der drei Teile hat Züge, die wohl die mit einer gewissen Ratlosigkeit gepaarte Zurückhaltung der offiziellen Preisrichter verständlich machen: die ausdrückliche Bezugnahme auf die Welt der Grals- und Artusepik im ersten Teil, der metaphysische Schwung des zweiten Teils, der in der »Himmelfahrt« des »Argonauten« Vasco da Gama gipfelt, und schließlich der völlig unpolitische Sebastianismus im letzten Teil. Was so der Eingrenzung des Werks in den vaterländischen Rahmen entgegensteht, begründet andererseits seine Universalität. In der Tat ist Pessoas »Botschaft« ein Juwel der Weltliteratur. Sie darf bislang als Schlußstein des literarischen Gebäudes gelten, um das sich der Mythos der Entdeckungen rankt. In ihr laufen viele Fäden zusammen, die in meinem Bericht über den Mythos gar nicht aufgegriffen oder nicht bis zu ihrem Ursprung verfolgt werden konnten.

Der Zyklus kann als lyrisches Destillat dessen gelesen werden, was die »Lusiaden« in epischer Breite entfalten, wobei allerdings geistige Tiefen erschlossen werden, für die der Blick in den seit Camões verflossenen Jahrhunderten erst wachsen mußte. Camões konnte Mythos und Geschichte nur dadurch verbinden, daß er den Taten der Entdecker den homerischen Olymp beiordnete; bei Pessoa ist die Geschichte selbst zum Mythos geworden. Überraschenderweise konnte oder wollte Pessoa Camões keine überragende Bedeutung zuerkennen und erwähnt ihn in der »Botschaft« nicht; man kann dies so verstehen, daß er Camões nicht sehen konnte, weil er sich selbst zu nahe an dessen geistigem Standort befand.

Da oben die Verse zitiert wurden, die Jorge Luis Borges an Camões richtete, ist es billig, daß auch der 1985 verfaßte Brief mitgeteilt wird, im dem der große Argentinier sich unter Berufung auf seine eigenen portugiesischen Vorfahren an Pessoa wandte:

»Das Blut der Borges de Moncorvo und der Acevedo oder Azevedo kann mir jenseits aller Geographie helfen, dich zu verstehen, Pessoa. Es kostete dich keine Mühe, auf die Schulen und ihre Dogmen zu verzichten, auf die eitlen rhetorischen Figuren und auf die pflichtgemäße Besserwisserei jener, die ein Land, eine Klasse oder eine Epoche vertreten. Ohne Zweifel hast du niemals an deinen Platz in der Literaturgeschichte gedacht. Ich bin sicher, daß dich diese volltönenden Würdigungen erschrecken, aber daß sie dir trotz des Schrecks zu Herzen gehen. Du bist heute der Dichter Portugals. Irgend jemand wird unvermeidlicherweise den Namen Camões aussprechen. Es wird nicht an Daten für unvermeidliche Gedenkfeiern fehlen. Du aber schriebst für dich, nicht für deinen Ruhm. Gemeinsam teilen wir deine Verse; laß mich dein Freund sein.«

Die Sprache dieses einzigartigen Werks ist von klassischer Schlichtheit und doch bis zum Rand mit Empfindung und Musik gesättigt. Sie ist wie der Text zu einem dem Ton des Meeres abgelauschten Oratorium oder einer großen Orchestersuite:

Die glückseligen Inseln

Was raunt im Ton der Wogen,
Und ist doch nicht das Meer?
Eine Stimme, die spricht,
Aber schweigt, wenn wir lauschen,
Weil sie das Lauschen nicht leidet.

Nur im Dämmerschlaf,
Wenn wir wissenlos hören,
Spricht sie uns Hoffnung zu,
Und wie schlummernde Kinder
Lächeln wir träumend.

Sie erzählt von glückseligen Inseln,
Raunt von Ländern ohne Ort,
Wo der König seiner Stunde harrt.
Jedoch, sobald wir erwachen,
Schweigt die Stimme, rauscht das Meer ...

Epilog

*Ich träume von Dingen,
die niemals waren, und frage:
Warum nicht?*

George Bernard Shaw

Terra incognita

»Bist du bereit, dich dem Unbekannten zu stellen?« So lautete
der Ruf, den Heinrich der Seefahrer vernahm und in den der
Mythos der Entdeckungen wiederum mündet. Vieles mußte
zusammenkommen, damit das Unbekannte nicht nur Herausforderung für einige Individuen blieb, sondern zur bewe-
genden Kraft eines epochalen Bewußtseinswandels werden
konnte.

Die Weiten des Atlantiks, die Unzugänglichkeit der Sahara
und der Nordpolargebiete setzten einer europäischen Expansion nach drei Seiten hin natürliche Grenzen. Daß dies alleine
nicht genügt hätte, um die Völker Europas von Fernreisen
abzuhalten, zeigt ein Blick auf die vierte Seite, wo über die
Steppen Rußlands und über den Vorderen Orient der Weg
stets offenstand. Dennoch unternahmen zwischen den Alex-
anderzügen und den portugiesischen Indienfahrten nur wenige Reisende und Fahrende freiwillig den Weg nach Osten.
Die große Zahl der Zurückbleibenden begnügte sich mit den
sagenhaften Andeutungen der antiken Geographen über jene
Regionen, die für das in traumhafter Selbstbezogenheit ver-
harrende christliche Europa offenbar keinen Anreiz zur Erkundung boten.

Nach dem langwährenden Stillhalten erfolgte der Ausbruch
dann um so stürmischer. In wenig mehr als zwei Jahrhunderten vermochten die Portugiesen, das Verhältnis zwischen dem
orbis europaeus und der terra incognita umzukehren, indem
sie letztere auf das Innere der großen Kontinente zurück-
drängten und die Voraussetzung dafür schufen, daß Nieder-
länder und Briten den Raum des Unbekannten schließlich in
den subpolaren und polaren Breiten regelrecht einkreisen.
Heute, wo die Erde außer den unzugänglichen Höhen und
Schlünden der Tepuy-Tafelberge in Venezuela keinen Ort

mehr aufzuweisen hat, der noch nicht von Menschen in Augenschein genommen wurde, macht man sich keine rechte Vorstellung von der Faszination, die das Unbekannte einmal besaß.

Ein Seitenstück zur Geschichte der Antarktisforschung kann dies veranschaulichen. 1832 erschien in New York ein Buch mit dem vielversprechenden Titel: »A Narrative of four Voyages to the South Sea, North and South Pacific Ocean, Chinese Sea, Ethiopic and Southern Atlantic Ocean, Indian and Antarctic Ocean ...« Der Verfasser, Kapitän Benjamin Morrell, war ein amerikanischer Robbenfänger; er gab an, im Jahr 1823 bis zum 70. Breitengrad in die Weddell-See vorgestoßen zu sein. 1838 konnte Edgar Allan Poe die Leser seiner phantastischen Erzählung »Narrative of Arthur Gordon Pym« dadurch auf den schaurigen Höhepunkt der Handlung einstimmen, daß er diese in damals noch unerforschte antarktische Breiten verlegte und gerade den unglaublichsten Teil seines Textes allmählich aus Anleihen und wörtlichen Zitaten hervorgehen ließ, die er den Reiseberichten Morrells entnahm. Die nüchternen Aufzeichnungen Morrells mit ihren genauen Positionsangaben und Anmerkungen zur Flora und Fauna machen als Vorspann zu Szenen wie dieser einen erstaunlichen Effekt:

»Die unheimliche Dunstwand im Süden war himmelhoch über den Horizont emporgestiegen und begann allmählich immer deutlichere Gestalt anzunehmen. Ich kann sie nur mit einem unendlichen Katarakt vergleichen, der sich lautlos aus irgendeinem unermeßlich fernen Wall hoch oben im Himmel ins Meer ergoß. Der riesenhafte Vorhang überzog den ganzen Horizont im Süden. ... Eine düstere Finsternis hing jetzt über uns; aber aus den milchtrüben Tiefen des Ozeans stieg ein lichter Schein auf und schimmerte entlang der Reling des Bootes. Der weiße Aschenregen, der auf uns und unser Kanu herabfiel, begrub uns fast unter sich, im Wasser aber zerging er, sobald die Flocken hineinfielen. Der Kamm des Katarak-

tes verlor sich gänzlich im Dämmer der Ferne. Doch näher-
ten wir uns ihm offensichtlich mit furchtbarer Geschwindig-
keit. Dann und wann sah man darin weite gähnende Risse,
die sich jedoch bald wieder schlossen, und aus diesen Rissen
heraus, hinter denen sich ein wirres Chaos flüchtiger und ver-
schwommener Gestalten bewegte, brachen gewaltige, laut-
lose Sturmwinde hervor, die mit ihrem Wehen den entflamm-
ten Ozean aufwühlten. ... Und jetzt schossen wir in die
Umarmungen des Kataraktes hinein, der einen Spalt auftat,
um uns zu empfangen. Aber im selben Augenblick richtete
sich vor uns auf unserem Weg eine verhüllte menschliche Gestalt auf, weit größer in all ihren Ausmaßen, als je ein Bewohner der Erde gewesen ist. Und die Farbe ihrer Haut war von
makellos reinem, schneeigstem Weiß ...«

Poe konnte bei der Veröffentlichung des »Arthur Gordon Pym« mit der damaligen Konjunktur der Antarktisreisen
rechnen – man erinnere sich an die Expeditionen von D'Urville, Wilkes und Ross. Das allgemeine Interesse am packeis-
bewehrten Bollwerk des Unbekannten hatte, was Poe damals
noch nicht wissen konnte, auch Morrell zu seinem Reisewerk
inspiriert. Erst 1965 konnte anhand des Logbuchs eines Teilnehmers an Morrells Reisen nachgewiesen werden, daß letzterer nie über 50° südlicher Breite hinauskam; auch die nach
ihm benannten Inseln nordwestlich von Hawaii, die noch in
den fünfziger Jahren auf Weltkarten und Globen eingezeichnet waren, sind Schöpfungen Morrells, mithin die letzten
Phantasiegebilde der modernen Kartographie! Noch erstaun-
licher aber ist eine weitere Quelle Poes: Seine Landsmänner
und Zeitgenossen John Cleves Symmes und James McBride
verfochten in ihren Publikationen eine atavistische These, in
welcher die mittelalterliche Vorstellung vom Absturz des
Ozeans am Ende der Welt auflebte: Daß nämlich die Erde an
den Polen Öffnungen besitze, in die das Wasser der Ozeane
einströme. Eindrucksvoll ist diese Vorstellung auch in Poes
Erzählung »Das Manuskript in der Flasche« verarbeitet. Es

ist offensichtlich, daß er die Magie des Unbekannten der phantastischen Psychologie seiner Prosa dienstbar machen wollte.

Ganz anders geartet war die Stimmung, in der sich am Südpol dann tatsächlich die Apotheose des Irdisch-Unbekannten vollzog. Am 15. Dezember 1911, um drei Uhr nachmittags, zeigten die Meßräder an Amundsens Hundeschlitten die Ankunft auf dem Südpol an. Der letzte Horizont der terra incognita wich der Banalität des hic et nunc. Für den Leser von Amundsens Aufzeichnungen spricht das Unwiederbringliche dieses Übergangs aus der Freude, mit welcher der nüchterne Norweger und seine Gefährten auf dem vom Erfolg beschwingten Rückweg vom Pol die Landmarken und Vorratslager des Hinwegs wiedererkannten.

Zur gleichen Zeit schleppten sich Robert Falcon Scott und seine Männer mit stetig abnehmenden Kräften immer noch nach Süden ...

»Eine schwarze, an einem Schlittenständer befestigte Flagge! In der Nähe ein verlassener Lagerplatz – Schlittengeleise und Schneeschuhspuren kommend und gehend – und die deutlich erkennbaren Spuren von Hundepfoten – vieler Hundepfoten – das sagte alles. Die Norweger sind uns zuvorgekommen – Amundsen ist der erste am Pol! Eine furchtbare Enttäuschung! Aber nichts tut mir dabei so weh als der Anblick meiner armen, treuen Gefährten! All die Mühsal, all die Entbehrungen, all die Qual – wofür? Für nichts als Träume, Tagträume, die jetzt zu Ende sind. ... Mir graut vor dem Rückweg.«

Diese Tagebucheintragung vom 16. Januar 1912 spricht von der Tragödie und dem Schuldbewußtsein des zu spät gekommenen Träumers und Poeten – denn das war Scott im Unterschied zu Amundsen. Sie dürfen aber auch als ein Dokument der Trauer um den Verlust des Unbekannten gelesen werden. Scott starb in der Eiswüste, Schultern und Kopf auf der Tasche mit seinem Tagebuch gebettet. Sein und Amund-

Scott findet Amundsens Spuren am Südpol

sens Schicksal waren mit der Entscheidung Fridtjof Nansens, nicht selbst zur Antarktis zu fahren, verquickt. Denn der Verzicht auf die letzte Tat in der Geschichte der Entdeckungen hatte für Nansen selbst auch Folgen. Ihm nämlich schwand die Herausforderung des Unbekannten nicht, sondern überdauerte in verwandelter Gestalt. Davon sprach er am 19. Mai 1926 vor einem Auditorium schottischer Studenten. Wie oft wäre, hätte er damals nicht auf englisch, sondern in seiner Muttersprache gesprochen, dabei das Wort fram – vorwärts – gefallen? – der Name seines an Amundsen abgetretenen Schiffs:

»Vor euch ungeahnte Welten hinter den Morgennebeln. Wenn ihr vorwärts segelt, tauchen neue Inseln auf, erheben sich Bergeshöhen über die Wolkenschleier. Gipfel reiht sich an Gipfel, sie alle könnt ihr erklettern. Dichte neue Wälder entfalten sich, damit ihr sie erforscht, und weite Ebenen dehnen sich, damit ihr sie durchwandert. Ihr seid gelösten Fußes und freien Herzens, daß ihr über Sonnenuntergang hinaussegeln möget und das Weltall durchschweifen. Welch eine Freude, den Tag dämmern zu sehen und zu wissen, daß ihr eine lange Fahrt durch neue Reiche vor euch habt! Auf Lichtstrahlen schwingt sich eure Seele himmelwärts. Ihr verlacht das Wagnis und lächelt der Gefahr. Am Steuer stehen der Jugend Aufschwung und Selbstvertrauen. Der Sturm kann euch nichts anhaben. Und schaut! Weit voraus über den Schwaden und über dem fliegenden Gischt hebt sich das Land des Jenseits. Uns allen ward ein Land des Jenseits gegeben, das wir suchen. Was braucht es mehr? An uns ist es, den Pfad dorthin zu finden. Ein langer Weg, ein mühseliger Weg, mag sein; aber die Stimme ruft ...«

Aus dem hohen Schwung dieser Rede spricht der Mythos der Entdeckungen, so wie er zur Gänze geboren wurde, als die Stunde des Irdisch-Unbekannten schlug. Er ist der erste Mythos, der nicht von Göttern oder Halbgöttern handelt, sondern von Menschen, von den Taten und Erlebnissen jener, die als erste bewußt dem Unbekannten begegneten und die diese Prüfung in vorbildlicher Weise bewältigten. Ein anderes, lusitanisches Pathos mischt sich in eine nicht minder hochgemute Äußerung Fernando Pessoas, deren zentraler Satz noch entschiedener als die Rede Nansens ausspricht, daß das Unbekannte nicht mehr hinter dem irdischen Horizont, sondern jenseits der Schwelle einer anderen Welt liegt:

»Laßt uns nicht dulden, daß uns ein einziger Gott außerhalb unserer selbst fremd bleibt! Saugen wir alle Götter auf! Wir haben bereits das Meer erobert – es bleibt uns noch übrig, den Himmel zu erobern. Mag die Erde für die anderen, die ewig anderen, die anderen von Geburt, für die Europäer bleiben, die keine Europäer sind, weil sie keine Portugiesen sind.«

Dies ist der auch tiefste Grund der universellen »Botschaft« Pessoas: Sie handelt nicht allein von der menschheitlichen Bedeutung der portugiesischen Seefahrten, sondern läßt ihre Gestalten und Bilder darüber hinaus von Urbildern geistiger

Entwicklung sprechen. Hier wird es legitim, das Wort »Entdeckung« als wortgetreue Übersetzung des griechischen apokalypsis zu verstehen. Nun harrt der hinter dem Schleier der Sinnenwelt liegende Ozean des Geistes der Erkundung. Die Ausfahrt wird wie einst vom Glaubensmut abhängen, genau gesagt vom Glauben an die Kraft der Erkenntnis. So wird abermals Bojador umschifft, das Kap des Glaubens, nach dessen Bezwingung das Jenseits zum Diesseits wird, das hinfort die schicksalhaften Folgen der getanen Schritte enthält und die historische Verantwortung, die sie begründen. Beides übersteigt die Kraft des einzelnen. Er muß sich deshalb der Hoffnung anvertrauen, daß künftige Generationen sowohl an der Sühne des Verschuldeten mitwirken als auch das begonnene Werk vollenden werden. Dies wird das zweite Kap sein, jenes, an dem Adamastor einst den Meister der »Lusiaden« begreifen lehrte, daß Hoffnung die Kraft ist, die unseren Werken in den Stürmen der Weltgeschichte Dauer verleiht.

Daß die Erdoberfläche mehr als der bloße Schauplatz der Begegnung der Menschheit mit dem Unbekannten war, wird durch einen Nachtrag zum Entdeckungszeitalter deutlich, der, man kann nicht anders sagen, von der Erde selbst geschrieben wurde: Die Tepuys, jene gewaltigen Tafelberge und Felstürme, deren senkrechte Felswände im Süden Venezuelas bis zu einer Höhe von über dreitausend Metern über den tropischen Urwald aufragen, waren schon durch die Expeditionen, welche die Brüder Robert und Richard Schomburgk zwischen 1835 und 1844 im Auftrag der britischen Regierung von Guayana aus unternahmen, entdeckt worden. Allein, ihre Erforschung wurde erst in jüngster Zeit durch den Einsatz von Hubschraubern möglich; und da zeigte sich, daß die Region der Erde, die sich dem Forscherblick am längsten verbergen konnte, diesem auch die größten Wunder zeigte: Eine Zauberwelt tat sich auf, mit Hunderten von nirgendwo anders vorkommenden, zum Teil seit undenklichen

Zeiten ausgestorbenen Pflanzen- und Tierarten, extremen Wetterschwankungen, alle Phantasie überflügelnden Verwitterungsformen und den ältesten Gesteinen des Planeten.

Portugal, Spanien und die Menschheit

Während der zwei Jahrhunderte, die von der Geburt des Infanten Heinrich bis zum Tod des Camões vergingen, zählte Portugal wohl nie mehr als eine Million Einwohner. Sowohl die inneren Erschütterungen zwischen Aufstieg und Niedergang als auch die Weite der geistigen, wirtschaftlichen und geopolitischen Folgen der Entdeckungen lagen außerhalb dessen, was selbst die große Seele dieses kleinen Landes umspannen konnte. Was Portugal für kurze Zeit an sich zog und dann auf immer verlor, mußte – und muß noch immer – von der ganzen Menschheit ergriffen und mit dauerhaftem Leben erfüllt werden. Nichts zeigt dies deutlicher als eine nach Raum und Zeit gegliederte Überschau des halben Jahrtausends, das zwischen der Einnahme von Ceuta und der Erreichung des Südpols verging. Die portugiesischen Entdeckungen sind durch ihre Voraussetzungen und Folgen mit dem verflochten, was andere Völker auf demselben Gebiet leisteten. Auch diese Zusammenhänge ergeben ein einheitliches Bild, indem sie sich in Schritte gliedern und in bezeichnender Weise mit der Gestalt der Erde verbinden:

Erster Schritt: 1413-1588, d.h. vom Beginn der Neuzeit mit der Eroberung von Ceuta bis zur Vernichtung der Großen Armada. Eine große Linie der Entdeckungen zieht sich von Portugal um Afrika herum nach Indien, von dort über Malakka zu den Molukken und nach China und Japan. Eine zweite Linie geht von Spanien aus nach Westen in die Karibik und mündet in die Conquista: Cortés in Mexiko, die Welser in Venezuela, Pizarro in Peru. Magalhães verbindet beide Linien durch seine Weltumsegelung und den aus ihr folgenden

Anschluß der Philippinen an das spanische Imperium. In den sechziger Jahren des 16. Jahrhunderts stößt ein Trupp Kosaken von Rußland aus bis nach Korea vor. Von Novgorod aus wird die Eroberung des Transural eingeleitet und 1582 durch Jermak Timofejewitsch, den »Pizarro Sibiriens«, abgeschlossen. Auch diese dritte Linie verbindet sich in ihrem Endpunkt mit der ersten.

Zweiter Schritt: 1588-1700. Engländer und Holländer dringen in die von iberischen Seefahrern erschlossenen Gebiete ein. Wirtschaftliche und imperiale Motive treten weiter in den Vordergrund. Australien heißt einige Zeitlang Neu-Holland, und als Abel Tasman 1624-1644 auch diesen Kontinent umsegelt, wird Neu-Seeland entdeckt. England setzt sich in Nordamerika und im Indischen Ozean fest. Französische Freibeuter durchstreifen die Meere, und französische Waldläufer dringen in die Wälder Kanadas vor. Mehr und mehr konzentriert sich die eigentliche Entdeckertätigkeit auf den Pazifik; Versuche, Asien und Amerika nördlich zu umfahren, scheitern.

Dritter Schritt: 1700-1850. Das wissenschaftliche Anliegen der Entdecker entfaltet sich nun zur vollen Blüte. In diese Zeit fallen die Forschungsreisen Cooks, Bougainvilles, Darwins. 1820 wird die Antarktis erstmals gesichtet. Der naheliegende Schritt von der Weltreise aus wissenschaftlichem Interesse zur weltumspannenden wissenschaftlichen Synthese wird in dieser Zeit durch Alexander von Humboldt vollzogen.

Vierter Schritt: 1850-1911. In Afrika und Australien werden die letzten weißen Flecken der Weltkarte erschlossen. In diese Zeit fallen die Expeditionen der großen Afrikaforscher Livingstone, Stanley und Mungo Park. 1880 glückt dem Schweden Nordenskjöld die Nordostpassage, und im Vorfeld des Wettlaufs zu den Polen erzwingt Amundsen 1903 die Nordwestpassage. 1909 erreicht Peary den Nordpol, 1911 Amundsen den Südpol. Kurz vor dem Siegeszug des Flugzeugs, das den Stil der Entdeckungen völlig geändert hätte, spornt der Entdeckergeist einzelne Männer zu Höchstleistungen an, die zugleich den Abschluß der Entdeckungszeit bedeuten. Die schicksalhaften Beziehungen zwischen Nansen, Amundsen und Scott, Peary und Frederick Albert Cook spiegeln sich im teils heroischen, teils tragischen Ablauf der Ereignisse wider.

Der Einbruch der mit den Entdeckungen verbundenen übernationalen Dimension in das Schicksal Portugals wird besonders deutlich, wenn man den Weg, den das spanische Brudervolk in der gleichen Zeit ging, zum Vergleich heranzieht. Salvador de Madariaga hat in drei monumentalen Biographien den Schlüssel hierfür geliefert: Kolumbus war, wenn man so will, der größte Entdecker Spaniens, aber er war kein Spanier; in der Gestalt des Cortés ist die Conquista als der eigentlich spanische Beitrag zum Zeitalter der Entdeckungen erfaßt; der Freiheitskämpfer Simon Bolivar schließlich ist schon nicht mehr Spanier, sondern mit jeder Faser seines Wesens Repräsentant der das Spanien der Eroberer beerbenden südamerikanischen Völkerfamilie.

Spanien konnte den mittelalterlichen Geist des Ritter- und Kreuzfahrertums abstreifen, wie eine Schlange sich häutet. Die leere, aber doch mit tausend Reizen schimmernde Haut bestaunen wir in Miguel de Cervantes' »Don Quixote«. Portugal dagegen war es beschieden, von einem wirklichen Don Quixote gegen einen tödlich überlegenen Gegner geführt zu werden: Hier konnte die Schlange sich nicht häuten, weil sie sich selbst in den Schwanz biß – sie mußte sterben, um sich verwandeln zu können, aber ihr toter Leib wurde in den »Lusiaden« bewahrt, um zur smaragdenen Brücke in das Reich des Mythos zu werden.

In Camões besaß Portugal auch ein Organ für das Bewußtsein nicht nur von der Geburt des Mythos aus dem Niedergang, sondern auch von der globalen und menschheitlichen Dimension, welche die Seeherrschaft erschlossen hatte. Das

übrige Europa mußte langsam in dieses umfassende Bewußtsein hineinfinden. Dies läßt sich anhand von Grimmelshau-
sens »Abenteuerlichem Simplizissimus« veranschaulichen:
Nachdem in größter Breite erzählt ist, wie der Held durch
seine Schicksale im Deutschland des Dreißigjährigen Kriegs
aus seiner tumben Unschuld allmählich für die Welt erwacht,
darüber zum Schelm wird und schließlich das Geheimnis seiner Herkunft erfährt, hängt Grimmelshausen in der zweiten
Fassung des Romans ein Kapitel an, in dem er die Handlung
in grandioser Weise akzeleriert, geradezu in den Raum der
portugiesischen Entdeckungen hineinstürzt: Auf einer Pil-
gerfahrt gen Jerusalem wird Simplizissimus nach Indien verschlagen, scheitert mit einem portugiesischen Schiff und ret-
tet sich auf eine Insel im Indischen Ozean, wo er sein Leben als
Einsiedler beschließt. Er übergibt dort das auf Palmblätter geschriebene Manuskript seines Lebensromans – einschließlich
der in der Mundart des Spessarts geschriebenen Passagen –
einem holländischen Kapitän, der es getreulich nach Europa
bringt. Wer diese Wendung nicht als mißglücktes Anhängsel
an ein im übrigen erfolgreiches Buch wertet, darf in ihr einen
wahrhaft kühnen Hinweis darauf sehen, daß einzig die Perspektive der Entdecker einen Horizont bot, der weit genug
war, um die Weite dessen aufzunehmen, was Grimmelshausen als Summa seiner historischen und biographischen Erfahrung mitteilen wollte.

Terra nova

Wenn wir das halbe Jahrtausend der Entdeckungen über-
schauen, so gewahren wir einen äußeren Höhepunkt: Im
Kampf des Weltumseglers mit der plastischen Gestalt der
Erde kulminiert die im Zeichen des Mars stehende Ritter-
schaft des Meeres. Durch den Lebensgang und die Ziele des
Pêro Fernandes de Queirós hingegen geht, wie eine leise Me-

lodie, ein Strom versöhnlicher, heilender Kraft: Hier ist das geheime Herz dieser Zeitgestalt, deren welt- und geistesgeschichtliche Dimensionen sich im Zusammenhang mit diesem inneren Mittelpunkt eigentlich erst zu erschließen beginnen. Besondere Beachtung verdient dabei, daß der Portugiese Queirós seine Sendung als spanischer Untertan und fern seiner Heimat erfüllte. Sein Verhältnis zu ihr war dasselbe wie das Plotins zu Hellas: Als dieser größte Denker Griechenlands in Rom lehrte, war seine Heimat zur römischen Provinz herabgesunken.

Es gibt kaum eine unangemessenere Sicht dieser Zäsur in der portugiesischen Geschichte als die 1936 von Reinhold Schneider in dem Essay über »Die Leiden des Camões« dargelegte: Portugal habe durch die spanische Herrschaft zwischen 1580 und 1640 als Nation gleichsam für immer sein Gesicht verloren. Diese offensichtlich zeitgebundene Behauptung ist kein Ruhmesblatt in den Annalen des geistigen Dialogs zwischen Mitteleuropa und den iberischen Völkern. Man kann Schneider allenfalls zugute halten, daß die landläufigen völkerpsychologischen Begriffe, derer er sich bediente, nicht entfernt an das Geheimnis dieser Nullstelle im Werden Portugals heranreichen.

Es darf für das 17. Jahrhundert eben noch gar nicht von dem Irrtum der engen Bindung zwischen nationaler Identität und Eigenstaatlichkeit ausgegangen werden, der mit den furchtbarsten Folgen erst in unserem Jahrhundert zum Tragen kam. Der Bruch, der 1580 sichtbar wird, liegt nicht in Portugals Verhältnis zu Spanien, sondern im Verhältnis zu sich selbst, genauer gesagt: im Verhältnis zu seiner eigenen Sendung. Diese hatte unter der Herrschaft des Hauses Aviz darin bestanden, daß eine Gemeinschaft, die äußerlich den Umfang eines kleinen Volkes besaß, die globale Entwicklung eines ganzen Zeitalters vorwegnahm, sich aber in dem Aufbau der weltweiten Seeherrschaft an den Grenzen des Möglichen erschöpfen mußte. Die menschheitliche Intention, von der die portugiesischen Entdecker unter den Königen von Aviz erfüllt waren, ging in verwandelter Form auf Holland über. In Portugal war sie erloschen, und der Trieb zur Erhaltung und zum Genuß des Erworbenen konnte die Leere, die zurückblieb, nicht ausfüllen.

Das vom Haus Bragança regierte neue Portugal wurde ein Volk unter Völkern, und auch als Kolonialmacht war es, trotz mancher Besonderheit, nur eines von vielen. Es empfing mit der Erinnerung an die einstige Größe auch einen neuen, wesentlichen Inhalt, der von selbst in die Leere einströmte, welche die verlorene epochale Mission hinterließ: Es ist dies der Glaube an die Wiederkehr des Ersehnten und an das Fünfte Reich.

Für das Verständnis der von Portugal inaugurierten »Neuzeit« ist, so glaube ich, folgender Gedanke fruchtbar: Am Anfang des 15. Jahrhunderts erreichte die Menschheit einen Punkt, an dem ihr von der Vergangenheit nur die in den Schleier des Unbekannten gehüllten Meere und Erdteile gelassen wurden. Im übrigen wurde sie von der Geschichte vor das Nichts gestellt, weil seither aus ihren ererbten Anlagen keine wirkliche Entwicklung mehr möglich ist. Kultur und geistige Leistung müssen nun aus dem Individuum, das heißt: aus dem Nichts geschaffen werden, sind deshalb aber auch wirklich neu.

Daher ist das traurige Los Sebastiãos, wie Fernando Pessoa richtig sagt, symbolisch; und es symbolisiert nichts anderes als das Schicksal derer, die im Nichts nur das »Nicht mehr« der Vergangenheit gewahren können. Die Kräfte der Vergangenheit – der Vererbungsstrom der Dynastie ebenso wie die mittelalterliche Kreuzzugsstimmung – konnten den jungen König nicht mehr tragen, und die ihm ratenden Repräsentanten der vergangenen Kultur mußten diese Fesselung erhalten. Sebastiãos Schicksal bekräftigt, daß das Neue nur aus dem schöpferischen Individuum selbst kommen kann und dem Widerstand des Gewordenen abgerungen werden muß, und das Ende des greisen Kardinals Henrique zeigt, wie derjenige, der dennoch am Vergangenen haften will, zum Zerrbild des Menschen wird.

Queirós aber vermochte das All seines im Gehalt universellen, vom Ursprung her völlig individualisierten Ideals der terra nova, jener »Welt, die in allem neu sei«, im Nichts des nationalen Niedergangs zu finden. Durch die Fahrten, die er auf der Suche nach dem Südkontinent unternahm, gehört er in die Reihe der Entdecker. Sein einsames Leiden und Hoffen im Dienst des Neuen aber ragen längst über das Werk der Entdecker hinaus; über ihnen liegt der Morgenschein des Fünften Imperiums. Queirós ist, wie der aus Troja fliehende Aeneas, der Vorbote eines neuen Mythos.

Die lange Fahrt ist zu Ende. Es ist Abend, und die Karavelle liegt mit gerefften Segeln auf der Reede von Lissabon. Auf dem windstillen Wasser glänzt der Schein des aufgehenden Mondes, und vom Bug des Schiffes weht Gesang zum Land herüber:

> Herr, es ward Nacht, und die Seele ist klein,
> Allzugroß war der Sturm, war unser Wollen.
> Uns blieb, in feindlicher Stille, nichts
> Als das Meer des Alls – und die Sehnsucht.

> Aber – die Flamme, die das Leben in uns schuf,
> Sie wird nie enden, solang es Leben gibt.
> Der Todeskälte trotzt sie, von Asche verborgen,
> Die Hand des Windes kann sie allzeit entbinden.

> Sende die Brise, den Hauch, in jeder Gestalt,
> Auf daß sich das Feuer des Willens verjünge,
> Daß wir von neuem die Ferne erobern –
> Denn, wo immer sie harrt, harrt sie auf uns!

Nachwort

Der Dank des Verfassers gilt den Herausgebern und Übersetzern der von ihm benutzten Quellen und den Autoren der hilfreichen Einzel- und Gesamtdarstellungen, die es zur Entdeckungsgeschichte gibt. Er glaubt zu wissen, was der Historiker vom Fach an dieser Stelle anmerken möchte: Den bereits veröffentlichten Quellen, ganz zu schweigen von manchem Schatz, der noch in portugiesischen und spanischen Archiven ruhen mag, ließe sich noch weit mehr abgewinnen, als er es tat – tun wollte, denn ihm lag daran, daß 1997/98, wenn die Indienfahrt Vasco da Gamas sich zum fünfhundertsten Mal jährt, der Mythos der Entdeckungen so zugänglich ist, wie es damals der Indische Ozean wurde.

Die vorliegende Darstellung will als einleitender Essay zu einer Reihe gründlicher Untersuchungen zur Entdeckungsgeschichte verstanden sein, die auf jeden Fall die folgenden, auch von der Forschung noch keineswegs erschöpften Gegenstände behandeln sollte: Leben und Werk Heinrich des Seefahrers von geistesgeschichtlicher Warte – die europäisch-amerikanischen Wechselbeziehungen im 16. und 17. Jahrhundert – eine Zusammenschau der volks- und weltwirtschaftlichen Folgen der Entdeckungen – über das Äußere hinausgehende Biographien insbesondere von Magalhães, Cabeza de Vaca und Camões – und, nicht zuletzt, die Sammlung und Veröffentlichung der Schriften von Queirós. Ob die eine oder andere dieser Aufgaben wohl zur Fünfhundertjahrfeier der Weltumsegelung im Jahr 2021 bewältigt sein wird?

In mancher Hinsicht wäre auch eine Untersuchung des von gewisser Seite so hoch eingeschätzten Einflusses des Christusordens und der anderen iberischen Rittergemeinschaften auf die Entdeckungsfahrten lohnend. Es soll aber nicht verschwiegen sein, daß nach Meinung des Verfassers die geistigen Ziele, welche die führenden Ordensritter im Hinblick auf die Seefahrten Portugals im Auge hatten, nicht nur verwirklicht wurden, sondern auch zur Gänze enthüllt – durch den Mythos der Entdeckungen.

Zu den eingerückten Übersetzungen portugiesischer Lyrik ist eine Anmerkung am Platz. Die metrischen Eigenschaften der Originale sind im Deutschen entweder überhaupt nicht oder nur um den Preis weitgehender inhaltlicher und stilistischer Entstellungen darstellbar: Ersteres gilt für den silbenzählenden romanischen Vers, letzteres für den Reim. Die Entscheidung für reimlose Verse mit freiem Rhythmus erlaubte es im Fall von Pessoas »Botschaft«, in der Nachdichtung den Ton, das rhetorische Pathos und den jeweiligen Grad an verhaltener Altertümlichkeit in weitergehender Annäherung zu treffen. Die kostbarste Eigenheit der »Botschaft« kommt in diesem Rahmen ganz zur Geltung: Auf der Ebene der – verbalen und inhaltlichen – Tropen und Figuren werden Bild und reiner Gedanke in unnachahmlicher Weise miteinander verschlungen, der Gedanke gewinnt ein Kleid aus Bildlichkeit und die Bilder beginnen, an ihren Grenzen und durch ihre Bewegung zu denken.

Was Camões angeht, so war es in vielen Fällen möglich, auf Übersetzungen aus dem 19. Jahrhundert zurückzugreifen. Diese sind durchweg an den gebundenen und gereimten Versen erkennbar. Wo es aus inhaltlichen oder ästhetischen Gründen sinnvoll erschien, wurde Camões neu aus dem Original übertragen, und zwar ebenfalls in freien Versen.

Eine Vorfassung dieses Buches, in der u.a. noch die Kap. V und VII fehlen, ist 1993 in São Paulo unter dem Titel »Apocalipse Português – O Mito dos Descobrimentos e o Futuro da Humanidade« erschienen.

Bibliographie

Folgende Werke wurden zu Rate gezogen, erwähnt, zitiert oder sind zur weiterführenden Lektüre empfohlen:

Zu den Entdeckungsfahrten im allgemeinen

Eine vollständige, wissenschaftlichen Ansprüchen genügende Bibliographie der Literatur in deutscher, portugiesischer, englischer, französischer und italienischer Sprache findet sich bei: Salentiny, Fernand: Aufstieg und Fall des Portugiesischen Imperiums, Wien 1977.

Die Quellentexte zur Geschichte der frühen Entdeckungen werden zitiert nach: Hennig, Richard: Terrae Incognitae. Eine Zusammenstellung und kritische Bewertung der wichtigsten vorkolumbischen Entdeckungsreisen anhand der darüber vorliegenden Originalberichte, 4 Bände, Leiden 1944-1956.

Von allgemeinem Interesse sind ferner: Bitterli, Urs (Hg.): Die Entdeckung und Eroberung der Welt. Dokumente und Berichte, 2 Bde., München 1980.

Henze, Dietmar: Enzyklopädie der Entdecker und Erforscher der Erde, Graz 1978 ff.

Casson, Lionel: Seefahrer der Antike, München 1979.

Cortesão, Jaime: Obras Completas, Lissabon 1975 ff.

Nützlich aufgrund der detaillierten Karten, nicht so sehr wegen des Begleittextes ist: Roberts, Gail: Atlas der Entdeckungen, München 1976.

Häusler, Friedrich: Heinrich der Seefahrer – Die portugiesischen Entdecker und die Sozialideen der Templer, Stuttgart 1971.

Herde, Peter: Das geographische Weltbild und der Beginn der Expansion Europas an der Schwelle der Neuzeit, in: Nassauische Annalen, Bd. 76, 1976.

Prestage, Edgar: Die portugiesischen Entdecker, Leipzig 1936.

Der Stuttgarter Thienemanns Verlag hat die wichtigsten Quellentexte der neueren Entdeckungsgeschichte in der Reihe Alte Abenteuerliche Reiseberichte für den deutschen Leser zugänglich gemacht; da die modernisierten Titel der einzelnen Bände nicht immer erkennen lassen, daß es sich um Originalberichte handelt, sind sie im folgenden durch ein vorgestelltes * gekennzeichnet.

Prolog

Das Gedicht *Kimmung* stammt aus Pessoas »Botschaft«. Nähere Angaben zu Camões und Pessoa siehe unter Kap. VII.

Den Begriff vom »Traum des Werdens« fand der Verfasser in: Steiner, Rudolf: Anthroposophie und Akademische Wissenschaften, Zürich 1950 (Vortrag vom 7.11.1917).

I. Der Ruf des Unbekannten

Nemésio, Vitorino: Vida e Obra do Infante Dom Henrique, Porto 1984.

Pögl, Gabriela, und Kroboth, Rudolf (Hg.): *Heinrich der Seefahrer oder die Suche nach Indien. Eine Dokumentation mit Alvise Cadamostos erstem Bericht über Westafrika und den Chroniken Zuraras und Barros' über den Infanten, Stuttgart 1989.

Renault, Gilbert: Les Caravelles du Christe (dt. Karavellen Christi, Wiesbaden 1958).

Ure, John: Heinrich der Seefahrer, Wiesbaden 1979.

Veer, Gustav de: Heinrich der Seefahrer und seine Zeit, Danzig 1861.

Westenfeld, Heinrich: Tomar – Blicke in die Geschichte Portugals, in: Die Drei, Jahrgang 1963, Heft 1-3.

Zurara, Gomes Eannes de: Crónica da Tomada de Ceuta, Mem Martins 1992.

Ders.: Crónica de Guiné, Barcelos 1994.

II. Adamastors Fluch

Giertz, Gernot (Hg.): *Vasco da Gama. Die Entdeckung des Seewegs nach Indien, Ein Augenzeugenbericht, Tübingen 1980.

Angaben zu der Übersetzung aus den »Lusiaden« des Camões siehe unter Kap. VII.

Lipiner, Elias: Gaspar da Gama. Un Converso na Frota de Cabral, Rio de Janeiro 1987.

III. Die Teilung der Welt

Arciniegas, Germán: Amerigo y el nuevo Mundo, Buenos Aires 1956.

Bitterli, Urs: Die Entdeckung Amerikas – Von Kolumbus bis Alexander von Humboldt, München 1992.

Cabot, John und Sebastian: *Die Entdeckung von Nordamerika 1497 und die Expeditionen nach Nordamerika und in das Nördliche Eismeer, Stuttgart 1985.

Davies, Nigel: Bevor Kolumbus kam. Ursprung, Wege und Entwicklung der altamerikanischen Kulturen, Düsseldorf 1978.

Ingstadt, Helge: Die erste Entdeckung Amerikas – Auf den Spuren der Wikinger, Frankfurt/Main 1983.

Herberstein, Sigismund: Reise zu den Moskowitern, München 1966.

Christoph Kolumbus: Bordbuch, Frankfurt 1981.

Ders.: Dokumente seines Lebens und seiner Reise, hg. von Friedemann Berger, 2 Bde., Leipzig 1991.

Judge, Joseph: Where Columbus found the New World; in: National Geographic Magazine, November 1986.

Krause, Wolfgang: Religionsgeschichtliches Lesebuch, Heft 13: Die Kelten, Tübingen 1929 (enthält das *Imram Bran*).

Madariaga, Salvador de: Kolumbus, München 1978.

Mascarenhas Barreto, Augusto: O Português Cristovão Colombo – Agente Secreto do Rei Dom João III., Lissabon 1988.

Pögl, Johannes (Hg.): *Die reiche Fracht des Pedró Alvares Cabral, Stuttgart 1986.

Severin, Timothy: Tausend Jahre vor Kolumbus. Auf den Spuren der irischen Seefahrermönche, Frankfurt/Main 1979.

Steinert, Harald: Tausend Jahre Neue Welt. Auf den Spuren der Wikinger in Grönland und Amerika, Stuttgart 1982.

Venzke, Andreas: Christoph Kolumbus – mit Selbstzeugnissen und Bilddokumenten, Reinbek bei Hamburg 1992.

Zweig, Stefan: Amerigo. Die Geschichte eines historischen Irrtums, in: ders.: Menschen und Schicksale, Frankfurt/Main 1994.

IV. Das Geheimnis des Leviathan

Bauer, Michael: Menschentum und Freiheit, Stuttgart 1971.

Bougainville, Louis Antoine de: Reise um die Welt, Stuttgart 1980.

Botting, Douglas: Alexander von Humboldt. Biographie eines großen Forschungsreisenden, München 1976.

Cameron, Jan: Magellan und die erste Weltumsegelung, Wiesbaden 1977.

Carletti, Francesco: *Reise um die Welt 1594, Tübingen 1978.

Bott, Gerhard et al.: Focus Behaim Globus, Nürnberg 1992.

Chamisso, Adelbert von: Reise um die Welt, Berlin 1979.

Cook, James: *Entdeckungsfahrten im Pazifik: Logbücher der Reisen 1768-1779, Tübingen 1971.

Drake, Francis: *Pirat im Dienst der Queen, Tübingen 1977.

Forster, Georg: *Entdeckungsreise nach Tahiti und in die Südsee, Tübingen 1979.

Ghillany, F.W.: Geschichte des Seefahrers Martin Behaim, Nürnberg 1853.

Günther, Siegmund: Martin Behaim, Bamberg 1890.

Jacques, Norbert: Die Karte auf der Kugel – Ritter Martin Behaim, Berlin 1942.

Humboldt, Alexander von: Kosmos, für die Gegenwart bearbeitet v. Hanno Beck, Stuttgart 1978.

Ders.: Über das Universum. Die Kosmosvorträge 1827/28, Erstausgabe Frankfurt/M. 1993.

Koestler, Arthur: Die Nachtwandler – Das Bild des Universums im Wandel der Zeiten, Wiesbaden 1959.

Krammer, Mario: Alexander von Humboldt, Mensch – Zeit – Werk, Berlin 1951.

Lauenstein, Diether: Das Geheimnis des Wals. Melvilles Moby Dick und das Alte Testament, Stuttgart 1973.

Pigafetta, Antonio: *Die erste Reise um die Erde. Ein Augenzeugenbericht von der Weltumsegelung Magellans, Tübingen 1968.

Steiner, Rudolf: Grundlinien einer Erkenntnistheorie der Goetheschen Weltanschauung, Stuttgart 1961.

Zimmermann, Heinrich: *Reise um die Welt mit Capitain Cook, Tübingen 1981.

Zweig, Stefan: Magellan. Eine Biographie, Frankfurt/Main 1986.

Ders.: Sternstunden der Menschheit, Frankfurt/Main 1993.

V. Auf den Spuren des Zwillings

Brodrick, James: Abenteurer Gottes. Leben und Fahrten des hl. Franz Xaver, Heidelberg 1959.

Cronin, Vincent: Der Jesuit als Mandarin, Stuttgart 1959.

Fülöp-Miller, René: Macht und Geheimnis der Jesuiten, Berlin 1929.

Gen, Paul Aoyama: Die Missionstätigkeit des hl. Franz Xaver in Japan aus japanischer Sicht, Steyl 1967.

Goes, Bento de, und Andrade, António de: Viagens na Ásia Central em Demanda do Cataio, Mem Martins 1988.

Pinto, Fernão Mendes: *Merkwürdige Reisen im fernsten Asien, Stuttgart 1987.

Polo, Marco: *Von Venedig nach China, Tübingen 1972.

Rubruk, Wilhelm von: *Reisen zum Großkhan der Mongolen, Stuttgart 1984.

Väth, Alfons: Der hl. Thomas – der Apostel Indiens, Aachen 1925.

VI. Humanitas – der achte Kontinent

Arciniegas, G.: Geschichte und Kultur Lateinamerikas, München 1978.
Bauer, Walter: Fridtjof Nansen. Humanität als Abenteuer, Frankfurt/M. 1981.
Berglar, Peter: Die Stunde des Thomas Morus, Freiburg/Br. 1981.
Cabeza de Vaca, Álvar Nuñez: Schiffbrüche. Bericht über die Unglücksfahrt der Narváez-Expedition an der Südküste Nordamerikas, hg. von F. Termer, Haar b. München 1963.
Heinisch, Klaus (Hg): Der utopische Staat, Hamburg 1980 (enthält den vollständigen Text von *Thomas Morus: Utopia; Tommaso Campanella: Der Sonnenstaat; Francis Bacon: Nova Atlantis*).
Daß von Queirós so berichtet werden kann, daß dabei der geistige Horizont seiner Persönlichkeit zum Erlebnis wird, verdanken wir dem Südseeforscher und Ethnologen Otto Kübler-Sütterlin. Selbst in der Südsee geboren und mit einem tiefen Blick für die geschichtliche Kraft der Individualität begabt, stieß er bei seinen Forschungen auf das Geheimnis Queirós. Seine kostbare Queirós-Biographie verbindet gewissenhafte historische Forschung mit dichterischer Kraft und größter innerer Nähe zum Gegenstand. Kübler-Sütterlin hat sein Buch, das ein jahrelanges Studium von entlegensten Dokumenten in spanischen Archiven erforderte, 1956 vollendet, und es atmet spürbar den Geist der Besinnung und des Ernstes, der den Jahren nach dem Weltkrieg eigen war.
Kübler-Sütterlin, Otto: Kolumbus Australiens. Das Wagnis des Pedro Fernández de Quirós, Freiburg/München 1956.
Las Casas, Bartolomé de: Bericht über die Verwüstung der Westindischen Länder, Frankfurt/M. 1981.
Léry, Jean de: *Unter Menschenfressern am Amazonas. Brasilianisches Tagebuch 1556-1558, Stuttgart 1977.
McIntyre, Kenneth G.: The Secret discovery of Australia, London 1982.
Nigg, Walter: Thomas Morus, Freiburg/Br. 1979.
Plischke, Hans: Der Stille Ozean, Entdeckung und Erschließung, München 1959.
Rosa, João Guimarães: Grande Sertão, Roman, dt. von Curt Meyer-Clason.
Staden, Hans: Brasilien – Die wahrhaftige Historie der wilden, nackten, grimmigen Menschfresser-Leute, Tübingen 1982.
Steiner, Rudolf: Gegenwärtiges und Vergangenes im Menschengeiste, Dornach 1962 (im Vortrag vom 2.5.1916 wird das Verhältnis der »Utopia« zum Christentum des Thomas Morus besprochen).
Swoboda, Helmut: Utopia, Wien 1972

VII. Schwanengesänge

Brito, Bernardo Gomes de: *História Trágico Marítima, Stuttgart 1983.

Camões, Luis de: Die Lusiaden, deutsch von K. v. Reinhardstöttner. Aus dieser Übersetzung wird im vorliegenden Buch überall dort zitiert, wo der Verfasser das Epos nicht selbst in freie reimlose Verse übertragen hat.

Ders.: Gesammelte Werke, deutsch von Wilhelm Storck, Paderborn 1880-1885 (aus dieser Übersetzung ist das Zitat der Elegie des Camões entnommen).

Ders.: Die Lusiaden, ausgewählt, übertragen und eingeleitet von Otto Freiherr von Taube, portugiesisch und deutsch, Darmstadt 1992.

Cidade, Hernâni: Padre António Vieira, Lissabon 1985.

Bandarra, Gonçalo Anes: Profecias do Bandarra, ed. António Carlos Carvalho, Lissabon o. J.

Die schöne Übersetzung des Gedichts »An Camões« ist entnommen aus: Borges, Jorge Luis: Borges und Ich, aus dem Spanischen übertragen von Karl August Horst, München 1963.

Göpfert, Christoph: Dichter und Eingeweihter. Die Schwellensituation bei Fernando Pessoa, in: Die Drei, 1997, Heft 2.

Franco, António Cândido: Vida de Sebastião, Rei de Portugal, Mem Martins 1991.

Pessoa, Fernando: Obra Poética e em Prosa, 3 Bde., Lissabon 1986. Nach diesem Text sind alle zitierten Gedichte Fernando Pessoas vom Verfasser neu übersetzt worden; der interessierte Leser mag zum Vergleich die beiden folgenden Ausgaben heranziehen, aus denen Pessoas Prosa zitiert ist.

Ders.: Esoterische Gedichte – Botschaft, deutsch und portugiesisch, übers. von G.R. Lind, Zürich 1988.

Ders.: Dokumente zur Person und ausgewählte Briefe, übers. von G.R. Lind, Zürich 1988, Tb.-Ausgabe Frankfurt/M. 1992.

Pires, António Machado: Dom Sebastião e o Encoberto. Estudo e Antologia, Lissabon 1980.

Storck, Wilhelm: Luis de Camões' Leben, Paderborn 1890 (die einzige Biographie Camões' in deutscher Sprache).

Vieira, António: Apologia das Coisas Profetizadas, Lissabon 1994.

Westenfeld, Heinrich: Camões. Einer der Großen der Weltliteratur, in: Die Drei, 1969, Heft 4.

Epilog

Amundsen, Roald: *Die Eroberung des Südpols, Tübingen 1980.

Brent, Peter: Captain Scott. Die Tragödie in der Antarktis, Wiesbaden 1977.

George, Uwe: Inseln in der Zeit. Venezuela. Expeditionen zu den letzten weißen Flecken der Erde, Hamburg 1989 (eine vor allem durch das dargebotene Bildmaterial überwältigende Dokumentation über die geheimnisvolle Welt der Tepuys).

Peary, Robert E.: *Die Entdeckung des Nordpols, Tübingen 1981.

Poe, Edgar Allan: Erzählungen, hg. von Klaus Martens, München 1983.

Schneider, Reinhold: Die Leiden des Camões, Hellerau bei Dresden 1930.

Scott, Robert Falcon: Letzte Fahrt. Scotts Tagebuch, Wiesbaden 1954.

Steiner, Rudolf: Geistige Wirkenskräfte im Zusammenleben von alter und junger Generation. Pädagogischer Jugendkurs, Dornach 1979 (im Vortrag vom 4.10.1922 findet sich die Deutung der Neuzeit als Stehen vor dem Nichts).

Ders.: Die Mission einzelner Volksseelen, Dornach 1974 (im Vortrag vom 9.6.1910 werden Zeitgeist und Volksgeist als in der portugiesischen Geschichte wirksame Entitäten behandelt). Das Gedicht am Ende des Epilogs heißt *Gebet* und steht in Pessoas »Botschaft«.

Bildquellen

Frontispiz nach: Fernão Gomes eo retrato de Camões. Faksimile, hg. von Vítor Serrão u. Vasco Graça Moura, Lissabon/Porto/Coimbra 1989

S. 52: Museum für Alte Kunst (Jamelas Verdes), Lissabon

S. 89/90: British Museum, London

S. 127 nach: Sigismund zu Herberstein, Reise zu den Moskowitern 1526, München 1966

S. 144: Germanisches Nationalmuseum, Nürnberg

S. 155: Museo Naval, Sevilla

S. 177: Bildarchiv Preußischer Kulturbesitz, Berlin

S. 207 nach: Biombos Namban/Namban Screens, Museu Nacional de Arte Antiga, Lissabon 1986 (Katalog)

S. 241 nach: Walter Nigg, Thomas Morus, Freiburg/Br. 1979

S. 287: Museu Nacional de Arte Antiga, Lissabon

S. 290 nach: Hernâni Cidade, Padre António Vieira, Lissabon 1985

S. 295 nach: Fernando Pessoa. Dokumente zur Person und ausgewählte Briefe, Zürich 1988

S. 305 nach: Peter Brent, Captain Scott. Die Tragödie in der Antarktis, Wiesbaden 1977

Italienische und spanische Literatur
im insel taschenbuch

Italienische und spanische Literatur
im insel taschenbuch

Paolo Maurensig: Die Lüneburg-Variante. Roman. Aus dem Italienischen von Irmela Arnsperger. it 1876

168/2/12.96

Literatur und Reisen
im insel taschenbuch

158/1/12.96

158/2/12.96

Literatur und Reisen
im insel taschenbuch

Literatur und Reisen
im insel taschenbuch

158/4/12.96

Kunst und Musik
im insel taschenbuch

Kunst und Musik
im insel taschenbuch

Kunst und Musik
im insel taschenbuch

157/3/12.96

Kunst und Musik
im insel taschenbuch